Erich H. Heimann

W0060756

Die schnellsten Flugzeuge der Welt

1906 bis heute

Motorbuch Verlag Stuttgart

Einband und Schutzumschlag: Siegfried Horn
Riß-Zeichnungen: Ing. Max Reiners, Wuppertal

Verlag und Autor danken folgenden Personen, Institutionen und Firmen für die freundliche Unterstützung bei der zum Teil schwierigen
Dokumentation und Bildbeschaffung:
Musée de l'Air, Air France, Smithonian Institution, US Air Force, Deutsches Museum, Hughes, Pratt & Whitney, Carl Byoir & Associates
Inc., Messerschmitt-Bölkow-Blohm, Heinkel, Deutsche Lufthansa AG, Horst W. Burgsmüller, Daimler Benz AG, Grumman, Lockheed,
McDonnel Douglas, North American, Rolls Royce Ltd., H. Redemann, Archiv Flug-Revue, Convair, Fédération Aeronautique International,
Heinz J. Nowarra.
Weitere Bilder: Archiv Heimann, Flug Revue

ISBN 3-87943-540-5

3. Auflage 1988
Copyright © by Motorbuch Verlag, Postfach 13 70, 7000 Stuttgart 1
Eine Abteilung des Buch- und Verlagshauses Paul Pietsch GmbH & Co. KG.
Sämtliche Rechte der Verbreitung – in jeglicher Form und Technik – sind vorbehalten.
Satz und Druck: Schwabenverlag AG, 7302 Ostfildern 1 (Ruit)
Bindung: Franz Spiegel Buch GmbH, 7900 Ulm/Jungingen
Printed in Germany

Inhalt

Vorwort

Seit dem ersten, gesteuerten und über eine größere Distanz führenden Motorflug der Gebrüder Wright am 17. Dezember 1903 ist kaum ein Dreivierteljahrhundert vergangen, und dennoch liegt zwischen jenem historischen Tag in den Kill Devil Hills und der Wirklichkeit unserer Zeit, die vom Massenluftverkehr geprägt ist und dem normalen Fluggast soeben den Überschallflug im Linienjet beschert hat, eine Entwicklung von der selbst die kühnsten Optimisten der Pionierzeit kaum zu träumen gewagt hätten.

In ihrer Zeit war es schon ein Ereignis, sich ein paar Minuten länger in der Luft zu halten, ein paar hundert Meter weiter, einige zig Meter höher oder einige Kilometer pro Stunde schneller geflogen zu sein. Damals wurden Rekorde zum Leistungsbarometer der Luftfahrtindustrie, die eigentlich nur aus einer Reihe von Handwerksbetrieben bestand.

Die Flugtechnik hatte sich wie die Automobilisten den sportlichen Leistungsvergleich erkoren, um die Öffentlichkeit von ihrer Leistungsfähigkeit und ihren Fortschritten zu überzeugen. Am 12. Oktober 1905 wurde in Paris die Fédération Aeronautique Internationale – kurz FAI – als Dachorganisation der sich in aller Welt konstituierenden nationalen Aeroclubs gegründet. Fortan sollte sie über internationale Bestleistungen wachen und für die Registrierung und Anerkennung von Bestleistungen zuständig sein. Allerdings waren die im ersten Jahr zu verzeichnenden Leistungen noch relativ mager. Als erster Weltrekordler sollte sich der in Paris lebende Brasilianer Santos-Dumont unter dem 12. November 1906 gleich zweifach in die neu geschaffene FAI-Rekordliste eintragen. Mit stolzen 220 Metern Streckenleistung eröffnete er den Reigen für Frankreich errungener Bestleistungen im Strecken- und Geschwindigkeitsflug. Sein Geschwindigkeitsrekord stand mit 41,292 km/h zu Buche. Dieser erste Weltrekord repräsentierte allerdings nicht den wirklichen Leistungsstandard der damaligen Zeit, denn die Gebrüder Wright waren zu dieser Zeit in USA mit ihrem Flyer No. 3 bereits am 15. Oktober 1905 über 24 Meilen (38,6 km) weit geflogen und hatten für diese Strecke genau 38 Minuten und drei Sekunden benötigt, was einer Fluggeschwindigkeit von rund 60 km/h entspricht. Pech für die Wrights, daß die FAI am Tage ihres Rekordfluges erst drei Tage jung war und es auch keinen amerikanischen Aeroclub gab, der den Rekord nach Paris hätte melden können. Da die Wrights danach auch noch eine zweijährige Flugpause zur Sicherung ihrer Patentansprüche einlegten, sollten die Europäer mit schwächeren Leistungen die Rekordliste anführen, in der ihnen der französische Pilot Tissandier 1909 schließlich doch noch für ganze drei Monate einen Ehrenplatz als dritter Rekordhalter in der Kategorie Geschwindigkeit über eine gerade Meßstrecke erfliegen sollte. Wie dieses Beispiel zeigt, spiegelt die Rekordliste der FAI nicht unbedingt zu jedem Zeitpunkt den Gipfel der technischen Entwicklung wieder. Wenn ein Land nicht Mitglied der FAI war, wie etwa Deutschland nach dem Ersten Weltkrieg, so konnte es auch keine Weltrekorde aufstellen. Zuweilen verhinderten aber auch kriegerische Verwicklungen und die in solchen Zeiten übliche Geheimhaltung die Registrierung von Rekordleistungen, und so klafft zwischen 1939 und 1945 in der Weltrekordliste der FAI eine Lücke, obwohl sich in dieser Zeit die Luftfahrttechnik ohne Zweifel am stürmischsten und einschneidensten weiterentwickelte.

Trotzdem ist die Entwicklung des Geschwindigkeitsrekordes für Landflugzeuge auf gerader Meßstrecke wie sie sich in der FAI-Rekordliste präsentiert, keineswegs von nur statistischem Interesse. Jeder einzelne Rekord spiegelt die Entwicklung von Motoren, Luftschrauben und aerodynamisch hochwertigen Zellen in den verschiedenen Rekordmaschinen wieder, die in diesem Band vorgestellt werden. Der Vergleich zeigt, daß der Geschwindigkeitsrekord durchaus nicht immer ein Gewaltakt war, der einzig und allein immer stärkeren Motoren zu verdanken ist, wie es etwa das Beispiel der französischen Caudron C. 460 aus dem Jahre 1934 bewies.

Doch die Rekordliste ist keineswegs nur ein Stück Technikgeschichte, sie verbirgt oder enthüllt zugleich auch ein gutes Stück Zeitgeschichte, das Streben nach Luftüberlegenheit und Prestige, das im Wettkampf zwischen Frankreich und USA, in den Rekorden des mit aller Macht aufrüstenden Deutschen Reiches und in jüngster Zeit im Wettbewerb zwischen den USA und der UdSSR zum Ausdruck kommt.

So verbirgt sich hinter jedem Eintrag in die Rekordliste eine überaus interessante Geschichte, in der Technik, Sport und Politik verwoben sind, und die zuweilen dem flüchtigen Betrachter kaum zugänglich ist. Schon die einzelnen Typenbezeichnungen der Rekordträger sind ein überaus interessanter Punkt. So erschienen die Bf 109, die 1937 Rekord flog, als Bf 113, die berühmte He 100 als He 112 und das über Jahrzehnte schnellste Propellerflugzeug die Me 209 R als Bf 109 R, womit das Propagandaministerium und das RLM im Dritten Reich, den Gegnern zu imponieren suchten, indem man sie glauben ließ, daß es sich bei den Rekordmaschinen um neue Jagdmaschinen handele. Aus dem gleichen Grunde untrieb man auch die wahren Motorleistungen, die so den Rekord noch weiter aufwerten sollten, was Fachleuten auf der anderen Seite jedoch eher die wahren Zusammenhänge enthüllte als sie verschleierte. Doch auch heute dauert das Typen-Mimikri unverändert an, denn wenn wir in der Rekordliste vertraute Typenbezeichnungen von Abfangjägern oder Jagdbombern finden, so müssen wir uns vor Augen halten, daß in diesem Falle in der Regel das Ausgangsmodell genannt ist, zu dessen Baureihe die Rekordmaschine gehört. In Wirklichkeit hat der Rekordvogel nur noch relativ wenig mit dem Typ gemeinsam, dessen Namen er trägt.

So werden die Rekordmaschinen durch Ausbau jeglicher entbehrlicher Einbauten und Ausrüstungsteile vor allem der Bewaffnung aber auch Instrumenten und für den Rekordversuch nicht benötigter Elektronik abgemagert. Polierte Oberflächen, geänderte Cockpithauben und sogar eine verringerte Spannweite bleiben meist ohne Einfluß auf die Typenbezeichnung. Ähnlich verhält es sich mit den

Triebwerken der Rekordmaschinen. Sie sind in der Regel wesentlich leistungsstärker als die Standardversion, deren Bezeichnung sie tragen. Üblich ist es außerdem, zu Rekordversuchen nur ein Minimum an Treibstoff zu tanken, um das Fluggewicht niedrig zu halten.

Der technische Fortschritt machte im Zeitalter der Strahlflugzeuge eine Änderung des Reglements notwendig, nach dem der Geschwindigkeitsrekord geflogen wird.

Vor dem Ersten Weltkrieg gab es noch keine festgelegte Strecke, auf der die Geschwindigkeitsmessung erfolgte. Erst 1920 legte die FAI eine Meßstrecke von einem Kilometer Länge als einheitliche Bedingung für Rekordversuche zugrunde. Doch schon im März 1923 wurde das Reglement erneut geändert. Von nun an war eine drei Kilometer lange Meßstrecke vorgeschrieben, die je zweimal in jeder Richtung zu durchfliegen war. Als Rekordgeschwindigkeit wurde fortan der Durchschnitt der vier Flüge gewertet. Mit steigenden Fluggeschwindigkeiten wurde dieses Verfahren allerdings geradezu mörderisch, denn der eigentliche Rekordflug über der drei Kilometer Meßstrecke mußte in einer Höhe von maximal 100 Meter erfolgen. Bei den Wenden vor und hinter der Meßstrecke durfte eine Höhe von 450 Meter nicht überschritten werden, wenn der Flug gültig sein sollte.

Unter diesen Bedingungen wurde der Rekord immerhin auf 1211,746 km/h geschraubt, bis die FAI sich im Juli 1950 nach längeren Diskussionen besann, und das Reglement erneut änderte, um der technischen Entwicklung des Strahlflugzeuges und der Eigenschaft der Strahlturbine, erst in großen Höhe ihre volle Leistung zu entfalten, Rechnung zu tragen. Fortan galt es, ohne Höhenbeschränkung zwei Meßflüge in entgegengesetzter Richtung über eine 15 – 20 km lange Meßstrecke zu absolvieren, um einen Geschwindigkeitsrekord aufzustellen. Die bestehende Marke muß um mindestens ein Prozent überboten werden. Der erste Rekord nach diesem Reglement wurde im August 1955 aufgestellt.

Die Ausklammerung der Flughöhe macht einen Vergleich der nach Juli 1950 geflogenen Rekordleistungen schwierig. Aber selbst, als das 100-Meter-Höhenlimit galt, war dies nicht ohne weiteres möglich, da es sich bei der Höhenbegrenzung über eine Höhe über Grund handelte, die Überhöhung gegenüber dem Meeresniveau, die einen direkten Einfluß auf das Leistungsergebnis hat, jedoch unberücksichtigt blieb. Dies sollte bei der Rivalität zwischen Heinkel und Messerschmitt von Bedeutung sein und wirft auch ein interessantes Streiflicht auf die von Daryl Greenamyer im August 1969 verbesserte Rekordmarke für Propellerflugzeuge, wovon noch zu sprechen sein wird.

Auf den folgenden Seiten sind die Träger des FAI-Geschwindigkeitsrekordes von 1906 bis heute in Wort, Bild, technischen Daten und Drei-Seiten-Riß zusammengestellt. Die Typengeschichte der schnellsten Flugzeuge der Welt ist nicht nur eine Dokumentation der technischen Entwicklung sondern spiegelt auch den Kampf um die Leistungsgrenze auf Seiten der Piloten und Konstrukteure wieder, für die der Rekord selten Selbstzweck gewesen sein dürfte.

Erich H. Heimann

1 Santos Dumont XIV-bis (mod.) Frankreich

1906

Erster Träger des Geschwindigkeitsrekordes wurde der 1837 in Sao Paulo geborene brasilianische Luftfahrtpionier Alberto Santos-Dumont, der 1891 erstmals nach Paris gekommen war und sich ein Jahr später dort niederließ. Er betätigte sich zunächst als Ballon-Konstrukteur, wandte sich dann Luftschiffen zu, um sich schließlich dem Bau von Flugapparaten schwerer als Luft zu widmen. Mit seiner Kastendrachen-Konstruktion XIV-bis gelangen ihm die ersten als Flüge zu bezeichnenden Luftsprünge. Die Konstruktion orientierte sich an dem bekannten Hargrave'schen Kastendrachen und besaß eine Kastentragfläche mit starker V-Form (ca. 20°). Die Maschine war zunächst mit einem 24-PS-Antoinette-Motor ausgestattet, der im Heck angeordnet war und über eine Metall-Druckschraube von 2,40 m Durchmesser für den Vortrieb

sorgte. Am Bug der Enten-Konstruktion befand sich ein ebenfalls kastenförmiges Doppeldecker-Leitwerk zur Höhen- und Seitensteuerung. Das Cockpit lag unmittelbar vor der Vorderkante der Tragfläche. Es bestand aus einem Weidenkorb, in dem Santos-Dumont aufrecht stehend die Maschine steuerte. Mit Pilot, der ein ausgesprochenes Leichtgewicht war, wog der Apparat 300 kg. Bei einer tragenden Fläche von 52 m² entsprach dies einer Flächenbelastung von 5,77 kg/m². Das tragende Gerippe der Maschine bestand aus Bambus.

Die ersten Testflüge fanden in Bagatelle bei Paris statt. Am 13. September 1906 gelang ein erster Luftsprung von 0,7 m Höhe und etwa sieben Metern Weite. Bei der Landung brachen allerdings einige Streben, und die Luftschraube wurde beschädigt. Am 23. Oktober

Startvorbereitungen zum Rekordflug der Santos-Dumont XIV-bis mit den typischen sechseckigen Querrudern.

legte der Brasilianer immerhin schon 60 Meter in gerader Linie bei einer Flughöhe von rund drei Metern zurück. Diesmal gab es einen Fahrwerkschaden bei der Landung. Während der Reparaturarbeiten stattete Santos-Dumont seine Maschine mit zwei sechseckigen Querrudern aus, die er zwischen den äußeren Seitenflächen anbringen ließ. Außerdem wurde der 24-PS-Antoinette-Motor nun durch ein 50 PS abgebendes Exemplar gleichen Fabrikates ersetzt. In dieser Ausführung wurde die Maschine nun als Santos-Dumont XIV-bis (mod.) bezeichnet. Mit dieser Maschine bewarb sich Santos-Dumont um den vom Aéro-Club de France ausgesetzten »Archdeacon-Preis« in Höhe von 25000 Francs für den ersten Flug über eine Distanz von 25 Metern. Die bescheidene Forderung wurde vor Sportzeugen des Aéro-Club de France gleich sechsfach überboten. Nach fünf geglückten Flügen über Entfernungen zwischen 40 und 82 Metern legte der kleine Brasilianer am 12. November 1906 in 21,2 Sekunden die Rekordstrecke von 220 Metern zurück, womit Santos-Dumont gleichzeitig den ersten Strecken-Weltrekord und den ersten Geschwindigkeitsrekord errang. Die Fluggeschwindigkeit von 41,292 km/h, die in

die Rekordliste der FAI als Weltrekord einging wurde wahrscheinlich auf einem 100 m-Teilstück des kurzen Luftsprunges gestoppt. Die Durchschnittsgeschwindigkeit auf der Gesamtstrecke von 220 m betrug damals 37,36 km/h. Die Flughöhe betrug ca. 6 Meter.

Technische Daten der Santos-Dumont XIV-bis (mod.)

Spannweite	13,50 m
Länge	8,95 m
tragende Fläche	52,00 m²
Fluggewicht mit Pilot	300,00 kg
Flächenbelastung	5,77 kg/m²
V-Form	+ 20°
Motor:	50 PS Antionette (1200 U/min)
Luftschraube:	Metall, 2,40 m ∅ (Druckpropeller)
Weltrekord:	41,292 km/h in 6 m Höhe (12. 11. 1906)

Konstruktion: Kastendrachen in Entenbauweise mit im Heck eingebautem Druckmotor. Baumaterialien: Bambusstangen und Holz, Bespannung Seide.
Erstflug: 13. September 1906 (XIV-bis)
Pilot: Alberto Santos Dumont

Am 23. Oktober 1906 schaffte Santos-Dumont mit seiner Maschine in Bagatelle einen Flug über 60 m Distanz bei einer Flughöhe von etwa drei Metern. Danach erhielt die Maschine erst die Querruder und einen 50 PS Antoinette-Motor, mit dem auch der erste Geschwindigkeitsrekord erflogen wurde.

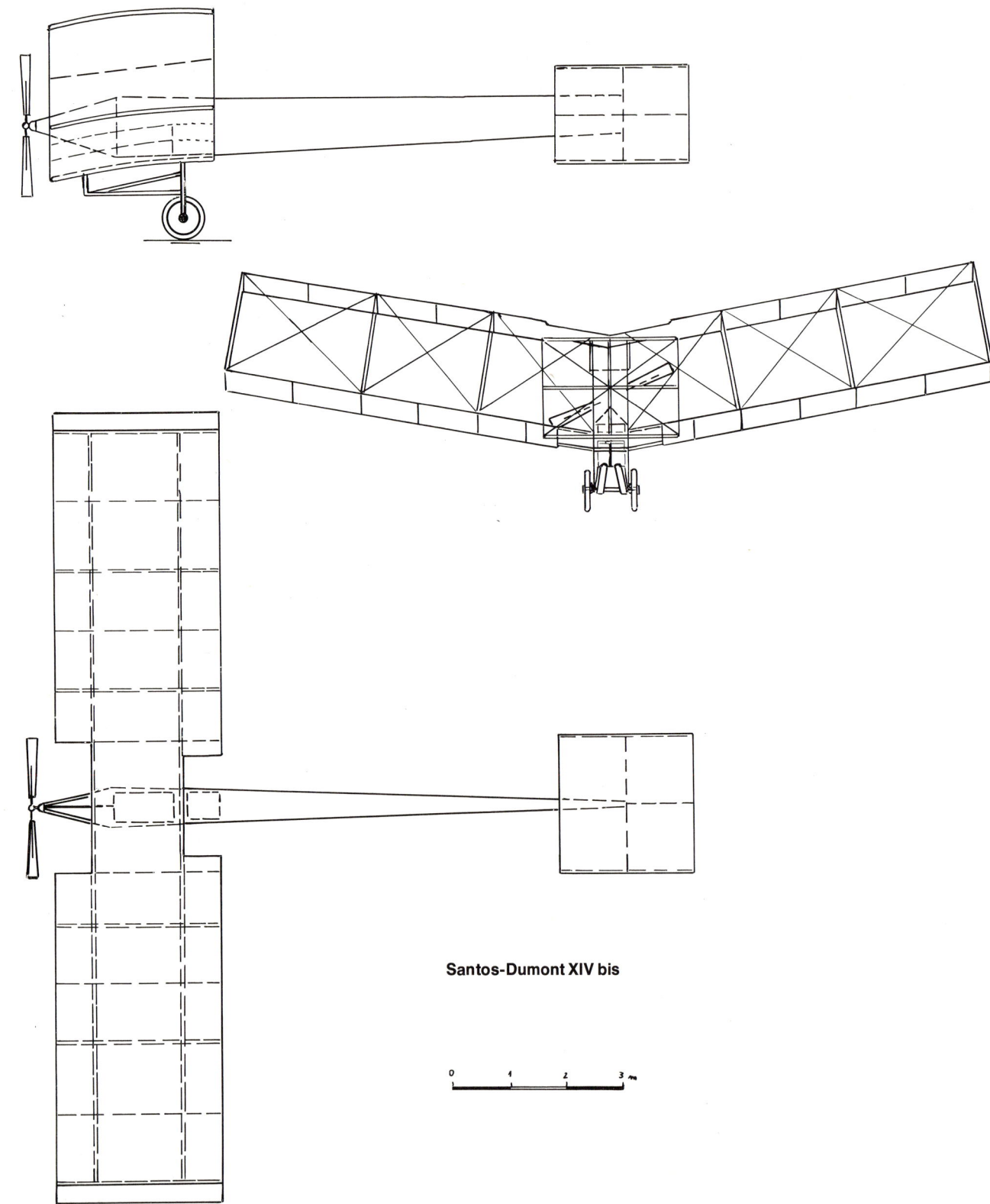

Santos-Dumont XIV bis

0   1   2   3 m

Die Gebrüder Gabriel und Charles Voisin gehörten zu den Pionieren der ersten Stunde in Europa. Sie standen wie viele der europäischen Pioniere mit dem amerikanischen Ingenieur und Flugpionier Octave Chanute in Kontakt, der als Freund der Gebrüder Wright in Europa über deren Gleitflug-Experimente berichtete. Chanute war ein Verfechter des Doppeldecker-Prinzips, dem auch die Wrights gefolgt waren. Sein Verspannungsschema wurde von ihnen ebenfalls übernommen.

Der erste Versuch der Gebrüder Voisin war ein Segelflugzeug auf Schwimmern gewesen, das dem Hargrave-Kastendrachen-Prinzip folgte und dieses erstmals in Europa einführte. Diese Konstruktion war ein Gemeinschaftswerk der Gebrüder Voisin mit Archdeacon gewesen und besaß vor dem Flügel ein Höhenruder in Eindeckerform sowie am Heck ein kastenförmiges Höhenleitwerk.

Dieses Prinzip behielten die Gebrüder Voisin auch bei ihrer nächsten Konstruktion bei, die sie 1907 gemeinsam mit Delagrange verwirklichten. Dieser Typ erwies sich nach mehrmaligem Umbau fliegerisch wie auch kommerziell als beachtlicher Erfolg. Die aus Holz, Bambus und Leinwand gebaute Maschine besaß eine Länge von 11,4 m und eine größte Spannweite von 10 m. Die größte Flügeltiefe wurde mit 2 m angegeben. Die tragende Fläche betrug bei den ersten Mustern 49 m² und stieg später auf 55 m². Das Fluggewicht wurde inklusive Pilot mit 544 kg beziffert, was einer Flächenbelastung von 11,1 kg/m² entspricht. Der Abstand zwischen den beiden Flächen des Doppeldecker-Tragwerkes betrug bei den frühen Modellen 1,50 m, bei den späteren wurde er auf 2,10 m vergrößert. Der Kastendrachen am Heck besaß eine Spannweite von 2,43 m bei einer Profiltiefe von 2 m. Der Höhenabstand der beiden Flächen betrug 1,50 m. Die zweigeteilte Steuerfläche am Bug der Maschine hatte eine Fläche von 5 m², war etwa im ersten Drittel gelagert und wurde über ein Gestänge mittels Steuerrad vor dem Pilotensitz betätigt.

Mit demselben Steuerrad wurde das 1 m² messende Seitenruder am Heck bedient, dessen Seilzüge auf eine Trommel auf der Steuerradachse aufgewickelt waren.

Das Fahrwerk der Maschine bestand aus zwei großen lenkbaren Speichenrädern, die etwa unter dem Pilotensitz platziert waren und bei der Landung einen Federweg von etwa 60 cm erlaubten. Unter den Heckauslegern, die das Heckkastenleitwerk trugen, waren in Höhe der Vorderkante des Heckkastens zwei kleinere nicht lenkbare Räder montiert. Im Stand ergab sich so ein Anstellwinkel von rund 8°.

Die meisten Voisin-Maschinen waren mit E.N.V.-Motoren ausgerüstet. Die Standard-Version verfügte über eine Antriebsleistung von 36 – 39 PS. Es kamen aber auch Motoren bis 80 PS zum Einbau. Die letzten Versionen erreichten bis zu 67,5 km/h bei einer Motor-

13

drehzahl von 1100 U/min. Die Antriebsleistung des über der Hinterkante des unteren Flügels liegenden Motors wurde über einen im Schwerpunkt liegenden Druckpropeller aus Stahl in Vortrieb umgesetzt. Er maß 2,28 m im Durchmesser. Seine kurvenförmig geschwungenen Blätter waren je 75 cm lang und 23 cm breit und hatten eine Steigung von 1,52 m. Die Luftschraube wurde direkt vom Motor angetrieben. Die Drehzahlregelung des Motors war über den Vergaser wie auch durch das Abstellen einzelner Zylinder möglich.

Laut einer Aufstellung aus dem September 1909 waren damals bereits 37 Voisin-Doppeldecker verkauft und viele weitere bestellt. Die erste Serienmaschine wurde von Henri Farman übernommen, der die Maschine nach eigenen Ideen umbaute und mit einem der sehr leichten und leistungsfähigen Antoinette-Motoren von Leon Levavasseur ausrüstete. Mit einem 50-PS-Antoinette-Motor wie ihn auch Santos-Dumont bei seinem ersten Weltrekord verwendet hatte, schaffte Farman am 26. Oktober 1907 in Issy-les-Moulineaux, also am Sitz der Firma Voisin, eine Geschwindigkeit von 52,700 km/h und überbot damit den bestehenden Geschwindigkeitsrekord um mehr als 11 km/h oder um 28 Prozent. Wie sich später zeigen sollte, war das Leistungspotential der Voisin-Konstruktion, die in ihrer Grundkonzeption mit Entwürfen von Chanute aus den Jahren 1898 bis 1900 Gemeinsamkeiten aufwies, noch nicht erschöpft. Zwischen dem 26. Oktober 1907 und dem 16. September 1908 sollten mit Farmans Voisin und der Voision-Maschine von Léon Delagrange, der die zweite Serienmaschine gekauft hatte, nicht weniger als sechs Streckenweltrekorde geflogen werden, wobei die Streckenleistung von zunächst 770 m schrittweise auf 24,125 km gesteigert werden konnte.

Techn. Daten Voisin-Farman-I-Doppeldecker von 1907:

Länge	11,4 m
Spannweite	10,0 m
Flügeltiefe	2,0 m
tragende Fläche	49,0 m² (spätere Ausführungen)
	55 m²
Fluggew. einschl. Pilot	544 kg
Flächenbelastung	11,1 kg/m²
Motor (Rekord-maschine)	50-PS-Antoinette 8 Zyl.
Gewicht des Rumpfes	114 kg
Gewicht der Flügel	81,5 kg
Gewicht des Heckleitwerkes	53,5 kg
Gewicht des vornliegenden Höhenruders	14,5 kg
Luftschraube	2,28 m ⌀, 1,52 m Steigung, Gewicht 13,6 kg
Abhebegeschwindigkeit	ca. 48 km/h

Konstruktion: Doppeldecker in Kastendrachenbauweise mit Entenleitwerk und Heckleitwerk in Kastendrachenform, Seitenruder zwischen den Flächen des Heckleitwerkes liegend, Motor im Schwerpunkt auf Druckschraube wirkend. Fahrwerk mit vier Rädern, davon die vorderen lenkbar und gefedert.

Erstflug:	1907
Rekordleistung:	52,700 km/h
Pilot:	Henri Farman
Datum:	26. Oktober 1907
Ort:	Issy-les-Moulineaux

Rechts: Henri Farman erkannte die Schwächen der Voisin-Konstruktion und baute seine Maschine mehrfach um. Er erprobte unter anderem ein vergrößertes Heck-Tragwerk (Bild) und im Oktober 1908 auch Querruder. Bei seinem Rekordflug im Oktober 1907 besaß seine Maschine noch das schmale Hecktragwerk und einen 50 PS Antoinette-Motor als Antrieb.

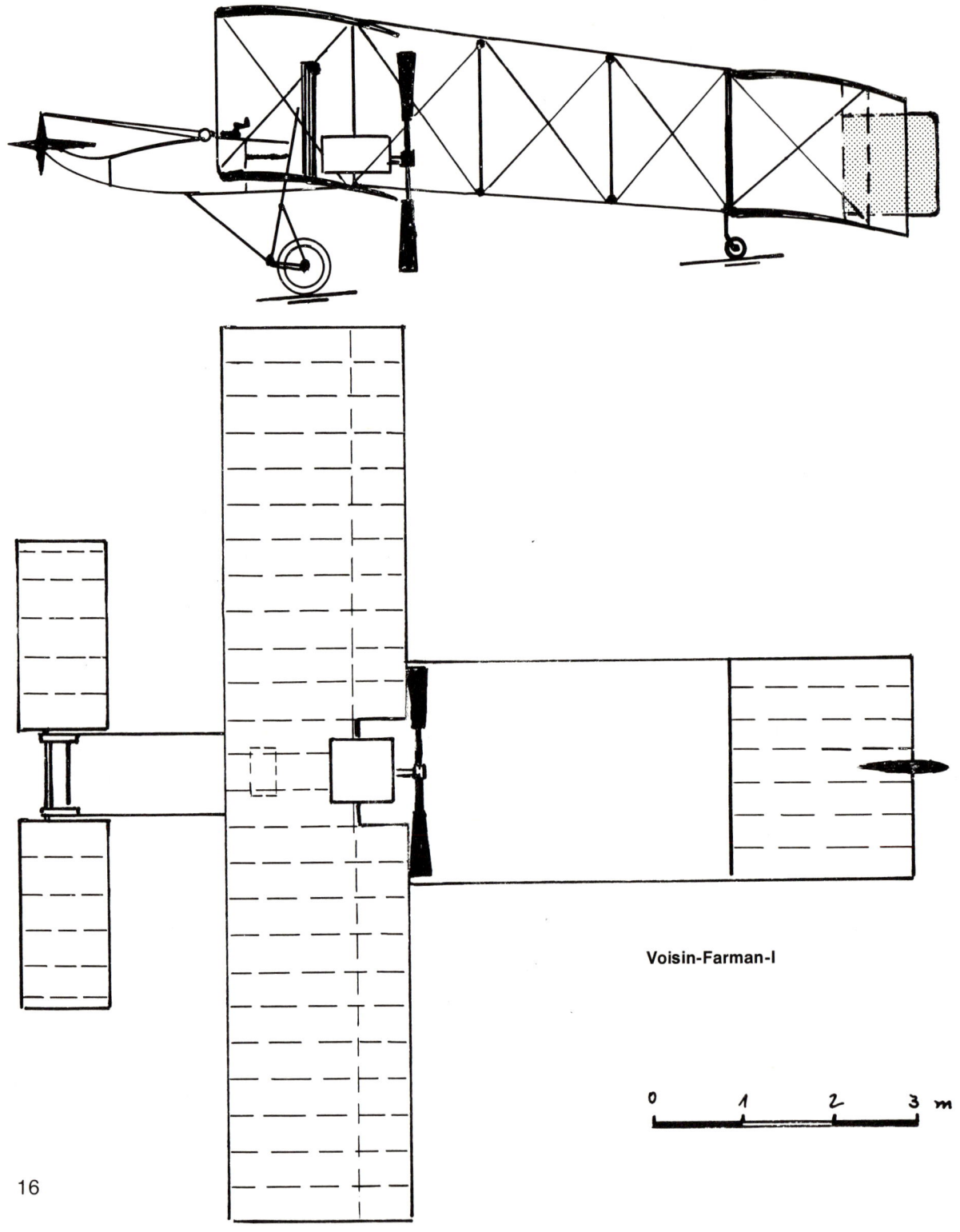

Voisin-Farman-I

0   1   2   3 m

16

Die Gebrüder Wilbur und Orville Wright ihres Zeichens Besitzer einer kleinen Fahrradfabrik in Dayton (Ohio) hatten sich 1896, als Lilienthal tödlich abstürzte, intensiven eigenen Studien des Menschenfluges zugewandt. Auch sie gingen von der Beobachtung des Vogelfluges aus und entdeckten 1899 die Bedeutung der Flügelverwindung für die Aufrechterhaltung der Querstabilität. Im gleichen Jahr gelang es ihnen, diese Entdeckung technisch um-

Eugene Lefebvre mit einer in Frankreich gebauten Wright Typ 1907-09 bei der Flugwoche in Reims im August 1909.

zusetzen und auf einen Doppeldeckerflügel zu übertragen.

1899 erprobten sie ein Drachenfliegermodell mit nur 1,52 m Spannweite, ein Jahr später folgte eine größere Maschine mit 5,18 m Spannweite, die hauptsächlich unbemannt wie ein Drachen fliegend erprobt wurde aber auch einige bemannte Flüge zuließ. Wiederum ein Jahr später folgte ein noch größerer Segler mit 6,70 m Spannweite, dessen Flugeigenschaften jedoch immer noch nicht befriedigten. Hierauf begannen die Wrights ein eigenes aerodynamisches Versuchsprogramm, nachdem sie sich bisher auf die Theorien Lilienthals und Chanutes verlassen hatten. Hierbei wurden verschiedene Profile in einem einfachen aber wirkungsvollen Windkanal untersucht.

Aus diesen Experimenten resultierte ihr Glider No. 3, die dritte manntragende Maschine, die im August und September 1902 gebaut und im September/Oktober des gleichen Jahres erfolgreich im Fluge erprobt werden konnte. Der Doppeldecker besaß eine Spannweite von 9,77 m, eine leichte negative V-Form sowie ein Verwindungssystem zur Quersteuerung. Das Höhenruder lag nach Enten-Manier vorn. Am Heck hatten die Wrights zwei starre Seitenflossen vorgesehen, die nach Art einer Windfahne dem Abschmieren des Seglers bei der Betätigung der Quersteuerung entgegenwirken sollte. Versuche zeigten, daß diese Maßnahme das Übel noch verschlimmerte. Schließlich fanden die Wrights heraus, daß die Schwierigkeiten beim Aussteuern einer Querneigung der Maschine daraus resultierten, daß beim Versuch, den hängenden Flügel durch eine positive Flügelverwindung zu heben, der Widerstand auf dieser Seite anstieg, während er auf der Seite des negativ verwundenen Flü-

gels sank. Hieraus resultierte ein fatales Drehmoment, das die Maschine abschmieren ließ. Nachdem man die Ursache (nach heutiger Definition »den Querruder-Widerstand«) erkannt hatte, wurden die starre Doppelflosse durch ein einfaches bewegliches Seitenruder ersetzt, das so mit der Flügelverwindung gekoppelt war, daß dem Drehmoment aus dem Verwindungswiderstand durch einen entgegengesetzten Seitenruderausschlag entgegengewirkt wurde. Versehentlich wurde das System einmal so justiert, daß das unerwünschte Drehmoment überkompensiert wurde, wodurch die Maschine plötzlich in der Lage war in leichter Schräglage zu kurven. Den letzten entscheidenden Schritt, die Trennung von Seiten- und Querruder, um beide nach Bedarf bedienen zu können, vollzogen die Wrights erst mit ihrer dritten Motormaschine aus dem Jahre 1905. Mit dem Segler von 1902 gelangen ihnen jedoch bereits ansehnliche voll steuerbare Flüge mit einem Weitenrekord von 189,74 m und einem Dauerrekord von 26 Sekunden. Über Chanute gelangten 1902 und 1903 illustrierte Berichte über die erfolgreichen Segelflugversuche der Wrights nach Europa und gaben der nach dem Tode Lilienthals stagnierenden Entwicklung neue Impulse. Nach diesem Erfolg und über 1000 Gleitflügen mit ihrem dritten Gleiter meldeten die Wrights ihre Konstruktion zum Patent an und nahmen im Sommer 1903 den Bau einer Motormaschine in Angriff. Da es weder einen geeigneten leichten und dennoch leistungsstarken Motor noch brauchbare Luftschrauben gab, mußten die beiden Brüder Motor und Propeller selbst entwickeln. Das Resultat war ein recht zuverlässiger Vierzylinder, der seine 12 PS über zwei gegenläufige Druckpropeller in Vortrieb umsetzte. Der Antrieb der beiden Propeller erfolg-

18

Seitenansicht einer Wright Typ 1907-09 auf der hölzeren Startschiene.

te über Fahrradketten. Auf diese Weise wurde zugleich das Problem der Untersetzung gelöst. Der Flyer I hatte eine Spannweite von 12,30 m und eine tragende Fläche von 47,38 m². Er war mit einem vornliegenden Doppeldecker-Höhenleitwerk und einem doppelten Seitenruder am Heck ausgestattet. Das Leergewicht der Maschine betrug 274,43 kg. Gestartet wurde das Flugzeug auf einer 18 m langen hölzernen Schiene, die einem hölzernen Joch mit zwei kleinen Rädern in Tandemanordnung Führung gab. Das Flugzeug ruhte mit seinen Kufen auf diesem Joch und trennte sich beim Abheben von diesem, um auf den Kufen zu landen. Am Morgen des 17. Dezember 1903 gelangen die ersten vier historischen Flüge, deren längster mit Wilbur am Steuer 59 Sekunden dauerte und eine Distanz von knapp 260 m überbrückte. Der Bann war gebrochen.

1904 entstand ein neuer Flyer, der mit einem neuen 16-PS-Motor ausgestattet wurde. Aufgrund der beengten Startplatz-Verhältnisse gingen die Gebrüder Wright im September 1904 zu ihrer berühmten Katapult-Startpraxis über, bei der ihre Maschine über ein Seil durch ein 800 kg schweres Fallgewicht beschleunigt wurde. Der Flyer ruhte beim Start auf einem hölzernen Joch, dessen Räder über eine ca. 30 m lange hölzerne Schiene rollten, die gegen den Wind ausgelegt wurde.

Der Flyer III entstand 1905 und wurde von dem sehr zuverlässigen Motor des Vorgängermusters angetrieben. Die Maschine verfügte absichtlich über keine Eigenstabilität und mußte dauernd gesteuert werden. Mit dem Flyer III gelang ein neuer Dauerrekord von 38 Minuten und drei Sekunden Flugzeit, wobei die Maschine eine Strecke von 38,6 km zurücklegte.

Aus Furcht, durch Spione um die Früchte ihrer Arbeit gebracht zu werden, legten die Wrights nun zunächst eine vom 16. Oktober 1905 bis zum 6. Mai 1908 dauernde Flugpause ein. In der Zwischenzeit bauten sie ein rundes halbes Dutzend neuer Motoren und drei neue Flyer, die allgemein als Typ 1907–1909 bezeichnet werden und weitgehend mit Lizenzbauten, die 1909 in Frankreich, England und Deutschland entstanden, übereinstimmten. Es handelte sich wiederum um Doppeldecker mit voran-

19

fliegendem Entenhöhenleitwerk, Flügelverwindung und einem doppelten Seitenruder an einem Heckausleger. Als Antrieb diente ein neuer Wright-Vierzylindermotor, der 30 – 40 PS entwickelte und wieder auf zwei gegenläufige Propeller wirkte, die über in Rohren geführte Fahrradketten angetrieben wurden. Die Maschine konnte neben dem Piloten einen Passagier aufnehmen und wurde in der Regel mit dem Fallgewicht-Katapult gestartet.

Im Mai 1908 traf Wilbur Wright zu Demonstrationsflügen in Frankreich ein. Eine Wright-Maschine war bereits im Juli 1907 nach le Havre verschifft worden und wurde in der Automobilfabrik von Leon Bollée montiert. Die erste Demonstration eines Wright Flyers in Europa fand am 8. August 1908 auf dem Rennkurs in Hunaudières acht Kilometer südlich von Le Mans statt. Er wurde zu einem triumphalen Erfolg und war die Initialzündung für eine neue eigenständige europäische Entwicklung mit dem Zentrum Frankreich. Später siedelte Wilbur nach Camp d'Auvours um, wo er seinen Flyer demonstrierte und vertragsgemäß für seinen französischen Lizenznehmer Piloten auszubilden begann. Im Januar 1909 zog es Wilbur weiter südwärts nach Pau, wo es

wärmer war. Er flog dort vom 3. Februar bis zum 20. März und setzte die Ausbildung französischer Piloten fort. Zu diesen französischen Wright-Piloten gehörte auch P. Tissandier, der am 20. Mai 1909 mit einem Wright-Flyer des Typs 1907–09 in Pau Farmans Geschwindigkeitsrekord auf 54,810 km/h verbesserte, allerdings aber nur knapp drei Monate Rekordhalter bleiben sollte.

Technische Daten

Spannweite	12,50 m
Länge	9,45 m
Flächentiefe	1,99 m
Tragflächeninhalt	47,38 m²
Höhenleitwerksinhalt	6,50 m²
Seitenleitwerksfläche	2,14 m²
Leergewicht	363 kg
Motor:	4-Zylinder-Wright ca. 40 PS
Flächenbelastung	7,66 kg/m²
Weltrekordgeschwindigkeit	54,810 km/h (20. 5. 1909)
Pilot:	P. Tissandier

Die einzige erhaltene Maschine des Typs 1907-09 ist die von Orville Wright in Berlin geflogene Maschine aus dem Jahre 1909, die im Deutschen Museum in München zu besichtigen ist.

Weltrekordpilot Tissandier auf seinem Wright-Doppeldecker.

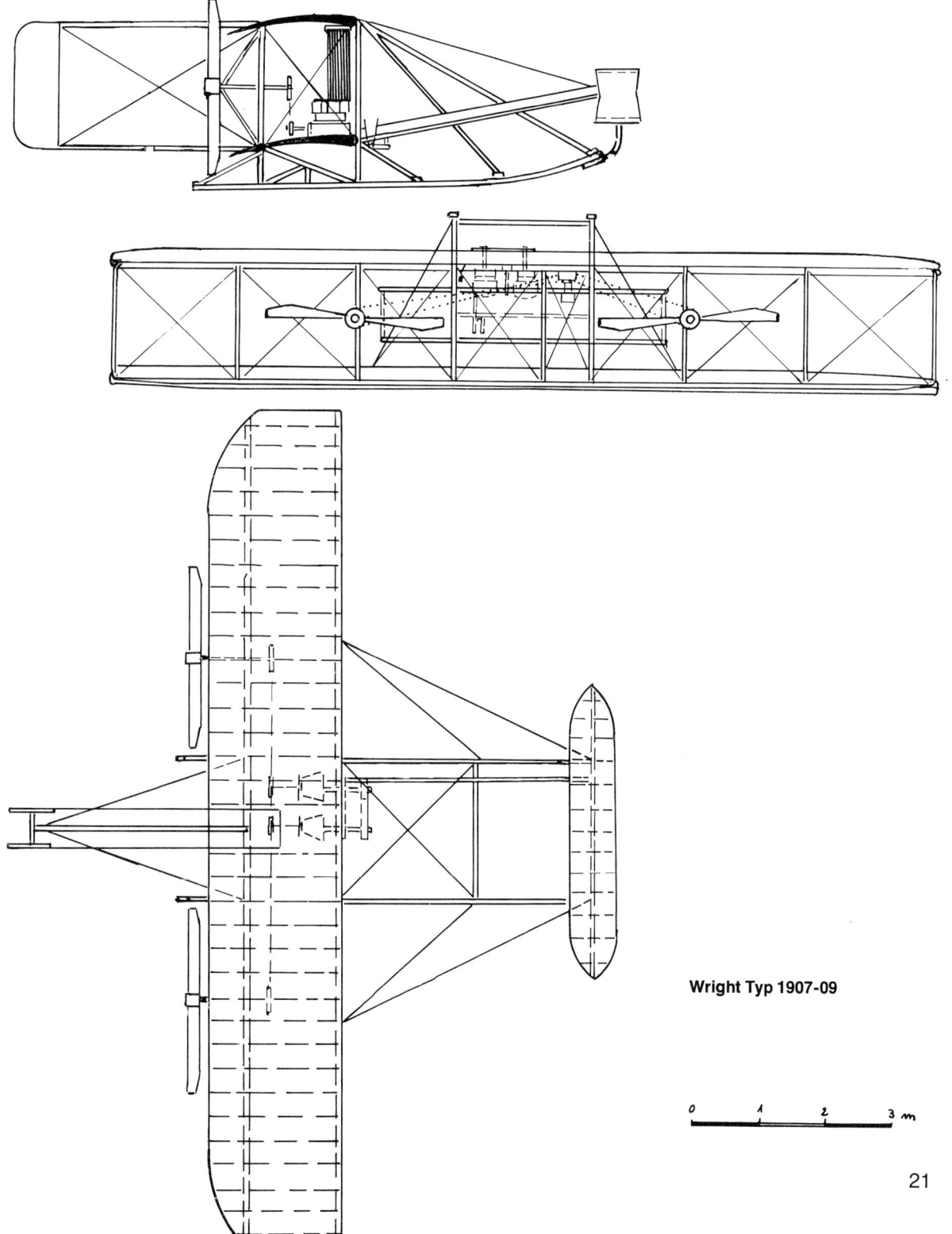

Wright Typ 1907-09

0   1   2   3 m

21

Glenn Hammond Curtiss war vom Radrennfahrer zum Fahrradfabrikanten avanciert, der wenig später auch Motorräder zu bauen begann. 1907 gründete er mit Alexander Graham Bell, dem Erfinder des Telefons, Leutnant Selfridge, der am 17. September 1908 bei einem Absturz mit Orville Wright ums Leben kommen sollte, und anderen Flugbegeisterten die Aerial Experiment Association. Ein Jahr später gründete er eine eigene Flugzeugfabrik, in der er die berühmte June Bug als drittes Flugzeug für die Aerial Experiment Association entwickelte und baute. 1909 erfolgte die Gründung eines zweiten Unternehmens, der Herring-Curtiss-Company, mit August Herring als Teilhaber. Die erste Maschine dieser Firma war die »Gold Bug«. Als zweiter Typ wurde eine kleine auf Geschwindigkeit getrimmte Maschine, der berühmte »Golden Flyer« entwickelt und un-

mittelbar nach seiner Fertigstellung nach Frankreich verschifft, wo im August 1909 in Reims eine große Flugwoche stattfinden sollte. Die einzelnen Wettbewerbe waren mit Preisgeldern von 80000 Mark dotiert. Diese Aussicht lockte Curtiss, der dringend Geld benötigte, um weiter Flugzeuge bauen zu können.

Als Curtiss mit Unterstützung von Courtlandt Bishop, dem Präsidenten des Aero Club of America, die Reise nach Frankreich antrat, verfügte er über eine Flugerfahrung von nur zehn Stunden und hatte noch keine einzige Stunde auf dem Golden Flyer absolviert, dessen Name sich aus der gelblich gefirnisten Leinwandbespannung erklärte, die im Sonnenlicht golden leuchtete. Der Golden Flyer war mit einer Spannweite von 8,00 m die kleinste aller 38 in Reims an den Start gebrachten Maschinen. Als

Der Curtiss Golden Flyer wird in Reims aus dem Hangar geschoben.

Antrieb des Doppeldeckers diente ein von Curtiss selbst konstruierter und gebauter 8-Zylinder-V-Motor mit Wasserkühlung, der 50 PS abgab und einen Druckpropeller mit 2,13 m Durchmesser antrieb. Das Gerippe des Golden Flyer bestand aus Bambusstangen. Tragwerk und das voranfliegende Höhenleitwerk waren in Doppeldeckerform ausgelegt und nur auf der Oberseite bespannt. Curtiss erklärte dies mit dem Vorbild des Vogelflügels der ebenfalls nur auf der Oberseite glatt sei. Flächen und Rumpf waren mit Stahldraht verspannt. An den Flügelenden besaß der Golden Flyer zwischen oberem und unterem Flügel zwei knapp 4 m² messende Querruder. Die Wirkung wurde durch eine Verschiebung des Schwerpunktes unterstützt. Die Betätigungskabel der Querruder waren hierzu mit dem Sitz des Piloten verbunden, der unmittelbar vor der Vorderkante der Flügel lag. Wenn die Maschine zum Beispiel eine Schräglage nach rechts einnahm und der Pilot sie aufrichten wollte, so neigte er sich nach links, wodurch einmal der Schwerpunkt seitlich verlagert und zum zweiten, das rechte Querruder positiv und das linke negativ angestellt wurde. Motorplattform und Pilotensitz bildeten eine Einheit und bestan-

den aus Bambusstangen mit Verstärkungen aus stählernen Winkeln. Das Fahrwerk war sehr einfach gehalten und ungefedert. Die beiden Haupträder saßen unter der Flügelhinterkante und waren mit ihrer Gabel an den hinteren inneren Tragflächenstielen abgefangen. Das »Bugrad« saß in dem vorn gabelförmig zusammenlaufenden Motorträgergerüst, an dem zugleich auch das Entenleitwerk abgestrebt war. Eine senkrechte Strebe stützte das vordere Rad auch noch einmal an den oberen Leitwerksträgern ab.

Das vorn liegende Höhenruder in Doppeldeckerform lag knapp 3 m vor dem Flügel und besaß eine Fläche von ca. 2,5 m². Genau in der Mitte war noch eine kleine dreieckige senkrechte Stabilisierungsflosse angebracht, die die obere Leitwerksfläche überragte.

An Bambus-Heckauslegern hingen eine starre horizontale Heck-Stabilisierungsfläche mit knapp 3 m² Inhalt und das Seitenruder. Gesteuert wurde der Golden-Flyer mit einem Rad, das bei Drehung nach rechts oder links auf das Seitenruder wirkte. Axiale Bewegungen wurden über eine Bambusstange auf das Höhenruder übertragen. Die Querruder wurden durch Neigung des Piloten nach rechts oder

Glenn Curtiss mit seiner Rekordmaschine bei der Kontrolle der Steuerfunktionen.

links wie beschrieben betätigt. Darüber hinaus gab es noch drei Pedale: das erste diente als Gashebel, das zweite betätigte einen Ölinjektor für den Motor und das dritte wirkte als Fußbremse auf das Bugrad.

Interessant war der etwa im Schwerpunkt liegende 50-PS-8-Zylinder-V-Motor. Die Gußzylinder besaßen aus Kupferblech geschweißte Kühlmäntel, in denen das Kühlwasser von einer Pumpe im Umlauf gehalten wurde. Zur Schmierung des Motors hatte Curtiss im Kurbelgehäuse eine Ölpumpe vorgesehen, die das Öl zwangsweise an alle wichtigen Lager brachte. Der Überschuß floß zurück ins Kurbelgehäuse und von dort in einen darunterliegenden Öltank. Dann begann der Umlauf von neuem. Das Kurbelgehäuse bestand aus einer Alugußlegierung, die Pleuel aus Vanadium-Stahl und die Kolben und Lager aus Leichtmetall.

Glenn Curtiss gewann mit seinem Golden Flyer im Wechsel mit Louis Blériot mehrmals die tägliche Tour de Piste über 10 km, sowie den mit 5000 Dollar und einem großen Silberpokal dotierten und erstmals ausgeflogenen Gordon Bennet Cup, nachdem er am 23. August 1909, dem zweiten Wettbewerbstag der Flugwoche zu Reims, Tissandiers erst drei Monate alten Geschwindigkeitsweltrekord um 15 km/h überboten hatte.

Außerdem holte sich Curtiss in Reims den Sieg im Wettbewerb über die 30-km-Distanz, den sogenannten Prix de Vitesse.

Technische Daten des Herring-Curtiss Golden Flyer

Spannweite	8,00 m
Länge	7,62 m
Leergewicht	213,4 kg
Startgewicht	313,26 kg
Flächenbelastung	16,5 kg/m²
Motor:	50 PS-Curtiss-V 8 mit Wasserkühlung, max. 1800 U/min.
Luftschraube:	Zweiblatt 2,13 m ⌀
Motorgewicht:	ohne Zubehör ca. 42 kg mit Zündung, Kühler, Wasserpumpe etc. ca. 85 kg
Flugleistungen:	Geschwindigkeits-Weltrekord 69,821 km/h am 23. August 1909 in Reims Sieg im Gordon-Bennet-Rennen über 20 km mit einer Durchschnittsgeschwindigkeit von 76,749 km/h am 28. August 1909.
Pilot:	Glenn Curtiss

Der Golden Flyer im Fluge.

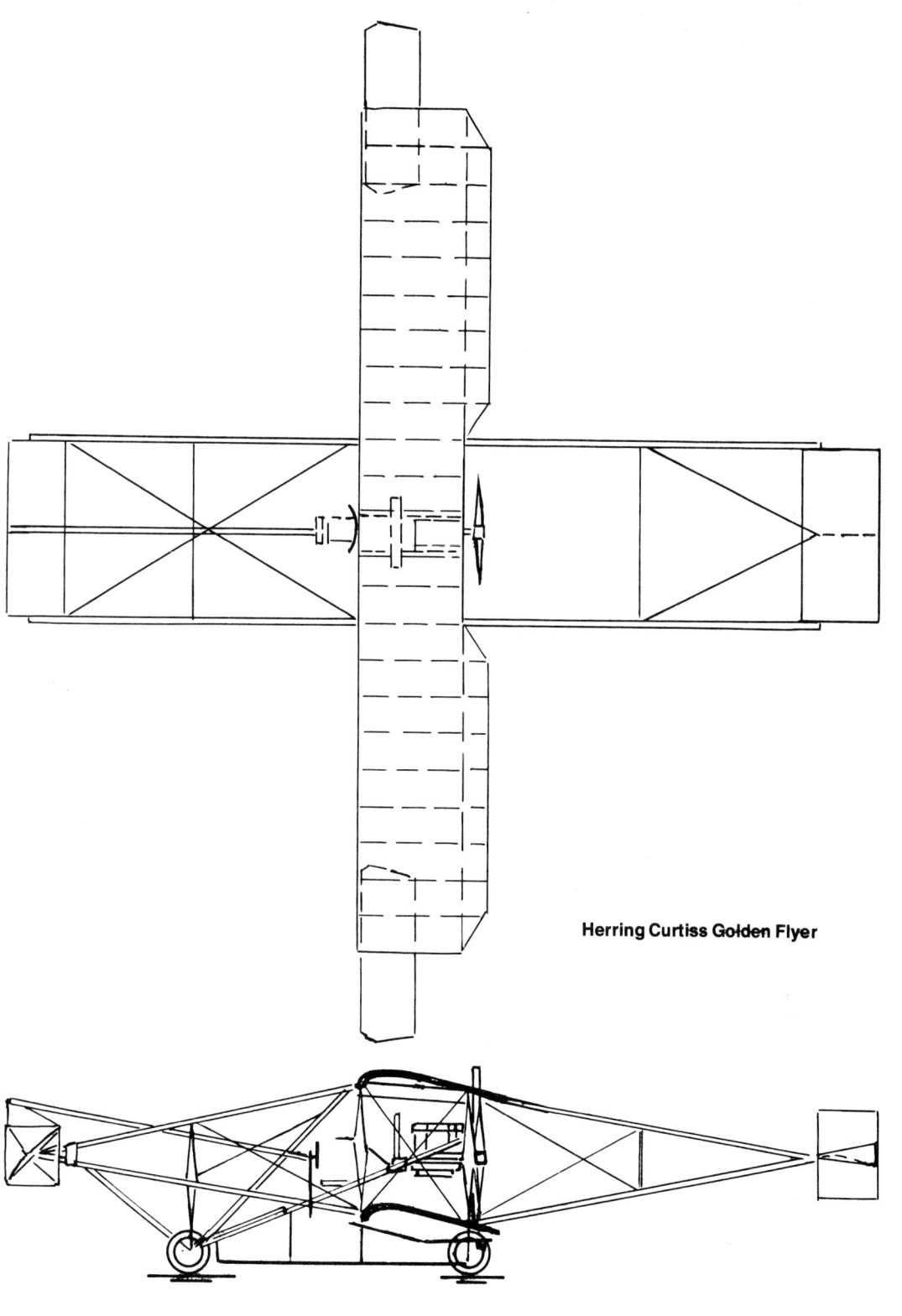

Herring Curtiss Golden Flyer

0   1   2   3 m

Louis Blériot gehörte ebenfalls zu den französischen Flugpionieren der ersten Stunde, die um die Jahrhundertwende versuchten, das Problem des Menschenfluges zu lösen. Die ersten Ansätze zur Konstruktion von Flugmaschinen datieren aus dem Jahre 1899. Der Ingenieur und Automobillampen-Fabrikant Blériot baute 1903 sein erstes allerdings erfolgloses Schwingenflugzeug, zwei Jahre später einen kaum erfolgreicheren Gleiter. Zusammen mit Gabriel Voisin gründete er um die gleiche Zeit eine Werkstatt für Aeroplane. 1906 wandte sich Blériot vom bis dahin von allen frühen Pionieren vorgezogenen Doppeldeckerprinzip ab und versuchte sich an Eindeckern eigener Konstruktion. Sein erster Eindecker in Entenbauweise erwies sich als nicht flugtüchtig. Es folgte ein Eindecker in Tandembauweise, der auf Konstruktionsprinzipien des unglücklichen US-Flugpioniers Langley aufbaute. Mit diesem Typ Blériot VI Libellule (Libelle) gelang am 25. Juli 1907 in Issy immerhin ein erster 10-Sekunden-Luftsprung über eine Distanz von 150 m. Noch im gleichen Jahr entstand die Blériot VII, ein Eindecker mit Zugpropeller, mit der sein Konstrukteur am 16. November 1907 wiederum in Issy in 45 Sekunden 500 m zurücklegte. Die nächste Maschine vom Typ Blériot VIII brachte immer noch nicht den durchschlagenden Erfolg, wenngleich mit der Weiterentwicklung VIII-bis am 6. Juli 1908 eine Flugdauer von 8 Minuten und 25 Sekunden erreicht wurde. Blériot stand kurz vor der Pleite und investierte sein letztes Geld in einen neuen Eindecker, mit dem er sich um den von der Daily Mail für die erste Überquerung des Ärmelkanals in einem Flugzeug ausgesetzten Preis in Höhe von 1000 £ bewarb. Am 25. Juli 1909 schaffte Blériot, der Besitzer der ersten französischen Pilotenlizenz war, in 37 Minuten den Sprung von Calais nach Dover. Der finanzielle Ruin war abgewendet, und Louis Blériot war mit einem Schlage weltberühmt.

Wenige Wochen nach seinem großen Erfolg trat Blériot bei der großen Flugwoche der Champagne in Reims an, die täglich rund 100000 Zuschauer anlockte. Er hatte drei Eindecker gemeldet, zwei weitere Blériot-Eindecker wurden von den französischen Piloten Delagrange und Leblanc an den Start gebracht.

Glenn Curtiss und Louis Blériot erwiesen sich als härteste Konkurrenten in den Geschwindigkeitskonkurrenzen und gewannen beinahe in ständigem Wechsel die tägliche Tour de Piste, einen Geschwindigkeitswettbewerb über eine 10 km lange Platzrunde.

Nur einen Tag, nachdem Glenn Curtiss mit seinem Golden Flyer bei der Tour de Piste einen neuen Weltrekord aufgestellt hatte, entthronte ihn Louis Blériot am 24. August durch einen neuen Rekordflug mit 74,318 km/h. Die offizielle Rekordliste der FAI gibt als Rekordmaschine eine Blériot XII mit Anzani-Motor an,

Der erfolgreiche Kanalflug begündete Blériots Ruf als Pilot und Konstrukteur. Hier der Pionier nach seiner Bruchlandung mit seiner Blériot XI in North Fall Meadow. Deutlich erkennbar das typische Höhenleitwerk mit starrem Mittelteil als Dämpfungsfläche und seitlichen unabhängig voneinander zu bewegenden Ruderflächen. Bei seinem ersten Geschwindigkeits-Weltrekord benutzte Blériot eine Maschine gleichen Typs, vielleicht sogar die reaparierte Kanalmaschine.

was mit hoher Wahrscheinlichkeit jedoch ein Irrtum ist, da die Blériot XII, von der noch die Rede sein wird, einen E.N.V.-Motor besaß. Mit luftgekühlten Anzani-Motoren waren hingegen die Maschinen vom Typ Blériot XI, deren Prototyp die berühmte Kanalmaschine »La Manche« war, ausgerüstet. Es dürfte sich also bei der Rekordmaschine vom 24. August 1909 um eine Blériot XI, möglicherweise sogar um die nach der Bruchlandung in Dover, bei der Fahrwerk und Propeller in Trümmer gegangen waren, überholte Kanalmaschine gehandelt haben. Das Flugzeug besaß einen hölzernen Gitterrumpf, der mit Draht verspannt und bis hinter die Tragfläche stoffbespannt war. Der luftgekühlte Dreizylinder Anzani-Motor saß unmittelbar vor der Flügelvorderkante und war an einem Rahmen aufgehängt, der zugleich das Hauptfahrwerk trug. Die Speichenräder waren an Schwinghebeln aufgehängt und in senkrechten Stahlrohrstreben mit Spiralfedern abgefedert. Am Heck befand sich bei der Kanalmaschine ein festes Spornrad. Es gab aber auch Ausführungen mit einem Gleitspornbügel unter dem Heck. Die Tragfläche des Schulterdeckers besaß zwei Holme und stoffbespannte hölzerne Rippen. Sie war an den Enden stark abgerundet und besaß weder Querruder noch eine Verwindung. Die Quersteuerung erfolgte über das Höhenleitwerk, das

27

aus einem starren Mittelstück und beweglichen Außenteilen bestand. Diese konnten als Querruder gegensinnig und als Höhenruder gleichsinnig bewegt werden – eine interessante Lösung, die bei der amerikanischen X-15 als »rolling tail« ein spätes Come-back feiern sollte. Das Höhenleitwerk war mit seinen zwei Holmen und seinen stoffbespannten Rippen ebenfalls aus Holz aufgebaut. Dahinter lag ein Seitenruder ohne Dämpfungsfläche.

Technische Daten der Blériot XI:

Spannweite	8,20 m
Länge	7,65 m
Flächeninhalt	14 m²
Leergewicht	210 kg
max. Startgewicht	300 kg
Flächenbelastung	21,4 kg/m²
Motor:	3-Zylinder Anzani, luftgekühlt, 24 PS
Rekordflug:	74,318 km/h in Reims am 24. 8. 1909
Pilot:	Louis Blériot

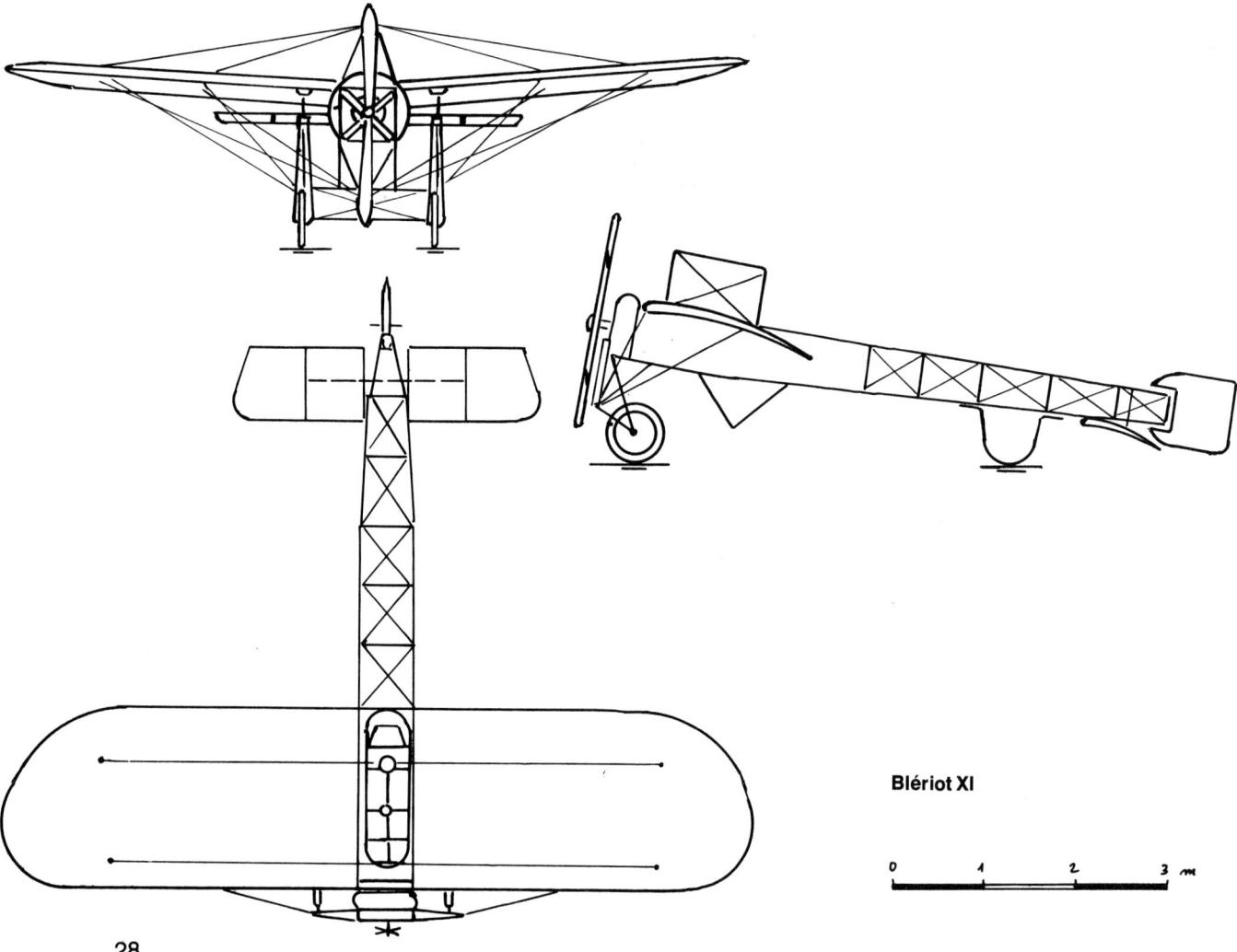

Blériot XI

0   1   2   3 m

28

Zur Teilnahme an den Geschwindigkeits-Wett-bewerben hatte Louis Blériot einen neuen gro-ßen Eindecker vom Typ Blériot XII nach Reims gebracht. Mit einer Spannweite von 9,50 m und einer Rumpflänge von zehn Metern war der von einem 60 PS abgebenden E.N.V.8-Zylinder-V-Motor angetriebene Hochdecker um einiges größer als die früheren Blériot-Maschinen.

Die Größe der Maschine erklärt sich daraus,

Zeitweise flog die Blériot XII mit einem Vierblatt-Propeller. Bei diesem Typ lag die feste Dämpfungsfläche des Höhenleitwerks etwas erhöht und das bewegliche Ruder leicht gestaffelt dahinter. Beim Rekordflug wurde jedoch ein Zweiblatt-Propeller verwendet.

daß Blériot mit ihr nicht nur alleine fliegen sondern zugleich auch zwei Passagiere befördern wollte, was ihm im Juni 1909 mit zwei Fluggästen an Bord in Issy-les-Moulineaux auch gelang. Wie bereits Vuia und Santos-Dumont vor ihm wählte Blériot bei dieser Maschine eine Hochdecker-Konstruktion, bei der der Schwerpunkt rund 60 cm unter dem Auftriebsmittelpunkt lag und so eine ausgezeichnete Eigenstabilität erreicht wurde. Die Tragflächenkonstruktion entsprach der gewohnten Blériot-Bauweise. Die hölzernen Rippen wurden durch fünf Flügelholme sowie Nasen- und Endholm zu einem sehr stabilen Flügelgerippe vereinigt. Die Spannweite betrug 9,50 m. Zusätzlich war die Tragfläche nach unten gegen den Rumpf wie auch auf der Oberseite verspannt.

Der Aufbau des Rumpfes entsprach dem der voraufgegangenen Blériot-Maschinen. Das hölzerne Gitterwerk war zur Erhöhung der Stabilität mit Draht verspannt. Der vordere Teil des insgesamt 10 m langen Rumpfes nahm den V8-E.N.V.-Motor, den Tank, Kühler und Pilotensitz auf. Die Kraftübertragung vom Motor zur Propellerwelle erfolgte über eine Kette und Zahnräder mit einem Untersetzungsverhältnis von 36:14. Die Luftschraube besaß einen Durchmesser von 2,70 m und eine Steigung von 1,80 m. Zeitweise verwendete Blériot auch einen Vierblatt-Propeller, den er auch in Reims erprobte, für die Rennen jedoch wieder gegen die eine höhere Drehzahl erlaubende Zweiblatt-Luftschraube austauschte.

Das Fahrwerk saß bei der Blériot XII wie bei den Baumustern IX und XI unmittelbar hinter dem Propeller und war in der üblichen Weise über Schwinghebel und in senkrechten Rohrstreben geführten Spiralfedern abgefedert. Am Rumpfheck saß ein starres Spornrad, das

ebenfalls über eine Spiralfeder gefedert war. Der Pilotensitz lag unmittelbar vor der Flügelhinterkante. Die Steuerung entsprach im wesentlichen der Ausführung bei der Kanalmaschine und erfolgte über ein Rad mit senkrecht stehender Achse, das durch Drehung das Seitenruder betätigte und durch eine Kippbewegung nach vorn oder hinten auf das Höhensteuer wirkte.

Das Seitenruder maß 1 m in der Höhe und 1,6 m in der Tiefe und lag vor dem Höhenleitwerk. Als Dämpfungsfläche diente eine an der Flügelhinterkante beginnende dreieckige Flosse auf der Rumpfoberseite.

Am Rumpfheck befanden sich zwei gegeneinander versetzte horizontale Flächen, deren vordere in etwa die gleiche Form wie der Flügel besaß und mit dem gleichen Einstellwinkel starr montiert war. Ihr Flächeninhalt betrug fünf Quadratmeter. Dahinter und etwas tiefer in Höhe der Rumpfunterseite lag das vier Quadratmeter große Höhensteuer mit veränderlichem Einstellwinkel. Es war bei der Rekordmaschine als Ganzes verstellbar, was darauf hindeutet, daß diese Maschine eine Flügelverwindung zur Quersteuerung besaß, während andere Maschinen dieses Baumusters ein Höhenruder mit zwei einzelnen Ruderflächen besaßen, die offenbar gegensinnig betätigt auch als Querruder dienten.

Der wassergekühlte ca. 60 PS abgebende E.N.V.-V8-Motor wog ca. 120 kg und verfügte über eine ständige Ölumlauf-Schmierung durch eine in der Mittelwand des Kurbelgehäuses gelegene Pumpe. Der Umlauf des Kühlwassers wurde durch eine kleine Turbine sichergestellt, die zwischen dem Kühler und den Kühlmänteln der einzelnen Zylinder lag.

Blériot brach mit dieser Maschine am 28. August 1909 bei der täglichen Tour de Piste sei-

Hier die gleiche Maschine nach einem Umbau mit verändertem Höhen- und Seitenleitwerk, Zweiblatt-Propeller und zwei kleinen Hilfsflächen neben dem Pilotensitz, die offenbar dazu dienten, die Quersteuerung zu verbessern.

nen eigenen erst vier Tage alten Geschwindigkeitsrekord und steigerte die Rekordmarke um knapp 2,7 km/h auf 76,995 km/h.

Dieser Rekord sollte rund ein halbes Jahr bestehen und im April 1910 nur knapp überboten werden. Doch der Name Blériot sollte in der Folgezeit noch häufig in der FAI-Rekordliste auftauchen.

Technische Daten der Blériot XII:

Spannweite	9,50 m
Flügeltiefe	2,40 m
Rumpflänge	10,00 m
Tragende Fläche	22,00 m²
Fluggewicht	550 kg
Flächenbelastung	25,4 kg/m²
Motor:	E.N.V. V8-Motor, wassergekühlt,
Leistung:	60 PS bei ca. 1550 U/min.
Propeller:	2,70 x 1,80 m,
Rekordflug:	28. August 1909
Pilot:	Louis Blériot

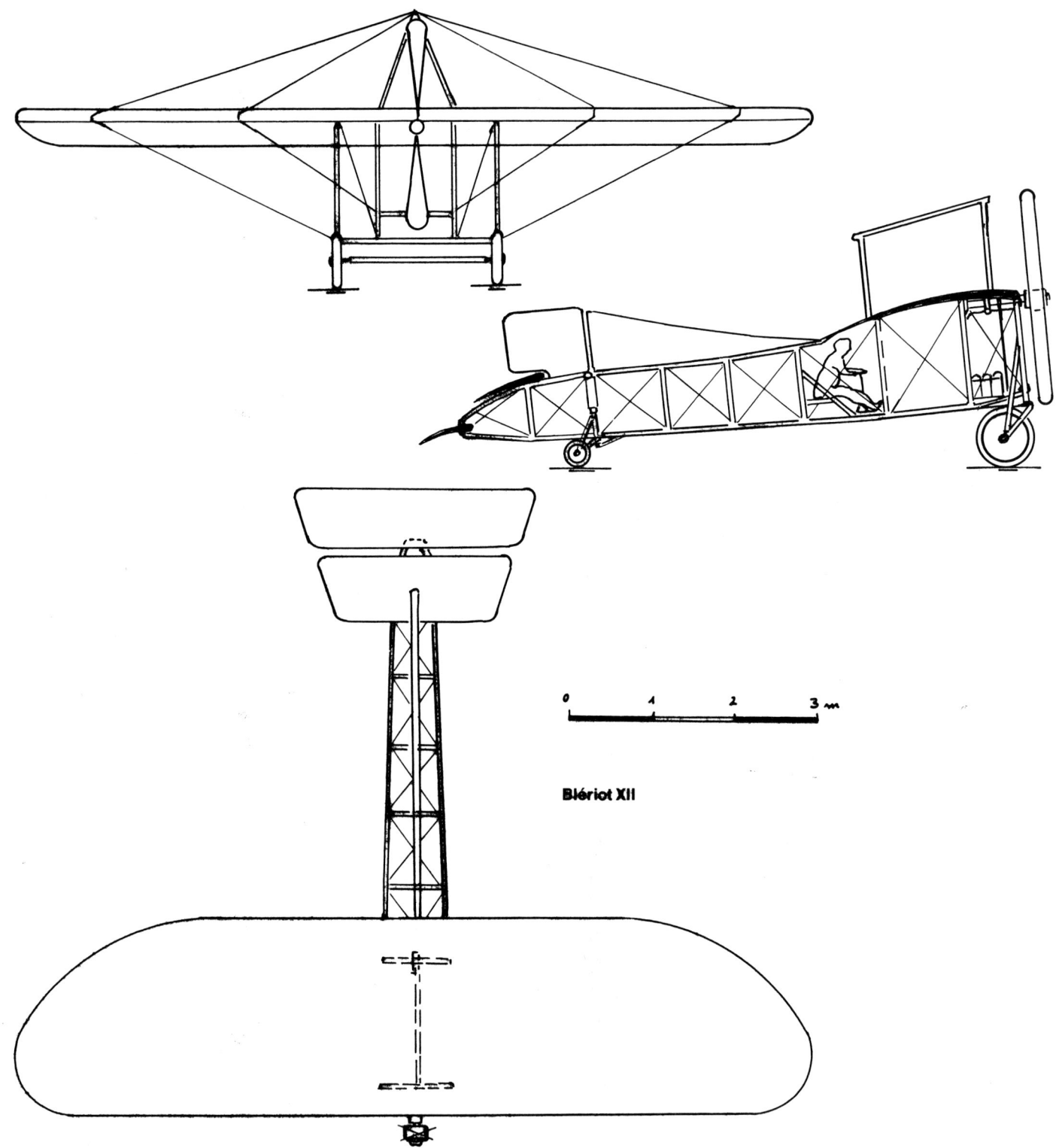

Blériot XII

32

Léon Levavasseur machte sich zunächst als Konstrukteur von schnellen Motorbooten einen Namen, für die er auch die Motoren selbst konstruierte. Zusammen mit seinem Partner Jules Gastambide baute Levavasseur dann aber auch Flugmotoren, die wegen ihrer Leichtigkeit und guten Leistungen geschätzt waren und ab 1905 zum Einsatz kamen. Sie trugen nach dem Vornamen der Tochter Gastambides den Namen »Antoinette«. Die begehrten wassergekühlten V8-Antoinette-Motoren leisteten zunächst um 20 PS. Ihre Leistung konnte jedoch ständig gesteigert werden und erreichte 1907 bereits 50 PS.

Als nach den imponierenden Flugvorführungen Wilbur Wrights in Frankreich ein wahres Flugfieber ausbrach, machte sich auch Léon Levavasseur an die Konstruktion eines eigenen Flugzeuges, das ebenfalls den Namen Antoinette trug.

Der schnittige Hochdecker, dessen erstes Exemplar 1908 entstanden sein dürfte, verriet mit seinem schlanken an einen Bootskörper erinnernden Rumpf die Hand des in Strömungstechnik nicht unerfahrenen Bootskonstrukteurs. Die Antoinette war ein Schulterdecker mit leichter V-Form und besaß bereits Querruder. Das Fahrwerk saß etwa unter dem ersten Drittel der Tragflächen und war mit einem weit nach vorn ragenden Gleitsporn ausgestattet, der einen Überschlag bei der Landung verhindern sollte.

Zum erstenmal machte eine Antoinette Schlagzeilen, als Hubert Latham am 19. Juli 1909 infolge eines Motorschadens beim Versuch, den Ärmelkanal zu überqueren, scheiterte. Am 27. Juli scheiterte er ein zweites Mal mit seiner Antoinette IV, die allerdings während der Flugwoche in Reims zeigen sollte, was in ihr steckte. Sie ließ Latham nicht nur den Höhenwettbewerb gewinnen und mit 155 m einen ersten Höhenweltrekord erringen, sondern brachte ihm eine Reihe guter Platzierungen und Bestleistungen in anderen Wettbewerben der Reimser Flugwoche ein. So wurde Hubert Latham hinter Henri Farman Zweiter im Langstrecken-Wettbewerb, in dem er 154,5 km zurücklegte (Farman 180 km), und war über die Strecken von 40, 50, 60, 70, 80, 90, 100, 110, 120, 130, 140 und 150 km mit einem Schnitt von 65,6 bis 68,2 km/h der Schnellste.

Ein halbes Jahr nach der Flugwoche zu Reims griff der in Frankreich lebende Engländer Hubert Latham in Nizza den Geschwindigkeits-Weltrekord Blériots an und überbot ihn mit Mühe um rund 0,6 km/h.

Die Antoinette wurde zwischen 1908 und 1911 in Details ständig verbessert aber in praktisch der gleichen Grundkonzeption mit geringfügig variierenden Maßen gebaut.

Ihr Rumpf hatte einen dreieckigen Querschnitt und war in Holzgitterbauweise erstellt. Der Bug war mit Mahagonifurnier beplankt, das Heck stoffbespannt. Um auf einen widerstandsträchtigen voluminösen Kühler herkömmlicher Bauart verzichten zu können, sah Levavasseur an den Rumpfseiten eine Reihe von parallel angeordneten Kupferrohren vor, in denen das Kühlwasser zirkulierte. Diese fortschrittliche Lösung sollte später von den Konstrukteuren verschiedener Rennflugzeuge für die Schneider-Trophy mit Erfolg kopiert werden.

Das Tragwerk der Antoinette war trapezförmig und besaß zwei Hauptholme. Eine große Zahl von Rippen sicherte eine hohe Profilgüte der Tragfläche. Im äußeren Drittel der Flügelhinterkante waren zwei große Querruder angebracht.

Das Höhenleitwerk setzte bereits am Beginn der hinteren Rumpfhälfte an und zeigte bei den frühen Mustern den Grundriß eines spitzwinkligen Dreiecks. Spätere Modelle wie die Antoinette VII, mit der Latham in Reims erfolgreich war, besaßen eine rechteckige Dämpfungsfläche, der ein dreieckiger Teil vorangesetzt war. Höhen- und Seitenruder hatten ebenfalls einen dreieckigen Grundriß.

Gesteuert wurde die Antoinette durch zwei rechts und links neben dem Cockpit an der Rumpfaußenwand angebrachte Handräder, wodurch dieser Typ nicht gerade leicht zu beherrschen war.

Das Fahrwerk der Antoinette lag etwa in Höhe der Flügelmitte, also relativ weit zurück. Zur Verringerung des hieraus resultierenden Überschlagrisikos und zum Schutz des Propellers hatte Levavasseur eine bis unter den Propeller reichende Stützkufe vorgesehen. Anstelle eines Rades besaß die Maschine am Heck einen Schleifsporn.

Im Gordon-Bennett-Rennen des Jahres 1910 startete Latham übrigens mit einer gegenüber seiner Rekordmaschine etwas vergrößerten Maschine, die von einem 100 PS-Antoinette-Motor angetrieben war. Dieses Triebwerk war nichts anderes als ein Zwilling aus zwei hintereinandergeblockten 50 PS-Antoinette-Motoren. Die Zeit der vielzylindrigen Reihenmotoren war aber fürs erste vorbei. Bald dominierte der Rotationsmotor und die Konstruktionen Levavasseurs verschwanden von der Szene.

Technische Daten der Antoinette VII:

Spannweite	14,02 m
Rumpflänge	12,19 m
Leergewicht	449 kg
Fluggewicht	544 kg
Flächenbelastung	14,81 kg/m²
Motor:	50 PS-Antoinette V8, wassergekühlt
Rekordflug:	77,579 km/h am 23. 4. 1910 in Nizza
Pilot:	Hubert Latham

Rechts: Eine Antoinette im Fluge. Deutlich erkennbar der schnittige bootsförmige Rumpf mit den seitlichen Röhrenkühlern und das trapezförmige Tragwerk, das durch einen geringen Rippenabstand eine hohe Profilgüte besaß.

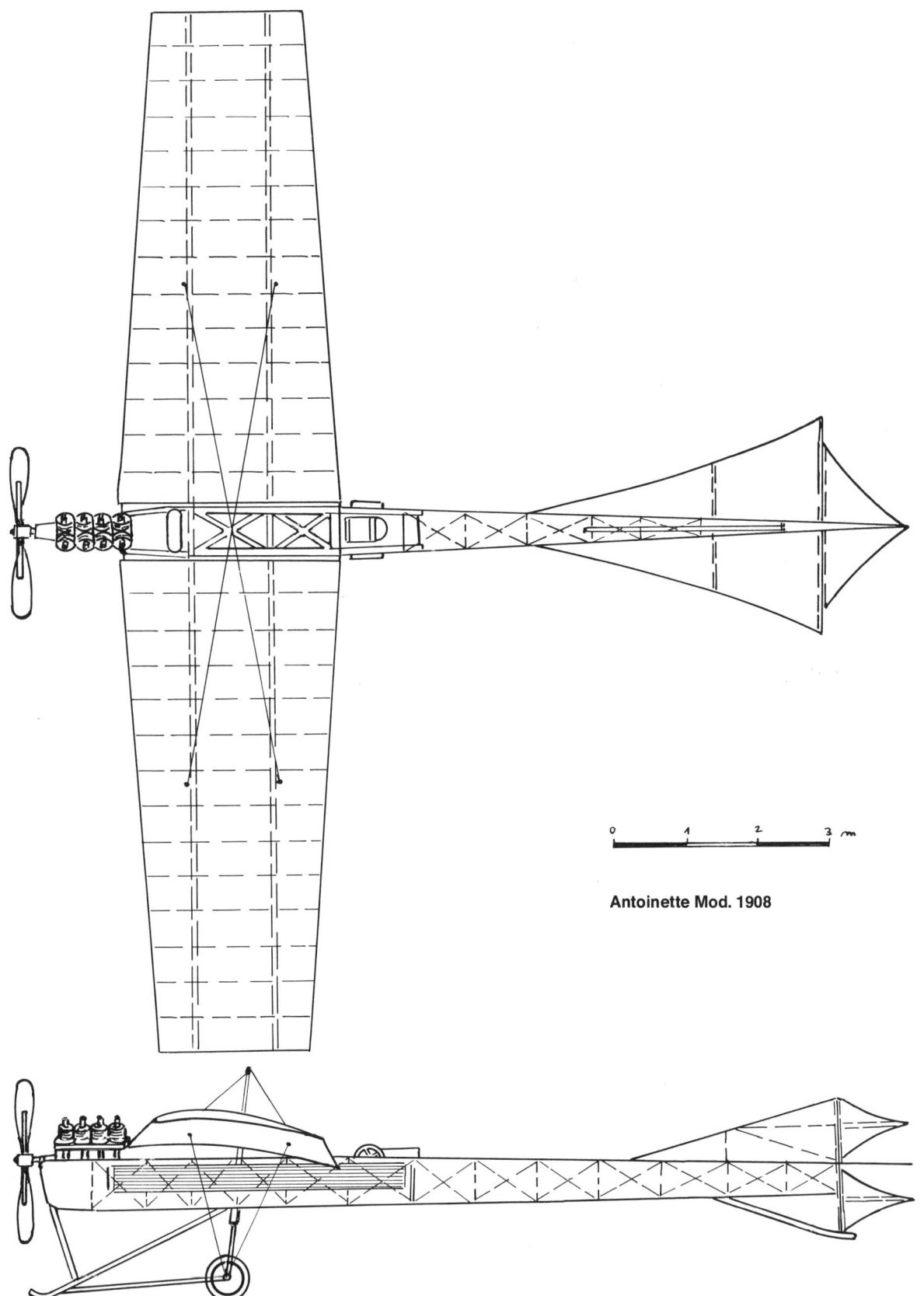

0   1   2   3   m

Antoinette Mod. 1908

Bereits wenige Tage nach seiner erfolgreichen Kanalüberquerung konnte Louis Blériot über 100 Bestellungen für seine erfolgreiche Maschine verbuchen. Er begnügte sich jedoch keineswegs mit dem bloßen Nachbau sondern entwickelte aus dem Typ XI weitere Versionen mit stärkeren Triebwerken, die in den Jahren 1910 und 1911 eine ganze Reihe von Entfernungs-, Höhen- und Geschwindigkeitsrekorden aufstellten. Auch die Militärs in Frankreich, England und Italien bestellten zahlreiche Maschinen dieser Nachfolgeversionen,

Hauteng war das Cockpit der Blériot XI, mit der Morane als erster schneller als 100 km/h flog.

Morane mit der Startnummer 51 beim Umrunden eines Wendeturmes mit seiner Blériot XI in Reims 1910.

die in der Regel mit den leistungsfähigen Gnome-Umlaufmotoren ausgerüstet waren. Die einreihigen Motoren dieses Fabrikates hatten sieben, die zweireihigen 14 Zylinder. Die Kurbelwelle des Motors war am Brandschott angeflanscht und der Propeller fest mit dem Kurbelgehäuse verschraubt, das im Betrieb samt Zylindern rotierte und eine recht gute Kühlung der Zylinder sicherstellte. Der Vergaser dieser Motoren saß in der hohlen Kurbelwelle. Das Frischgas wurde den Zylindern durch das Motorgehäuse über Einlaßventile im Kolbenboden zugeführt. Die Auslaßventile am Zylinderkopf wurden über Stoßstangen gesteuert. Zuweilen gab es Anlaß zu Beschwerden, da bei einem hängenbleiben-

Den ersten Geschwindigkeitsrekord mit mehr als 100 km/h stellte Morane mit einem modifizierten Blériot XI-Eindecker auf, dessen Tragflächenenden stark gerundet waren. Besonders auffällig ist das langgestreckte, dreieckige Höhenleitwerk, das bereits an der Hinterkante der Tragfläche ansetzt und mit halbkreisförmigen Rudern versehen ist.

den Einlaßventil die heißen Auspuffgase durch den Vergaser ins Innere der Maschine schlugen und nicht selten Brände auslösten. Trotzdem setzte sich der luftgekühlte, relativ leichte Rotationsmotor durch, wenngleich die Rotation des gesamten Motors eine gewisse Leistungsvergeudung darstellte.

Seine ein- und zweisitzigen Nachfolge-Versio-

nen der Kanalmaschine rüstete Blériot mit 7-Zylinder Gnome Umlaufmotoren von zunächst 50 PS aus, die eine feste Holzluftschraube antrieben.

Nach dem großen Erfolg der Flugwoche von 1909 fand auch 1910 wieder ein großer Flugwettbewerb in Reims statt, bei dem Robert Morane mit zwei Blériot-Eindeckern antrat, die zu den Nachfolgemustern der berühmten Kanalmaschine gehörten. Während die erste Maschine, die die Startnummer 51 trug, dem Ausgangsmuster aus dem Jahre 1909 sehr ähnlich sah, bot die zweite Maschine einen etwas ungewöhnlichen Anblick. Ihr Rumpf war vorn – möglicherweise zur besseren Kühlung – leicht angeschrägt und bis hinter die Vorderkante des Tragflügels mit Sperrholz beplankt. Während bei Moranes erster Maschine der Gitterrumpf nur bis zum ersten Gitterfeld hinter der Flügelhinterkante bespannt war, besaß die zweite Maschine mit der Startnummer 53 einen bis zum Heck voll bespannten Rumpf. Ungewöhnlich war auch das bereits an der Flügelhinterkante ansetzende Höhenleitwerk mit dreieckigem Grundriß und beinahe halbkreisförmigen Höhenruderflächen, die nach Blériot-Manier gegenläufig und gleichsinnig betätigt werden konnten, um als Höhen- und Querruder zu dienen. Das Seitenruder dieser Maschine besaß wie das der Nr. 51 keine Dämpfungsfläche und war fast kreisrund. Seine Drehachse lag am äußersten Rumpfende also hinter der Scharnierlinie des Höhenleitwerkes. In seinem Äußeren glich das Flugzeug weitgehend der ab 1911 gebauten zweisitzigen Blériot XI bis, die mit einem 50-PS-Gnome-Umlaufmotor 90 km/h erreichte.

Die FAI-Rekordliste gibt für Moranes Maschine keine Motorleistung an, doch läßt die eindrucksvolle Rekordgeschwindigkeit von 106,508 km/h, die fast 30 km/h oder 40 Prozent über der alten Rekordmarke lag, darauf schließen, daß Moranes Rekordflugzeug wahrscheinlich von einem 80-PS-Gnome Umlaufmotor angetrieben wurde, der es erlaubte, erstmals die 100 km/h-Marke zu überwinden.

Technische Daten der Rekordmaschine:

Spannweite	ca. 11 m
Rumpflänge	ca. 8,40 m
tragende Fläche	ca. 33 m²
Motor:	wahrscheinlich Gnome 80 PS luftgekühlt
Rekordflug:	106,508 km/h am 10. Juli 1910 in Reims
Pilot:	Robert Morane

Die Dimensionen dieser Rekordmaschine entsprechen dem Modell Blériot XII, auf eine Rißzeichnung wurde deshalb verzichtet.

Nachdem Glenn Curtiss 1909 den Gordon-Bennett-Pokal gewonnen hatte, fand das Rennen des Jahres 1910 im Rahmen einer internationalen Flugwoche auf der Rennbahn von Belmont Park bei New York statt. Insgesamt acht Piloten bewarben sich um den begehrten Pokal nebst Siegerprämie, von denen nicht weniger als fünf Blériot-Maschinen flogen. Sieger wurde der Engländer Graham-White mit einer Rennversion der Blériot XI bis, die

Die Blériot XI/2 auch XI-bis genannt war ein Bestseller. Hier eine 1911 in Farnborough britischen Militärs vorgestellte Maschine dieses Typs. Diese Version hatte eine Spannweite von 10,35 m und einen 8,40 m langen Rumpf. Die Rekordversion XI-bis »vitesse« mit 100 PS Gnome-Umlaufmotor war mit 7,24 m Spannweite und 8,07 m Rumpflänge erheblich kleiner.

von einem 100 PS-Gnome Umlaufmotor mit 14 Zylindern in zwei Reihen eine Durchschnittsgeschwindigkeit von 98,17 km/h erreichte. Auch der zweite Platz fiel mit dem Amerikaner Moissant am Steuer einer Blériot XI an den damals erfolgreichsten europäischen Flugzeugbauer Louis Blériot, der beinahe mit seinem französischen Piloten Leblanc den Pokal sogar nach Frankreich geholt hätte.

Leblanc flog wie Graham-White eine Rennversion des Typs XI bis und führte nach 19 von insgesamt 20 geforderten Runden zu je 5 km mit einer Durchschnittsgeschwindigkeit von 109,756 km/h vor dem späteren Sieger Graham-White, als er in der letzten Runde beim Umrunden eines der Wendetürme die Kontrolle über seine Maschine verlor und geradewegs gegen einen Telegraphenmast flog. Während seine Maschine völlig zerstört wurde, kam Leblanc mit schweren Quetschungen, Prellungen und drei tiefen Schnitten im Gesicht davon. Über den Verlust des Pokals tröstete ihn ein neuer Geschwindigkeits-Weltrekord hinweg, den er auf den ersten 19 Runden aufgestellt hatte.

Konstruktiv entsprach die Rekordmaschine mit ihrem Holzgitterrumpf, der im Motorbereich sperrholzbeplankt und bis hinter das Cockpit bespannt war, der üblichen Blériot-Bauweise. Das Heck war unbespannt, das Holzgerippe mit Drahtverspannungen versteift. Die Tragflächen des Schulterdeckers waren zweiholmig ausgeführt, stoffbespannt und über sowie unter dem Rumpf verspannt. Das Höhenleitwerk besaß wiederum einen festen Mittelteil und als Höhen- bzw. Querruder dienende außenliegende Ruderflächen. Das Seitenruder war ungedämpft. Das Fahrwerk entsprach der üblichen Blériot-Praxis mit unmittelbar hinter dem Propeller liegenden Haupträdern, die an senkrechten Führungen aufgehängt und mit Spiralfedern abgefedert waren. Vor dem Höhenleitwerk war ein ebenfalls gefedertes Spornrad angeordnet.

Nachdem Blériot und Leblanc im Mai 1911 den Weltrekord an ihren neuen Rivalen Nieuport verloren hatten, unternahmen sie am 12. Juni 1911 einen erneuten Rekordversuch mit der inzwischen überarbeiteten Rekordmaschine Leblancs und erreichten in Etampes eine neue Rekordgeschwindigkeit von 125 km/h. Möglicherweise wurde bei diesem Rekordflug der neue einreihige Gnome-Motor mit 7 Zylindern und 100 PS Leistung verwendet, der im gleichen Jahr beim Gordon-Bennett-Rennen eingesetzt wurde.

Technische Daten der Blériot XIbis »vitesse«:

Spannweite	7,24 m
Länge	8,07 m
Leergewicht	240 kg
Fluggewicht	340 kg
Flächenbelastung	28,2 kg/m²
Motor:	14-Zylinder Gnome Umlaufmotor 100 PS, luftgekühlt
Rekordflüge:	109,756 km/h am 29. Oktober 1910 in New York und 111,801 km/h am 12. April 1911 in Pau
Pilot:	bei beiden Rekordflügen Leblanc

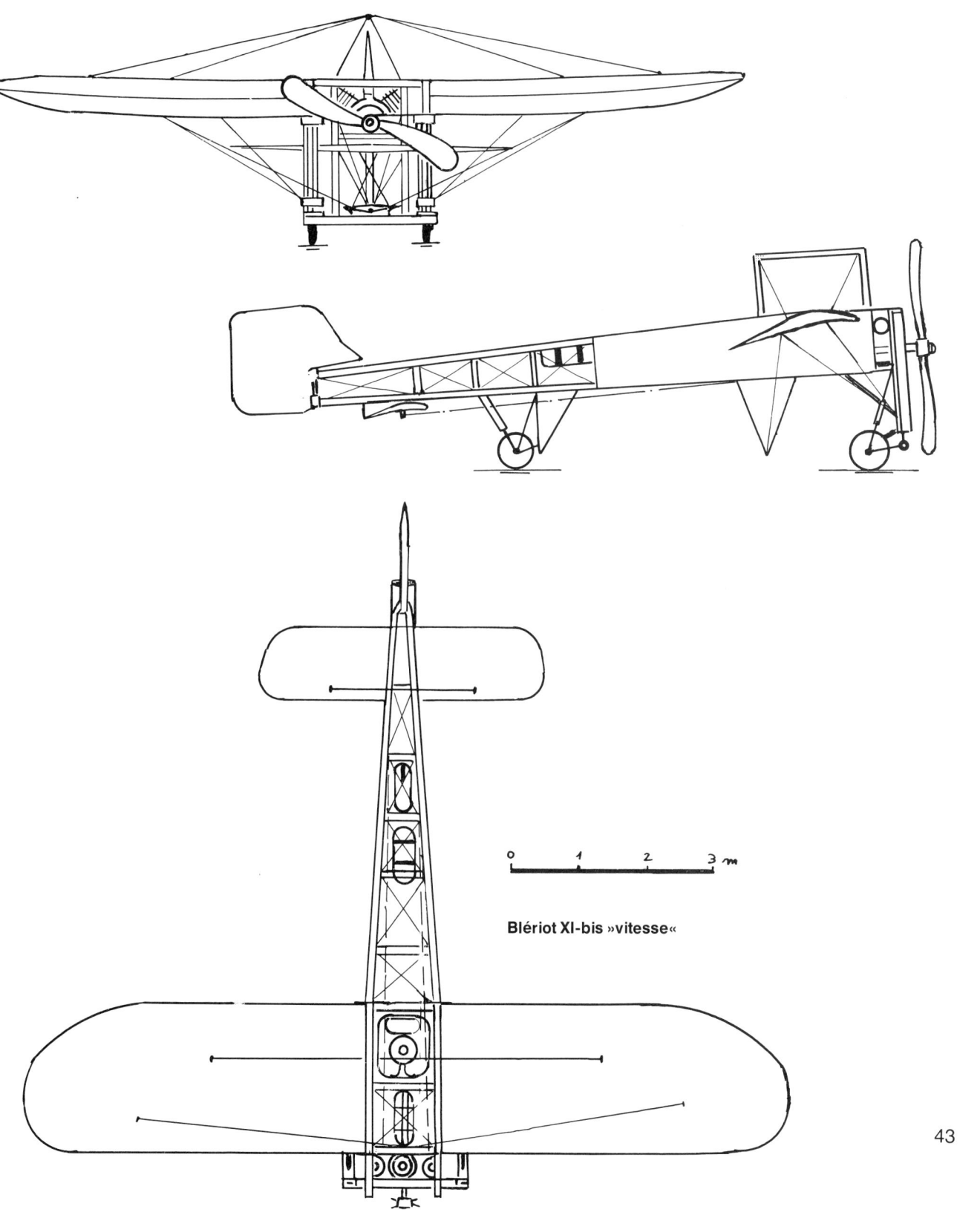

Blériot XI-bis »vitesse«

0 1 2 3 m

43

Die Firma Nieuport wurde 1910 von Edouard Nieuport gegründet und hatte ihren Sitz in Suresnes (Seine). Ihre Kapazität betrug 1911 etwa 100 Maschinen im Jahr. Chefkonstrukteur war in dem mit drei Weltrekorden so erfolgreichen Jahr 1911 der französische Ingenieur Pagny, der 1912 zu Hanriot überwechselte, wo er seine erfolgreiche Rennmaschine weiterbaute. Die Konstruktion sollte schließlich sogar noch unter einem dritten Namen, Ponnier F-5, Renngeschichte machen, denn die Ponnier war eine ziemlich exakte Kopie der Nieuport alias Hanriot.

Nieuport hatte schnell erkannt, daß von allen zu seiner Zeit gebauten Typen der Eindecker sowohl hinsichtlich seines einfacheren, billigeren Aufbaues als auch wegen seines geringeren Stirnwiderstandes zukunftsträchtig war und daß besonders die Konstruktionen Blériots weit entwickelt aber keineswegs zu Ende entwickelt waren. Nieuport sah, daß sich Blériots Bauweise aerodynamisch noch erheblich verfeinern ließ und fand in Pagny einen überaus fähigen Konstrukteur, der Nieuports Arbeit fortsetzte und weiter verfeinerte.

Nieuport gewann 1911 eine Ausschreibung der französischen Regierung bei einem Vergleichsfliegen gegen 28 Konkurrenten, was zum Kauf der Maschine durch die französische Regierung und zur Bestellung von zehn weiteren Exemplaren führen sollte. Hinzu kamen die Rennerfolge von Graham-White, die dieser in England und USA errang, der Gewinn der Gordon-Bennett-Trophy durch den Amerikaner Weymann und drei Weltrekorde, die M. Nieuport im Mai und Juni 1911 aufstellte.

Nieuports Eindecker folgte den Konstruktionsprinzipien Blériots, hatte aber einen voll bespannten Rumpf mit etwas geringerem Querschnitt und einer geringeren Stirnfläche. Die trapezförmigen Tragflächen besaßen eine leichte V-Form und waren unmittelbar hinter dem Motor in Höhe der Propellerwelle an den Rumpf angesetzt. Zur Quersteuerung bediente sich Nieuport der Flügelverwindung, die über Pedale betätigt wurde, während Höhen- und Seitenruder durch einen Steuerknüppel gesteuert wurden.

Ungewöhnlich war auch das Höhenleitwerk. Es bestand aus einer festen Dämpfungsfläche mit beinahe halbkreisförmigem Grundriß. Dahinter lag das ebenfalls fast halbkreisförmige Höhenruder, dessen gewölbte Vorderkante wie bei der Dämpfungsfläche nach vorn wies. Es hat den Anschein, als sei die Mitte des Höhenruders wie bei Blériots Konstruktionen starr gewesen, so daß nur die Außenteile als Ruder wirkten. Auf das Höhenruder waren zwei ungedämpfte Seitenruder aufgesetzt, die Schmetterlingsform hatten und sich auch unter der Höhenflosse fortsetzten. Ihre Drehachse lag auf der Trennungslinie zwischen starrem Mittelteil und beweglichen Außenflächen des Höhenruders. Diese ungewöhnliche

Strahlende Gesichter nach dem geglückten Rekordflug. Der Rekordmotor war augenscheinlich ein 2-Zylinder-Boxermotor, dessen Zylinder auf ungewöhnliche Art gegen den Rumpf abgestrebt war.

Anordnung wurde später unter dem Einfluß von Pagny durch ein normales Höhenleitwerk mit halbkreisförmiger Dämpfungsfläche und direkt an seine Hinterkante angesetzte halbrunde Ruderflächen ersetzt. Die doppelten Seitenruder wichen einem einzelnen an der Rumpfhinterkante angelenkten Ruder.

Recht eigenartig war auch die Fahrwerkskonstruktion. Die Hauptstreben der knapp hinter der Flügelvorderkante liegenden Räder bildeten in der Frontansicht ein V, an dessen Basis die gummigefederte Achse montiert war. Dar-

unter lief eine einfache vorn aufgebogene Holzkufe in Längsrichtung des Rumpfes. Sie wurde hinter dem Cockpit durch eine aus dem Rumpf ragende Strebe abgefangen. Beim Start und bei der Landung rollte die Maschine auf den beiden Rädern und stützte sich auf dem Kufenende ab, wodurch die Maschine eine relativ flache Anstellung bei Start und Landung zeigte.

Zum Antrieb seiner Maschine benutzte Nieuport laut FAI-Rekordliste einen Motor eigener Fabrikation, über dessen Leistung und Bauart

Die Nieuport »vitesse« bei einem Testflug. Hier noch die frühe Ausführung mit dem alten Höhenleitwerk.

nähere Angaben jedoch fehlen. Es scheint sich jedoch um einen Zweizylinder-Boxermotor gehandelt zu haben. Spätere Maschinen, wie die Siegermaschine im James Gordon Bennett Rennen des Jahres 1911, das am 1. Juli stattfand, besaßen Gnome-Rotationsmotoren mit einer Leistung von 100 PS, während die drittplazierte Maschine, die von M. Nieuport geflogen wurde, einen 70 PS-Gnome besaß. Mit dieser Maschine erreichte M. Nieuport ein Stundenmittel von 121 km/h, was auf eine ähnlich hohe Leistung bei seiner Rekordmaschine schließen läßt, mit der er am 11. Mai 1911 zunächst in Châlons den Weltrekord auf 119,760 km/h schrauben konnte. Nachdem er ihn einen Monat später an den Blériot-Piloten Leblanc verloren hatte, holte er sich den Rekord nur vier Tage nach Leblancs neuer Bestleistung von 125 km/h wieder zurück, als er

wiederum in Châlons am 16. Juni 1911 eine Geschwindigkeit von 130,057 km/h erreichte, die er fünf Tage später am gleichen Ort ein weiteres Mal auf 133,136 km/h zu steigern vermochte.

Technische Daten der Nieuport vitesse:

Spannweite	8,38 m
Rumpflänge	7,01 m
Leergewicht	236 kg
Fluggewicht	336 kg
Motor	Nieuport (ca. 70 PS)
Rekordflüge:	119,760 km/h am 11. Mai 1911 in Châlons
	130,057 km/h am 16. Juni 1911 in Châlons
	133,136 km/h am 21. Juni 1911 in Châlons
Pilot:	M. Nieuport

46

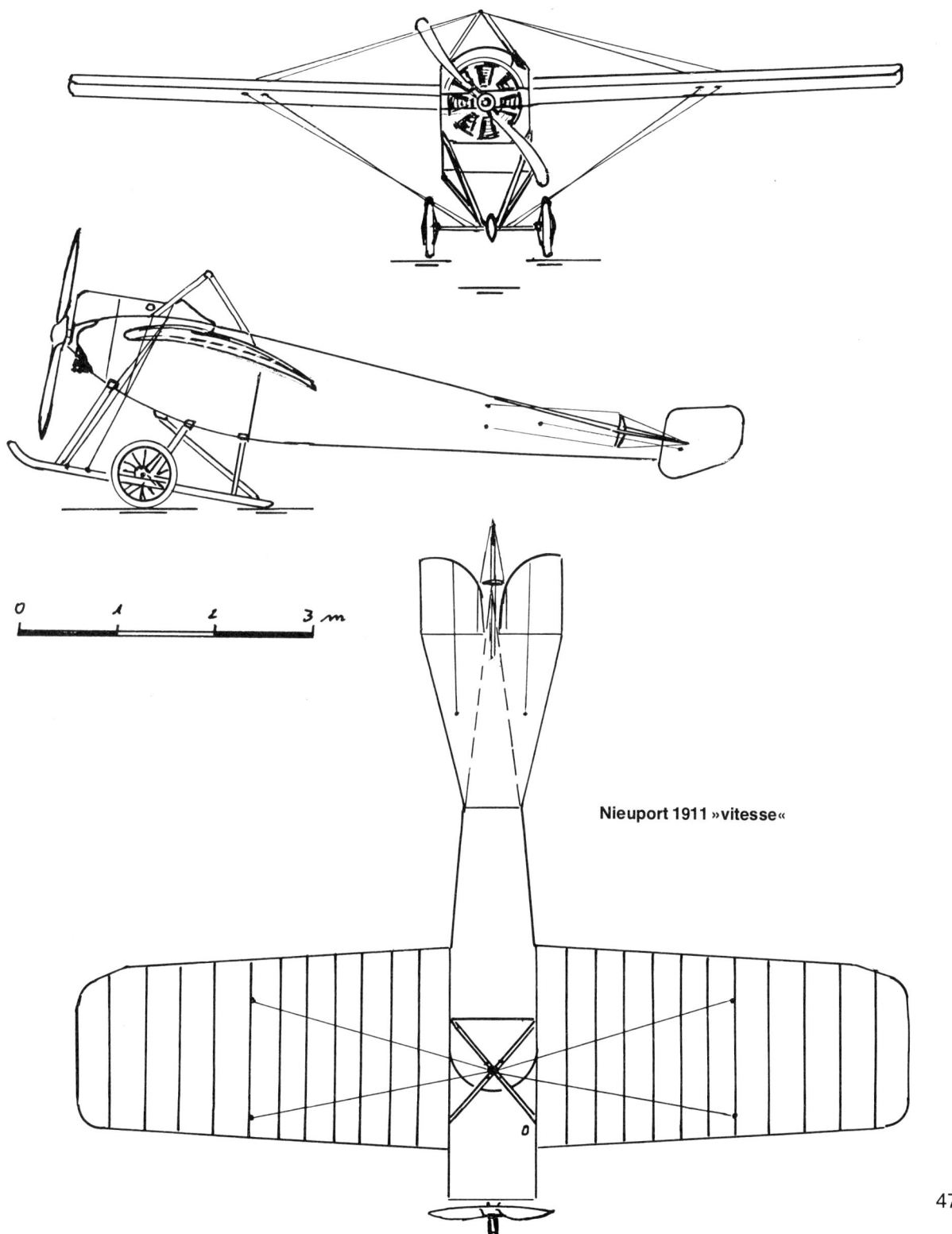

Nieuport 1911 »vitesse«

0   1   2   3 m

47

Im Jahre 1910 gründete Armand Deperdussin in Paris das Flugzeugwerk »Société pour les Appareils Deperdussin« – abgekürzt SPAD – das schon bald durch die aufsehenerregenden Flugleistungen der von Deperdussin herausgebrachten Maschinen von sich reden machte. Den raschen Aufstieg verdankte das neue Unternehmen nicht zuletzt seinem jungen Konstrukteur Louis Bechereau, der erst ein Jahr vor seinem Eintritt bei Deperdussin Ende 1911, an der Pariser Ingenieurschule sein Examen abgelegt hatte. Bechereau hatte die Maschinen Blériots und Nieuports mit großem Interesse studiert und war zu dem Schluß gekommen, daß diese erheblich verbessert werden konnten. Bereits seine erste Konstruktion bei Deperdussin stellte die Talente Bechereaus eindeutig unter Beweis. Anstelle der bisherigen Gitterrümpfe mit rechteckigem Querschnitt und Stoffbespannung wählte Bechereau eine Konstruktion mit abgerundeter Ober- und Unterseite und einer Beplankung aus dünnem dreischichtigem Sperrholz. Die Tragflügel besaßen Hickoryholme und Rippen aus Kiefern- und Eschenholz. Die Flügelnase war aus Stabilitätsgründen wie zur Erzielung eines besseren Profilverlaufes mit Sperrholz beplankt. Der gesamte Tragflügel war mit Stoff bespannt und mit gezogenen Stahlkabeln verspannt. Zur Widerstandsminderung hatte Bechereau die Radspeichen mit einer kegelförmigen Verkleidung versehen und auch die

Fahrwerksstreben windschlüpfrig gestaltet. Gesteuert wurde die Maschine mit einem Rad, das bei Drehung die Flügelverwindung, bei axialer Bewegung das Höhenruder betätigte. Das Seitenruder wurde über Pedale gesteuert. Als Antrieb diente bei den ersten Exemplaren ein nur 50 PS abgebender Gnome-Rotationsmotor, der jedoch schon bald durch einen 100 PS-Motor gleichen Fabrikates ersetzt wurde.

Mit einem 100-PS-Gnome-Motor ging Werkpilot Jules Vedrines im Januar 1912 zum erstenmal auf Rekordjagd und erreichte in Pau zunächst 145,161 km/h. In der Folgezeit wurde die Konstruktion weiter verfeinert und ein 140-PS-Gnome-Rotationsmotor eingesetzt. Insgesamt noch sechsmal konnte Jules Védrines mit einer Deperdussin im Jahre 1912 den Geschwindigkeits-Weltrekord verbessern und schraubte ihn schließlich am 9. September 1912 anläßlich des Gordon-Bennett-Rennens, das er in Chicago gewinnen konnte, auf 174,100 km/h. Laut FAI-Rekordliste wurde diese Leistung mit einem 140 PS-Gnome-Motor erzielt.

Für die Gordon-Bennett-Rennen des Jahres 1913, die nach dem französischen Sieg im Vorjahr nun wieder in Frankreich stattfinden sollten, konstruierte Louis Bechereau eine weiter verbesserte Ausführung der erfolgreichen Rennmaschine, die mit einem 160-PS-14-Zylinder Gnome-Rotationsmotor ausgestattet war. Der Stirnwiderstand der Maschine wurde durch eine eng am Motor anliegende Ringhaube und einen voluminösen Luftschraubenspinner, der nur einen schmalen Ringspalt zur Zuführung von Kühlluft freiließ, auf ein Minimum herabgesetzt. Der Rumpf war nun beinahe oval und das Fahrwerk wurde windschlüpfrig in den Rumpf übergeführt. Bechereau verzichtete auf eine Windschutzscheibe und sah nur eine flache Kopfstütze für den Piloten vor. Gegenüber der Vorjahresausführung war die Maschine um 30,5 cm kürzer, zugleich aber auch 129 kg schwerer. Für das Gordon-Bennett-Rennen, das Ende September 1913 in Reims stattfand, wurde die von Prévost gesteuerte Deperdussin mit von 6,60 m auf 5,95 m verkürzten Tragflächen versehen. Hierdurch stieg die Flächenbelastung auf 68 kg/m^2 und die Landegeschwindigkeit wuchs auf fast 100 km/h an. Am Eröffnungstag der Internationalen Luftrennen in Reims fand ein Ausscheidungsrennen unter den französischen Wettbewerbern statt, um die drei schnellsten zur Teilnahme am Gordon-Bennett-Rennen zu ermitteln. In dieser Qualifikation flog M. Prévost, der bereits drei Monate vorher in Reims Védrines Rekord auf 179,820 km/h verbessert hatte, einen neuen Weltrekord mit 191,897 km/h. Nachdem unmittelbar vor dem Gordon-Bennett-Rennen die Spann-

Die Urversion des revolutionierenden Deperdussin-Eindeckers hatte ein Fluggewicht von 400 kg und war mit einem 50 PS-Gnome-Motor ausgestattet. Bei den frühen Deperdussins waren die beiden Verspannungsstreben, die als Führung für die Verwindungskabel dienten, nur nach hinten abgestrebt. Spätere Modelle waren auch mit einer Vorderstrebe ausgerüstet.

weite der Maschine durch die Montage kürzerer Tragflächen verringert worden war, gewann Prévost am 29. September nicht nur den begehrten Pokal, sondern hatte als erster Pilot mit einer schnellsten Runde von 203,850 km/h die magische 200 km/h Grenze überwunden und einen neuen Weltrekord aufgestellt, der infolge des Ersten Weltkrieges sechseinhalb Jahre unangetastet bleiben sollte. Dies war zugleich der letzte Rekord, der auf einer Meßstrecke beliebiger Länge geflogen wurde.

Die Firma Deperdussin überlebte die Blüte des Jahres 1913, die nach dem Gewinn der Schneider-Trophy des Jahres 1912, einer ununterbrochenen Reihe von zehn Geschwindigkeits-Weltrekorden, und dem Sieg im Gordon-Bennett-Cup erreicht war, nicht lange. Armand Deperdussin verstrickte sich in Börsenmanipulationen. Seine Firma, die etwa 200 Flugzeuge im Jahr baute, wurde von Louis Blériot übernommen, der den ruhmreichen Namen »SPAD« beibehielt, indem er das Unternehmen fortan als »Société pour Aviation et ses Dérivés« weiterführte und so die berühmten Initialen fortleben ließ. Das Talent Bechereau wurde von Blériot übernommen und konstruierte das meistgebaute und vielleicht beste Jagdflugzeug der Alliierten, den SPAD-Doppeldecker S XIII und viele andere erfolgreiche Typen.

Technische Daten der Deperdussin-Eindecker

	Prototyp	Modell 1912	Modell 1913
Spannweite	8,95 m	6,15 m	6,60 (5,95) m
Länge	5,75 m	5,95 m	6,20 m
Leergewicht	–	322 kg	430 kg
Fluggewicht	400 kg	472 kg	615 kg
tragende Fläche	–	ca. 9,6 m²	9 m²
Flächenbelastung		49,17 kg/m²	68,33 kg/m²
Motor	Gnome 50 PS 7-Zylinder Rotationsmotor	Gnome 100 – 140 PS Rotationsmotor	Gnome 160 PS 14-Zylinder Rotationsmotor
Luftschraube	Holz	Chauviere Holz 2,35 ⌀	Chauviere 2,35 x 3,40 m Holzluftschraube

Übersicht über die Deperdussin Weltrekorde

Modell	Rekordgeschwindigkeit	Ort	Datum	Motorleistung	Pilot
Typ 1912	145,161 km/h	Pau	31. 1. 1912	100 PS	J. Védrines
Typ 1912	161,290 km/h	Pau	22. 2. 1912	140 PS	J. Védrines
Typ 1912	162,454 km/h	Pau	29. 2. 1912	140 PS	J. Védrines
Typ 1912	166,821 km/h	Pau	1. 3. 1912	140 PS	J. Védrines
Typ 1912	167,910 km/h	Pau	2. 3. 1912	140 PS	J. Védrines
Typ 1912	170,777 km/h	Reims	13. 7. 1912	140 PS	J. Védrines
Typ 1912	174,100 km/h	Chicago	9. 9. 1912	140 PS	J. Védrines
Typ 1913	179,820 km/h	Reims	17. 6. 1913	160 PS	M. Prévost
Typ 1913	191,897 km/h	Reims	27. 9. 1913	160 PS	M. Prévost
Typ 1913*)	203,850 km/h	Reims	29. 9. 1913	160 PS	M. Prévost

*) mit verkürzter Tragfläche

614

J. Védrines im Cockpit der 1912 gebauten Rekordversion mit nach vorn und hinten abgestrebten Spanntürmen. Ein Mechaniker spritzt gerade vor dem Anlassen Benzin in die Zylinder des Gnome-Rotationsmotors ein. Die Maschine war mit einem 140-PS-Motor ausgestattet und erreichte maximal 174,1 km/h.

1913 erreichte die Entwicklung der Deperdussin-Racer ihren Höhepunkt, als die Maschinen aerodynamisch weiter verfeinert und mit 160 PS-Gnome-Rotationsmotoren ausgerüstet wurden. Hier Prévost beim Abbremsen des Motors in Reims.

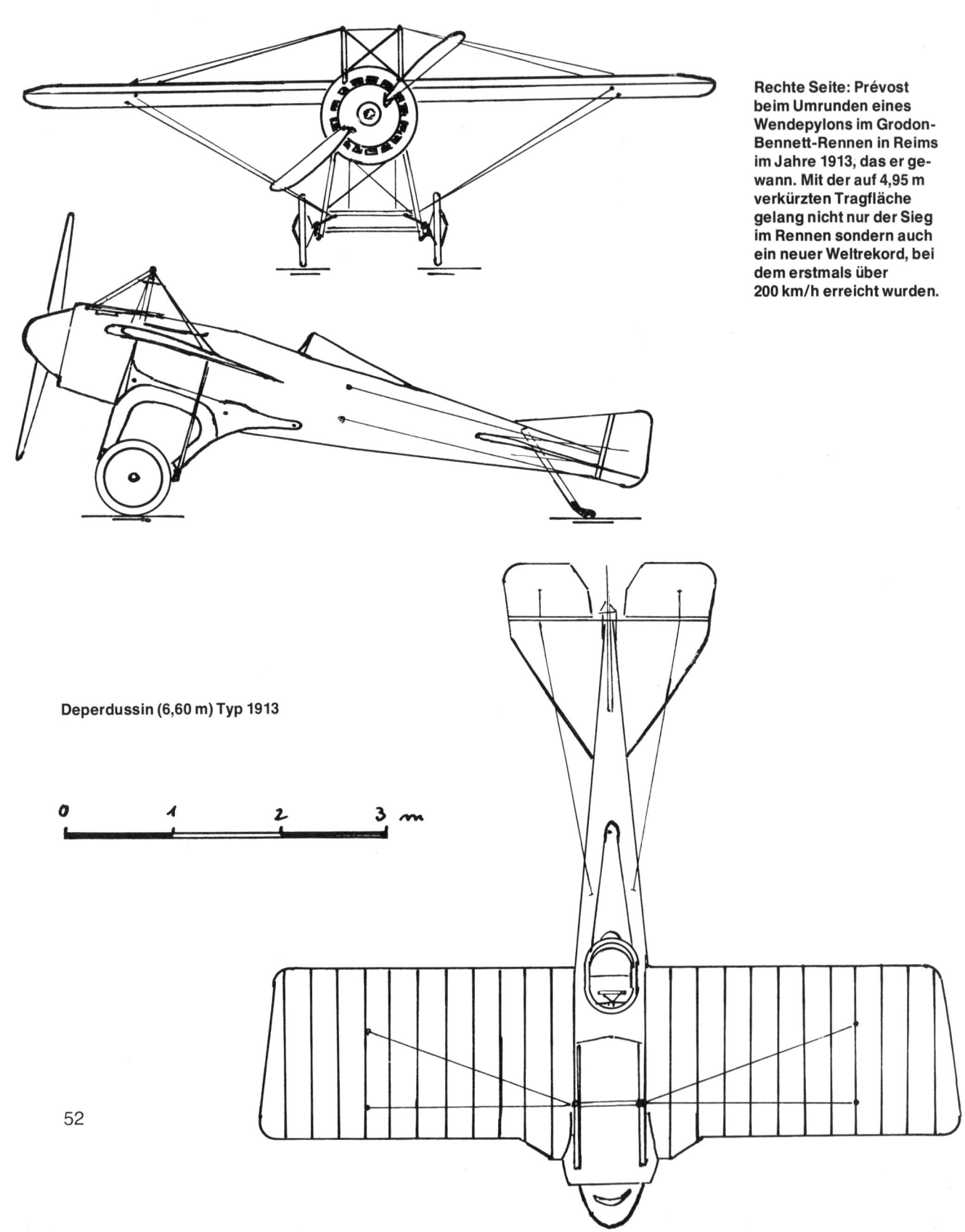

Rechte Seite: Prévost beim Umrunden eines Wendepylons im Grodon-Bennett-Rennen in Reims im Jahre 1913, das er gewann. Mit der auf 4,95 m verkürzten Tragfläche gelang nicht nur der Sieg im Rennen sondern auch ein neuer Weltrekord, bei dem erstmals über 200 km/h erreicht wurden.

Deperdussin (6,60 m) Typ 1913

0   1   2   3 m

Der Ausbruch des Ersten Weltkrieges setzte der Rekordjagd am Himmel zunächst ein Ende und erst 1920, als sich die Wogen des Krieges etwas geglättet hatten, begannen die Flugzeugwerke wieder, sich im friedlichen Wettstreit zu messen. Im Februar 1920 traten die alten Rivalen Nieuport und Blériot, die im Kriege eine Reihe hervorragender Jagdflugzeuge entwickelt hatten, wieder im Kampf um den Geschwindigkeitsrekord gegeneinander an. Jetzt galt das neue FAI-Reglement, das eine 1 km lange Meßstrecke für Rekordversuche vorschrieb. Auch technisch hatte sich ein sichtbarer Wandel vollzogen. Hatte Deperdussin kurz vor Kriegsausbruch mit der Weltrekordmaschine des Jahres 1913 die Qualitäten und die überlegene Leistung des Eindekkers für alle sichtbar unter Beweis gestellt, so beherrschten nach dem Kriege erstaunlicherweise die Doppeldecker wieder die Szene. Grund hierfür waren zahlreiche Unfälle mit Eindeckern gewesen, die auf das Konto struktureller Schwächen gingen und den stabileren verspannten Doppeldeckern insbesondere bei den Militärs wieder zu höherer Gunst verhalfen. Auch die Zeit des Rotationsmotors war bei Kriegsende vorüber. Jetzt dominierten wassergekühlte V-Motoren vor allem der von Marc Birkigt entwickelte 300 PS Hispano Suiza. Bereits 1915 hatte Bechereau erkannt, daß die ständig zunehmenden rotierenden Massen der immer größer werdenden und schließlich 180 PS abgebenden Rotationsmotoren unüberwindliche Grenzen für eine weitere Entwicklung setzten, und für seinen berühmten SPAD S XIII Doppeldecker einen V8-Hispano-Suiza-Motor gewählt, der zunächst 220 PS abgab. 1920 war die Leistung dieses Motors bereits auf 300 PS gesteigert worden, und so wurde dieser wassergekühlte V8-Motor auch das bevorzugte Triebwerk der Konkurrenten Blériot und Nieuport.

Als erster unternahm Nieuport-Pilot Sadi-Lecointe am 7. Februar 1920 einen erfolgreichen Rekordversuch mit einer Nieuport 29 »vitesse«, einem einstieligen Doppeldecker, der aus dem Jagdflugzeug Nieuport 29 C.I., einem der erfolgreichsten Jagdflugzeuge der zwanziger Jahre, abgeleitet war.

Die Nieuport 29 C.I. war unter Mitwirkung von Gustave Delage noch im letzten Kriegsjahr entstanden und stellte in ihrer Frontausführung mit M. Casale im Cockpit einen inoffiziellen Höhenrekord auf. Doch die Maschine war nicht nur steigfreudig sondern auch sehr schnell, und so entschloß man sich bei Nieuport mit einer verfeinerten Version zum Kampf um die Gordon-Bennett-Trophäe anzutreten, die bei einem abermaligen Gewinn endgültig in französischen Besitz übergehen würde. Schon in der Qualifikation gegen die französische Konkurrenz ließen die Werkspiloten M. Sadi-Lecointe und Kirch alle Wettbewerber hinter sich. Beide flogen Rennversionen der

Die Nieuport 29 »vitesse« von Sadi-Lecointe mit offenem Cockpit.

Frontansicht derselben Maschine. Deutlich erkennbar ist die gekürzte obere Tragfläche und die sich durch den Umbau ergebende leichte V-Form des oberen Flügels.

Nieuport 29 C.I., die sich nur dadurch unterschieden, daß bei der Maschine von Sadi-Lecointe die obere Tragfläche von 6 m auf 5,46 m verkürzt worden war, wodurch die tragende Fläche von normalerweise 13 m² auf 12 m² sank und die Flächenbelastung von 67 auf 76 kg/m² stieg.

Beide Maschinen hatten offene Cockpits und den sehr schlanken Rumpf des Jagdmusters »29 C.I.«, der auf vier mehrschichtig verleimten Spanten und 16 Längsstringern aufgebaut war. Dieses Gerippe war mit mehreren Lagen Furnierholz beplankt, wobei die Faserrichtung jeder Lage stets senkrecht zur vorhergehenden und zur nachfolgenden verlief. Die Beplankung war im Bereich des Vorderrumpfes 4 mm und am Heck 2 mm stark. Zur Aufnahme der Belastung durch die Abstrebung der oberen Tragfläche in der Rumpfmitte und durch das Fahrwerk war der Rumpf mit entsprechenden Querversteifungen ausgerüstet. Der schlanke 320 PS abgebende Hispano Suiza Motor war auf zwei senkrechten und zwei waagerechten stabilen Trägern montiert.

Da der Einsatz beim Gordon-Bennett-Rennen eine sehr geringe Flughöhe erforderte, wurden gegenüber der Jagdversion Änderungen am Tragwerk vorgenommen, indem man wie bereits erwähnt die Spannweite der oberen Fläche bei Sadi-Lecointes Maschine verringerte. Außerdem erhielt die obere Fläche eine geringe V-Form von 2°, während die untere Fläche gerade war. Die Tragflächen waren aus Holz aufgebaut und besaßen mit Rottannenstegen ausgesteifte Sperrholzrippen, die auf Kastenholmen saßen. Rohrverstärkungen dienten dazu, die auftretenden Druckbeanspruchungen aufzufangen. Die Flügelnase war zur Erzielung einer hohen Profiltreue oben und unten bis zum vorderen Flügelholm mit dreischichtigem Sperrholz beplankt. Anstelle einer Endleiste wurde ein über die Rippenenden gezogener Stahldraht verwendet. Der obere Flügel wurde durch zwei nach vorn geneigte N-förmige Stahlrohrstreben am Rumpf abgestützt, die von vorn gesehen ein umgekehrtes V bildeten. Die unteren Flächen saßen an zwei strömungsgünstig in die Rumpfkontur übergeführten Flächenanschlüssen und waren mit beinahe über die ganze Spannweite verlaufenden Querrudern ausgestattet, die an einem Hilfsholm angelenkt waren. Obere und untere Flächen waren durch leicht nach vorn geneigte Stiele verbunden und zusätzlich mit Stahldraht verspannt, Höhen- und Seitenleitwerk sehr sauber in den Rumpf übergeführt und sperrholzbeplankt. Die beiden Höhenruderflossen waren durch einen Holm verbunden, der durch einen Ausschnitt im Seitenruder hindurchgeführt war, wobei das Ruderhorn in der unteren Ruderflosse lag. Auf einen aerodynamischen Ruderausgleich wurde verzichtet.

Das Fahrwerk erhielt eine strömungsgünstige Form, indem es aus schichtverleimtem, umwickeltem Pappelholz aufgebaut wurde. Seine profilierte Querstrebe bestand aus Dural. Die Radachse war auf beiden Seiten mit Gummikabeln abgefedert. Der ebenfalls gefederte Sporn besaß einen Stahlschuh und war an der unteren Kielflosse des Seitenleitwerkes aufgehängt.

Als Antrieb diente der bewährte Hispano Suiza »Marine« mit einer Vollgasleistung von 320 PS bei 1900 U/min., der direkt auf eine Holzluftschraube der Marke »Integrale« mit einem Durchmesser von 2,45 m und einer Steigung von 2,8 m wirkte. Der wassergekühlte Motor war stehend eingebaut und mit einer überaus eng anliegenden Haube verkleidet. Zur Küh-

Sadi-Lecointe beim Rekordversuch in Bodennähe fliegend.

Zur weiteren Geschwindigkeitssteigerung wurden die Cockpits der Rennmaschinen von Sadi-Lecointe und Kirch nach Tieferlegen des Sitzes abgedeckt und muschelförmige Seitenfenster eingebaut. Hier Kirchs Maschine mit dem Piloten hinter dem Fenster, das eine sehr schlechte Sicht bot. Diese Version erreichte als erstes Flugzeug eine Rekordgeschwindigkeit über 300 km/h.

lung des Kühlwassers waren zwischen den Streben der beiden Fahrwerksbeine zwei Lamblin-Tunnelkühler aufgehängt. Der 25 Liter fassende Öltank war geschickt unter dem Motor aufgehängt und mit Kühlrippen ausgestattet, die durch die Verkleidung der Rumpfnase ragten und so direkt im Propellerstrom lagen. Die 200 Liter fassenden Treibstofftanks lagen unmittelbar vor dem Pilotensitz. Die Kraftstoffversorgung wurde durch eine vom Motor angetriebene Pumpe sichergestellt.

Mit einer Maschine dieses Typs siegte Sadi-Lecointe im Gordon-Bennett-Rennen des Jahres 1920, wobei er eine Durchschnittsgeschwindigkeit von 271,12 km/h erreichte. Er stellte damit zugleich drei neue Geschwindigkeitsrekorde über 100, 200 und 300 km auf.

Sein Team-Kamerad Kirch flog sogar eine Rekordrunde mit einem Schnitt von 292 km/h, schied jedoch in der dritten Runde wegen Motorschwierigkeiten aus.

Möglicherweise flog Kirch in Etampes bei seiner Rekordrunde eine modifizierte Maschine mit abgedecktem Cockpit und seitlichen nach außen gewölbten Sichtfenstern, die eine allerdings sehr beschränkte Sicht nach vorn erlaubten. Insgesamt viermal verbesserte Sadi-Lecointe mit einer Nieuport 29 »vitesse« im Wettbewerb mit dem Blériot-Spad-Piloten De Romanet den Geschwindigkeits-Weltrekord. Am 12. Dezember 1920 erreichte er schließlich mit 313,043 km/h die Leistungsgrenze dieses Typs, wobei wiederum eine Maschine mit ab-gedecktem Cockpit und muschelförmigen seitlichen Sichtfenstern zum Einsatz kam.

Technische Daten der Nieuport 29 »vitesse«:

Spannweite des oberen Flügels	5,46 m
Spannweite des unteren Flügels	6,00 m
Rumpflänge	6,20 m
Flächentiefe	1,20 m
Flächenabstand	1,35 m
Gesamt-Flächeninhalt (inkl. Querruder)	12,30 m²
Querruderflächeninhalt	1,23 m²
Höhenleitwerksinhalt	2,00 m²
Seitenwerksfläche (inkl. Ruder)	0,89 m²
Leergewicht	690 kg
Treibstoffzuladung	160 kg
Fluggewicht	936 kg
Flächenbelastung	76,1 kg
Leistungsgewicht bei Vollgas	2,92 kg/PS
Motor:	320-PS-Hispano Suiza Marine V8, wassergekühlt
Vollgasdrehzahl:	1900 U/min.
Luftschraube:	Integrale 2,45 m × 2,8 m Zweiblatt (Holz)

Rekordleistungen:

Rekordge-schwindigkeit	Ort	Datum	Pilot
275,264 km/h	Villacoublay	7. 2. 1920	Sadi-Lecointe
296,694 km/h	Buc	10. 10. 1920	Sadi-Lecointe
302,529 km/h	Villacoublay	20. 10. 1920	Sadi-Lecointe
313,043 km/h	Buc	12. 12. 1920	Sadi-Lecointe

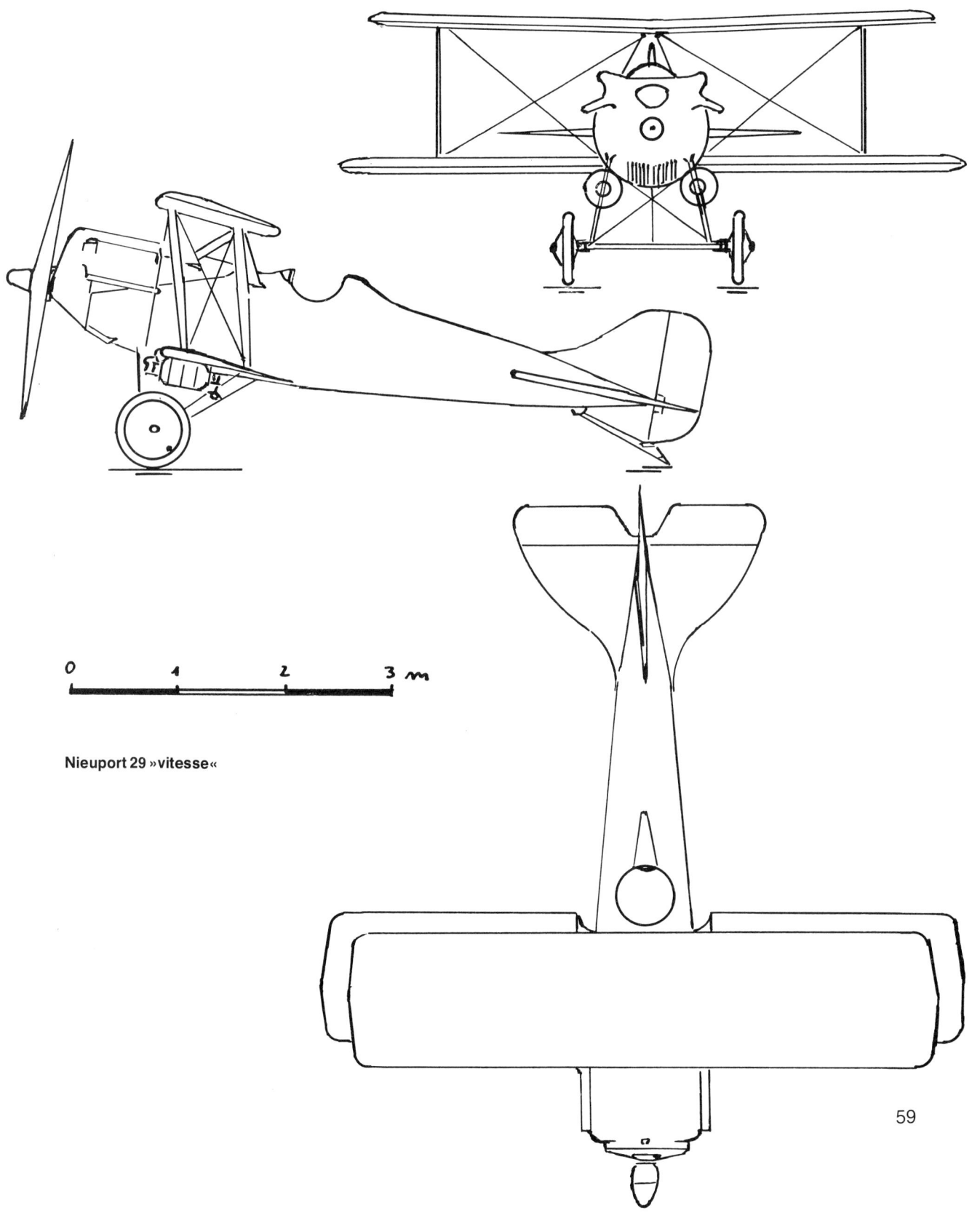

Nieuport 29 »vitesse«

0　　　　1　　　2　　　3 m

59

Nieuports großer Rivale Blériot entwickelte ebenfalls nach Kriegsende wieder sportliche Ambitionen und bediente sich wie Nieuport einer leicht abgewandelten Militärmaschine, die allerdings erst nach Beendigung des Krieges entstanden war. Letzte Frontmaschine der Firma SPAD war die SPAD XVIII, eine vergrößerte und verstärkte Version der erfolgreichen SPAD XIII gewesen. Sie war bereits mit einem 300 PS Hispano Suiza V8-Motor ausgestattet.

Hatten die berühmten SPAD-Jäger des Ersten Weltkrieges noch weitgehend mit Leinwand bespannte Rümpfe besessen, so ging man bei den Nachkriegstypen wie Nieuport zu mit Sperrholz beplankten Rümpfen über, die zusätzlich mit Gewebe überzogen und zur Erzielung einer glatten Oberfläche mehrfach lackiert waren. Auch der zweisitzige SPAD-Herbemont-XX-Doppeldecker folgte diesem Konstruktionsprinzip. Allerdings war sein Rumpf bei weitem voluminöser als der der Nieuport 29, da die Zylinder des mächtigen Motors nicht wie bei Nieuport durch eine aufgesetzte, der Motorkontur angepaßte Haube verkleidet waren sondern unter einer gewaltigen ovalen Haube Platz fanden. Die Tragflächen waren wie üblich aus Holz aufgebaut. Anstelle einer Endleiste war wie bei vielen Konstruktionen aus der Zeit des Ersten Weltkrieges eine starke Schnur über die Rippenenden gespannt, die durch den Schrumpf der

Bespannung beim Lackieren die charakteristischen leicht sichelförmigen Einzüge zwischen den Rippen entstehen ließ. Die untere Tragfläche besaß die gleiche Spannweite wie die obere und trug die etwa die Hälfte der Spannweite einnehmenden Querruder. Sie besaß eine gerade Vorderkante, während die obere Fläche in der Grundausführung ein gerades Mittelstück besaß, das in etwa der Breite des Rumpfes entsprach, und im übrigen eine Pfeilung von 7° aufwies. Die obere und untere Fläche waren durch einen leicht nach vorn geneigten I-förmigen, strömungsgünstig profilierten Stiel verbunden und zusätzlichen gegen den Rumpf und das Fahrwerk verspannt. Die obere Fläche war zudem durch doppelte V-förmig angeordnete Streben im Bereich der Motorhaube abgestützt.

Flächen und Leitwerke waren stoffbespannt. Das Höhenleitwerk hatte einen etwa halbkreisförmigen Grundriß und war gegen den Rumpf und die Seitenflosse verspannt.

Das Fahrwerk lag unmittelbar unter der Motorhaube, war stromlinienförmig profiliert und zwischen den vorderen und hinteren Streben kreuzförmig verspannt. Die Räder waren mit ihrer durchgehenden durch eine symmetrisch profilierte Fläche verkleideten Achse mittels Gummikabeln abgefedert und besaßen leicht kegelige Nabenverkleidungen.

Als Antrieb diente ein wassergekühlter Hispano Suiza 8 eb mit einer Leistung von 320 PS,

Strömungsgünstig war der Blériot-SPAD XX bis 6 trotz seines bulligen Rumpfes, der die Zylinder des Motors voll-kommen umschloß und keine aufgesetzten Verkleidungen für die Zylinderköpfe besaß.

der eine Lumiére Holzluftschraube mit einem Durchmesser von 2,40 m antrieb. In der Grund-ausführung war die Propellernabe mit einem Spinner von 65 cm Durchmesser verkleidet.

Für die Teilnahme am Gordon Bennett-Ren-nen wie auch für Rekordversuche wurden zwei Serienmaschinen modifiziert, die von den Pi-loten Jean Casale und Bernard de Romanet geflogen wurden. Bei beiden Maschinen wur-de hierzu der hintere Sitz ausgebaut und abge-deckt und eine strömungsgünstige Kopfstütze aufgesetzt. Bei Casales Maschine wurde zu-sätzlich das gerade Mittelstück der oberen Tragfläche entfernt. Die Flächen wurden direkt vor dem Cockpit gegen die Rumpfoberseite gestoßen, wodurch die obere Fläche eine leichte V-Form erhielt, da die Stiele nicht ver-kürzt wurden.

Die Rekordmaschine war ursprünglich ein Doppelsitzer gewesen. Der hintere Sitz wurde jedoch abgedeckt und mit einer schlanken Kopfstütze für den Piloten versehen.

Im Wettbewerb mit Nieuport verbesserten die SPAD-Piloten Casale und de Romanet im Jahre 1920 insgesamt dreimal den Geschwindigkeitsweltrekord, wobei der Rekord meistens innerhalb nur weniger Tage den Besitzer wechselte. Absolute Bestleistung des SPAD XX waren 309,012 km/h, die de Romanet am 4. November 1920 erzielte.

De Romanet belegte im Gordon-Bennett-Rennen des Jahres 1920 hinter Sadi-Lecointe auf Nieuport in Etampes den zweiten Platz. Motorprobleme zwangen ihn in der zweiten Runde zu einer zeitraubenden Zwischenlandung, die seinen Schnitt auf 182,62 km/h drückte, während die Maschine in der ersten Runde eine Geschwindigkeit von 260 km/h erreicht hatte.

Technische Daten der Blériot-SPAD XX bis 6 (Prototyp):

Spannweite	6,48 m
Rumpflänge	7,50 m
tragende Fläche	15,2 m²
Flächenbelastung	75 kg/m²
Leistungsgewicht bei Vollgas	3,3 kg/PS
Leergewicht	890 kg
Fluggewicht	1050 kg
Motor	Hispano-Suiza 8 eb, V8 wassergekühlt 320 PS
Luftschraube:	Lumiére 2,40 m ⌀ (Holz)

Rekordleistungen:

Rekordge-schwindigkeit	Ort	Datum	Pilot
283,464 km/h	Villacoublay	28. 2. 1920	Jean Casale
292,682 km/h	Buc	9. 10. 1920	Bernard de Romanet
309,012 km/h	Buc	4. 11. 1920	Bernard de Romanet

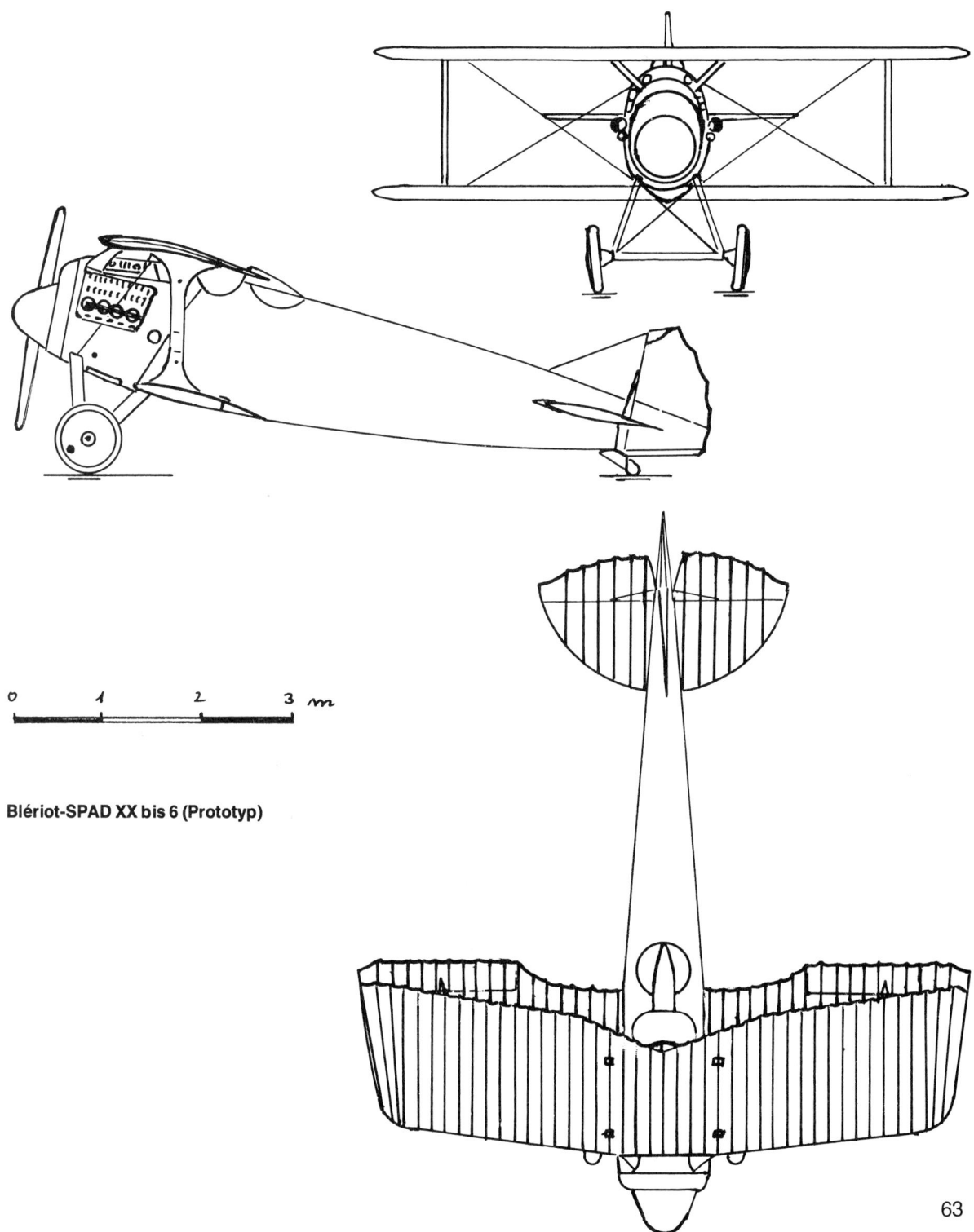

Blériot-SPAD XX bis 6 (Prototyp)

0   1   2   3 m

63

14 Nieuport-Delage Sesquiplan Frankreich 1921–23

Gustave Delage, dem bereits mit der Nieuport 29 ein großer Wurf gelungen war, entwickelte für den berühmten »Coupe internationale Deutsch de la Meurthe« eine neue Nieuport-Rennmaschine, mit der er die Rückkehr zum Eindecker einleitete. Praktisch war die Nieuport-Delage Sesquiplan ein Eindecker, wenn die Typenbezeichnung diese Maschine auch als Anderthalbdecker auswies. Die sogenannte »Halbtragfläche« war nichts anderes als die etwas vergrößerte Achsenverkleidung des Fahrwerkes. Bei einem Flächeninhalt von rund 1 m² machte sie gerade zehn Prozent des eigentlichen Tragflächeninhaltes aus, so daß man an sich kaum von einem Anderthalbdecker sprechen kann. Strenggenommen war diese Maschine eher ein abgestrebter Schulterdecker.

Der Rumpf der Maschine war nach dem Muster von Deperdussin, dem auch Herbemont bei der SPAD XX gefolgt war, aus 0,5 m breiten und 0,8 mm starken Furnierstreifen als selbsttragende Schale aufgebaut. Die vorn 4 mm und hinten 2 mm starke Rumpfhaut wurde durch 16 Rottannen-Stringer und vier kreisrunde Sperrholzspanten ausgesteift. Zusätzliche Versteifungen waren in Höhe der Flügelholme und an den Montagepunkten des Fahrwerkes eingebaut. Zur Motorbefestigung dienten zwei vertikale und zwei horizontale Holzträger, die sich bis hinter den Pilotensitz fortsetzten und diesem wie auch der Steuerung

Halt gaben. Mit einem größten Durchmesser von nur 0,98 m war der Rumpf überaus schlank und windschlüpfrig. Die Tragfläche besaß wie die Achsverkleidung ein bikonvexes Profil und zwar zweiteilig ganz aus Holz aufgebaut. Sie hatte eine konstante Tiefe und war an den Enden stark gerundet. Die V-Form betrug ca. 2°. Die Tragfläche war durch die Verwendung von zwei Kastenholmen und 15 mm starken Sperrholzrippen sehr verwindungssteif, wozu außerdem Kastenrippen und Rohrverstärkungen sowie eine innere Stahldrahtverspannung beitrugen. Die Flächennase war auf der Ober- und Unterseite sperrholzbeplankt. Während die Nasenleiste und Hauptholme aus Rottanne gefertigt waren, diente ein über die Rippenenden gespannter Stahldraht als Endleiste. Die Querruder erstreckten sich über rund zwei Drittel der Spannweite und waren an einem Hilfsholm angelenkt. Ihr Flächeninhalt betrug

Rechte Seite
Oben: Die Nieuport-Delage Sesquiplan in ihrer ursprünglichen Ausführung aus dem Jahre 1921, als Kirch damit im Coupe Deutsch Rennen siegte.

Mitte: Frontansicht der von Sadi-Lecointe gesteuerten Siegermaschine des Jahres 1922, die ebenfalls mit zwischen den Fahrwerkstreben aufgehängten Lamblin-Kühlern ausgerüstet war. Dazwischen ist unter dem Rumpf ein Bauchkühler zur Kühlung des Öls erkennbar.

Unten: Für die Kurze Flugzeit bei einem Weltrekordversuch konnte man auf die wiederstandsträchtigen Lamblin-Kühler verzichten.

1,40 m². Auf einen Ruderausgleich wurde verzichtet. Anstelle einer Verspannung stützte Delage die Flächen mit einer symmetrisch profilierten Strebe gegen das Fahrwerk ab. Die feststehenden Teile des Höhen- und Seitenleitwerkes waren Teile des Rumpfes und in Schalenbauweise konstruiert. Auch bei diesen Rudern verzichtete man auf einen Ausgleich.

Wie bei der Nieuport 29 vitesse war auch bei dieser Maschine das Fahrwerk weit nach vorn gezogen und aus schichtverleimtem Pappelholz aufgebaut. Die profilierten Streben waren zusätzlich mit Leinwand umwickelt. Die kurzen, robusten Fahrwerksbeine wurden durch eine horizontale Traverse aus Dural zu einem starren Trapez verbunden, das mit profilierten Spannkabeln ausgesteift war. Zur Federung dienten Gummikabel, die über die in Schlitzen geführte Radachse gezogen waren.

Wie das Vorgängermodell Nieuport 29 »vitesse« und auch der Blériot-Spad XX besaß die Nieuport-Delage den bewährten wassergekühlten Hispano-Suiza V8-Motor mit 140 mm Hub und 150 mm Bohrung, der bei 1900 U/min 320 PS entwickelte und ein Kompressionsverhältnis von 1:4,7 aufwies. Der Motor trieb eine Holzluftschraube mit einem Durchmesser von 2,30 m und einer Steigung von 3,00 m an. Die Treibstoffversorgung erfolgte durch eine vom Motor angetriebene Pumpe aus insgesamt 200 Litern fassenden, zwischen Motor und Cockpit angeordneten Tanks.

Zur Kühlung des Motors dienten zwei Lamblin-Lamellenkühler, die zwischen den Fahrwerksstreben aufgehängt waren. Zumindest beim letzten Rekordversuch im Jahre 1923 wurde über die 1 km-Meßstrecke offenbar auf diese Kühler verzichtet, um den Widerstand zu verringern. Im Renneinsatz über längere Distanzen waren sie jedoch unentbehrlich.

Programmgemäß siegte die Nieuport-Delage mit dem Werkspiloten Georges Kirch am Steuer im Coupe-Deutsch-Rennen des Jahres 1921, während Sadi-Lecointe im Folgejahr siegreich war und zudem dreimal den Geschwindigkeits-Weltrekord verbessern konnte, der schließlich im Februar 1923 in Istres auf 375 km/h geschraubt werden konnte. Dies war zugleich der letzte Weltrekord nach dem 1920 eingeführten Reglement, das eine 1 km lange Meßstrecke ohne Höhenlimit vorschrieb. Entsprechend der Praxis bei den damals populären Luftrennen wurde jedoch alle Rekorde dieser Zeit in Bodennähe erflogen.

Technische Daten der Nieuport-Delage Sesquiplan

Spannweite	8,00 m		
Rumpflänge	6,20 m		
Flächentiefe	1,50 m		
tragende Flügelfläche	10,00 m²	Höhenleitwerksinhalt	2,00 m²
Hilfsflächeninhalt	1,00 m²	davon Ruderfl.	0,72 m²
tragende Fläche gesamt	11,00 m²	Seitenleitwerksfl.	1,00 m²
Leergewicht	700 kg	davon Ruderfl.	0,44 m²
Treibstoffgewicht	144 kg		
Nutzlast	86 kg		
Fluggewicht	930 kg		
Flächenbelastung	84,5 kg/m²		
Leistungsgewicht	2,9 kg/PS		
Motor	320-PS-Hispano-Suiza V8, wassergekühlt, Vollgasdrehzahl 1900 U/min.		
Luftschraube	Holz 2,30 m x 3,00 m		

Rekordleistungen:

Rekordgeschwindigkeit	Ort	Datum	Pilot
330,275 km/h	Villesauvage	26. 9. 1921	Sadi-Lecointe
341,023 km/h	Villesauvage	21. 9. 1922	Sadi-Lecointe
375,00 km/h	Istres	15. 2. 1923	Sadi-Lecointe

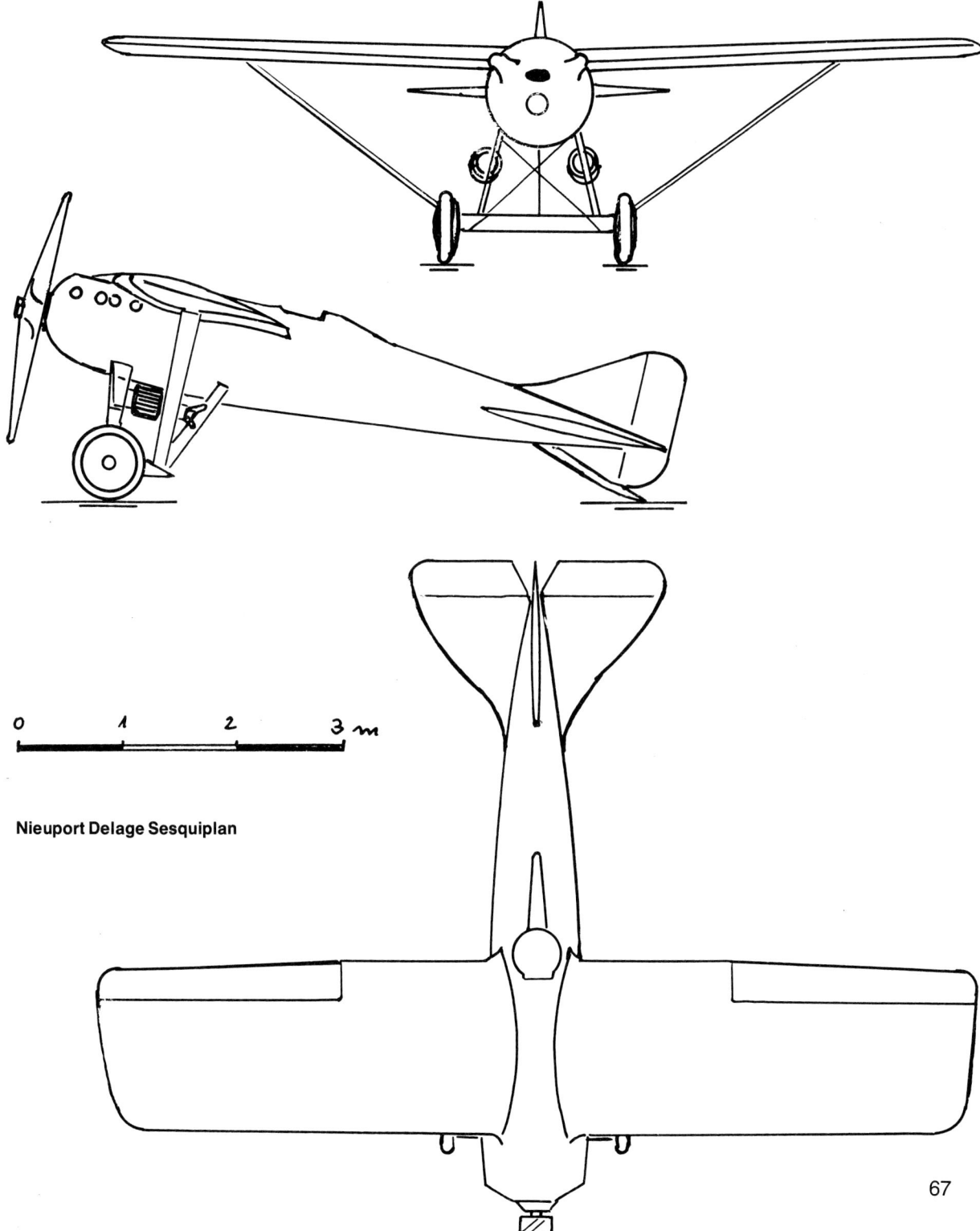

Nieuport Delage Sesquiplan

0   1   2   3 m

67

Im Frühjahr 1921 schloß die US-Navy mit der Curtiss Aeroplane & Motor Co. einen Vertrag über die Entwicklung und Lieferung von zwei jägerähnlichen Rennflugzeugen, mit denen sich die Navy an der Pulitzer Trophy des Jahres 1921 beteiligen wollte. Die Konstruktionsarbeiten lagen in der Hand von William L. Gilmore, der bereits Anfang Juni die fertigen Pläne vorlegte. Die erste der beiden Maschinen mit der Seriennummer A-6080 war am 1. August fertiggestellt, die zweite mit der Werknummer A-6081 folgte nur eine Woche später, so daß die Flugerprobung durch den Werkspiloten Acosta noch im gleichen Monat aufgenommen werden konnte.

Der Rumpf der überaus windschlüpfrigen und bestechend formschönen Maschinen war über einem Gerippe aus Stringern und Sperrholzspanten aufgebaut und nach einem speziellen Verfahren mit 5 cm breiten Streifen aus 2 mm starkem zweischichtigem Sperrholz beplankt. Die Streifen verliefen unter einem Winkel von 45° zur Rumpfachse, die der zweiten Lage waren zudem im rechten Winkel zu denen der ersten aufgeleimt. Zusätzlich waren die Streifen auch noch mit kleinen Stiften auf den Stringern befestigt. Der vordere Teil des Rumpfes war für den Curtiss V12-Motor mit Wasserkühlung maßgeschneidert.

Die Zylinder des bei 2000 U/min rund 400 PS abgebenden Motors bildeten eine Winkel von 60° miteinander. Jeweils eine Reihe zu sechs Zylindern war in einem Block gegossen, der mit dem Kurbelgehäuse verschraubt wurde. Die stählernen Zylinderlaufbuchsen waren in den Zylinderkopf eingeschraubt, der auf den Zylinderblock aufgeflanscht wurde. Sie waren oben geschlossen und enthielten die Ventilsitze für die jeweils vier Ventile pro Zylinder, während die Ventilkanäle und Ventilführungen in den eigentlichen Zylinderkopf eingearbeitet waren. Für ein Triebwerk der 400-PS-Klasse war der Motor ungeheuer kompakt und bot nur eine so geringe Stirnfläche, daß man die Rumpfmaße nicht wie üblich am Motor sondern an der Körpergröße der Piloten orientieren mußte. Mit einem Trockengewicht von nur 308 kg war der zudem sehr zuverlässige Motor auch ausgesprochen leicht. Das normale Kompressionsverhältnis betrug 5,3:1 konnte aber mit einem speziellen Zylinderkopf unter einer weiteren Leistungssteigerung von 50 PS auf 5,8:1 erhöht werden.

Mit normaler Kompression verlieh der Motor der Curtiss CR 1 bei einer Drehzahl von 2000 U/min und einer Leistung von 400 PS im Horizontalflug eine Spitzengeschwindigkeit von 298 km/h. Die Dienstgipfelhöhe der Maschine lag bei 7315 m. Die Überziehgeschwindigkeit betrug etwa 105 km/h.

Die Tragflächen der CR 1 waren mehrholmig und ganz aus Holz aufgebaut. Die obere Fläche war in einem Stück hergestellt und besaß keine V-Form, während die unteren Flächen in zwei Teilen hergestellt waren und eine geringe V-Form von ca. 2° zeigten. Die Flächen waren mit Ausnahme der wie die Höhen- und Seitenleitwerke stoffbespannten Querruder, die praktisch über die gesamte Hinterkante des unteren Flügels gezogen waren, mit zweischichtigem Curtiss-Sperrholz beplankt. Beide Flächen wurden auf jeder Seite durch eine N-förmige Stielverstrebung verbunden und zusätzlich in der Rumpfmitte durch eine Stütze in voller Profiltiefe abgefangen. Zusätzlich waren die Flügel noch mit windschlüpfrig profilierten Spanndrähten verspannt. Die Flächen besaßen eine Tiefe von 1,22 m und eine Staffelung von 38 cm. Der Abstand zwischen unterer und oberer Fläche betrug 1,22 m, die Flügelfläche 15,61 m². Als Flügelprofil hatte Gilmore ein relativ dünnes plan-konvexes Profil mit spitzer Vorderkante und rund acht Prozent Dicke gewählt.

Die Fahrwerksstreben wie auch die Stiele waren aus Holz gefertigt, kreuzförmig verspannt und mit einer horizontalen strömungsgünstig profilierten Traverse zu einem Trapez verbunden. Zwischen den Fahrwerksstreben war auf jeder Seite ein Lamblin-Lamellenkühler auf-

Lt. Brow vor der Curtiss CR-2 (A-6081), bei der der hintere Spanndraht zwischen Fläche und Rumpf durch eine starre Strebe ersetzt wurde. Diese Maßnahme war durch den Einbau von Oberflächenkühlern auf der Flügeloberseite notwendig geworden. Die saubere, schlanke Linienführung der Maschine kommt in dieser Aufnahme besonders gut zum Ausdruck.

gehängt, der zur Kühlung von Wasser und Motoröl diente. Die mit leicht konischen Nabenverkleidungen versehenen Räder waren nach gewohnter Manier mit Gummikabeln abgefedert.

Entgegen ihrem ursprünglichen Plan, am Rennen um die Pulitzer-Trophy des Jahres 1921 teilzunehmen, zog die Navy ihre Meldung jedoch zurück. Die Curtiss Company erlangte jedoch die Erlaubnis, mit der zweiten Maschine und dem Werkpiloten Acosta im November 1921 an dem über 250 km führenden Rennen teilzunehmen. Acosta siegte mit einem Stundenmittel von 284,31 km/h und stellte damit die Leistungsfähigkeit der neuen Maschine unter Beweis.

Nach diesem Erfolg wurden beide Maschinen noch einmal überarbeitet, um eine weitere Leistungssteigerung zu erzielen. So verschwanden 1922 die widerstandsträchtigen Lamblin-Kühler. An ihrer Stelle traten Oberflächenkühler auf der Oberseite der oberen Tragfläche, die sich bis zum Ansatz der Rundung der Flügelspitzen erstreckten. Das Kühlwasser wurde nun zu einem Ausdehnungsgefäß hochgepumpt, das über der mittigen Flügelabstützung lag, floß dann durch die aus fein gewelltem Messingblech bestehenden Oberflächenkühler und von dort wieder zurück zum Motor. Das zu kühlende Öl wurde durch eine unmittelbar vor der mittigen Flügelabstützung liegende Leitung dem Ölkühler auf der Flügeloberseite und von dort über eine zweite Leitung wieder dem Motor zugeführt. Gleichzeitig wurde die Flügelabstützung bis unmittelbar vor die Cockpitscheibe nach hinten verlängert. Das durch den Kühlereinbau gestiegene Gewicht des oberen Flügels erforderte eine zusätzliche Abstützung, weshalb bei der A-6080 der vordere und bei der A-6081 der hintere

Spanndraht, der von der Fläche zum Rumpf führte, beidseitig durch eine starre Strebe ersetzt. Diese Änderungen steigerten die Höchstgeschwindigkeit der nunmehr als CR 2 bezeichneten Maschine auf rund 314 km/h, ließen aber auch die Überziehgeschwindigkeit auf 106,5 km/h steigen.

Am 14. Oktober 1922 starteten beide Curtiss Navy Racer in der Pulitzer Trophy. Überraschend wurde Lt. H. J. Brow mit seiner CR 2 nur Dritter und sein Teamkamerad Lt. Alford Williams mit dem noch nicht umgebauten Vorjahrssieger, also der CR 1 nur Vierter. Am Vortag hatte jedoch bereits General William »Billy« Mitchell, der im Ersten Weltkrieg die amerikanischen Luftstreitkräfte befehligt hatte und ein eifriger Verfechter einer leistungsfähigen amerikanischen Militärluftfahrt war, jedoch mit der CR 2 auf der geraden 3 km-Meßstrecke die seit 1909 ununterbrochene Kette französischer Geschwindigkeits-Weltrekorde erstmalig mit einer neuen Rekordleistung von 358,836 km/h unterbrochen. Wahrscheinlich wurde bei diesem Rekordversuch ein Zylinderkopf verwendet, der mit einer höheren Verdichtung des Motors auch mehr Leistung ergab.

Mit dem neuen Weltrekord und dem dritten und vierten Platz in der Pulitzer Trophy erschöpfte sich die Erfolgsbilanz für die Curtiss Company jedoch keineswegs, denn sie stellte mit den Army Racern vom Typ R 6 auch den Sieger und Zweitplatzierten in der heißumkämpften Pulitzer-Trophy.

Rechts: Im Messerflug umrundet eine Curtiss R-6 bei den Detroit Air Races des Jahres 1922 einen Wendeturm.

70

Die ständig mit der Navy rivalisierende Army hatte angesichts des erfolgreichen Abschneidens des Navy Racers CR 1 mit Acosta als Pilot in der Pulitzer Trophy des Jahres 1921 im Mai 1922 mit Curtiss einen Liefervertrag für zwei Rennmaschinen geschlossen, die eine Horizontalgeschwindigkeit von 282 km/h haben und bei der Landung nicht schneller als 120,7 km/h sein sollten. Unter Nutzung der Erkenntnisse aus der Konstruktion und Flugerprobung der Navy Racer CR 1 und CR 2 entwickelte Gilmore die R 6 in nur 90 Tagen. Die R 6 hatte vieles mit den erfolgreichen Navy-Racern gemeinsam. Ihre Flügel und der Rumpf waren in der gleichen Weise gebaut wie die der CR 2. Allerdings waren bei der R 6 auch die Höhen- und Seitenflosse sperrholzbeplankt. Querruder, Höhenruder und Seitenruder besaßen eine Metallstruktur und waren stoffbespannt. Verglichen mit den Navy-Racern hatten die Army Racer eine etwas geringere Spannweite und anstelle der typischen N-förmigen Stiele eine I-förmige Strebe zwischen dem unteren und oberen Flügel. Als Antrieb diente den Army Racern der durch Aufbohren der Zylinder auf eine Leistung von 460 PS bei 2.400 U/min gesteigerte aus dem Curtiss D-12 entwickelte D-12A mit einer Verdichtung von 5,3 : 1. In der Pulitzer Trophy siegte Lt. R. L. Maughan mit seiner R 6, die einen Schnitt von 330,8 km/h erreichte und im Rennen die bestehenden Geschwindigkeits-

Technische Daten der Curtiss Racer CR 1, CR 2 und R 6:

	CR 1	CR 2	R 6
Spannweite	6,91 m	6,91 m	5,79 m
Rumpflänge	6,40 m	6,40 m	5,86 m
Flächentiefe	1,22 m	1,22 m	–
Flügelabstand	1,22 m	1,22 m	–
Staffelung	0,38 m	0,38 m	–
Flügelfläche	15,61 m²	15,61 m²	12,45 m²
Leergewicht	756 kg	809 kg	660 kg
Fluggewicht	951 kg	1004 kg	885 kg
Flächenbelastung	61 kg/m²	64,33 kg/m²	68,9 kg/m²
Motor:	Curtiss D-12 wassergekühlt	Curtiss D-12 wassergekühlt	Curtiss D-12A wassergekühlt
Leistung:	400 PS bei 2000 U/min	400 PS bei 2000 U/min bzw. 450 PS	460 PS bei 2400 U/min
Luftschraube:	Holz 2,30 m ⌀	Holz 2,30 m ⌀ mit messingbeschlagenen Blattspitzen	Reed Dural
Rekordleistungen:	keine	358,836 km/h	380,751 km/h
Datum	–	13. 10. 1922	29. 3. 1923
Ort	–	Detroit	Dayton
Pilot	–	General B.-G. Mitchell	Lt. R. L. Maughan

72

rekorde über 100 und 200 km brach, vor Lt. L. J. Maitland auf der zweiten R 6. Nachdem Mitchells mit dem Navy Racer CR 2 aufgestellte Weltrekord im Februar 1923 in Istres von Sadi-Lecointe gebrochen worden war, holte ihn Lt. R. L. Maughan am 29.3.1923 mit einem Rekordflug von 380,751 km/h, der erstmals nach dem neuen Reglement mit Höhenbegrenzung erflogen wurde, in Dayton wieder zurück nach USA.

Aber auch die Erfolgsserie der in der Pulitzer Trophy unterlegenen Navy-Racer war noch nicht beendet. Sie wurden 1923 erneut überarbeitet, ebenfalls mit dem neuen Curtiss D-12A ausgerüstet, der auf Grund seiner etwas größeren Außenmaße eine neue Haube mit einigen Übergangsblechen notwendig machte, und auf Schwimmer gesetzt. Anstelle des bisher verwendeten Holzpropellers erhielten sie einen Curtiss Reed Dural-Propeller mit spitz zulaufenden schlanken Blättern. Nunmehr als CR 3 bezeichnet belegten die beiden Maschinen Platz 1 und 2 und entführten die begehrte Schneider Trophy erstmalig nach USA.

Weltrekord-Inhaber Lt. Maughan posiert vor der Curtiss R-6, die gegenüber der CR-2 aerodynamisch erheblich verbessert war. Anstelle der N-förmigen Stiele ist eine einzige schichtverleimte I-Strebe getreten. Über der Fläche in einer schmalen flossenartigen Verkleidung das Expansionsgefäß für das Kühlwasser.

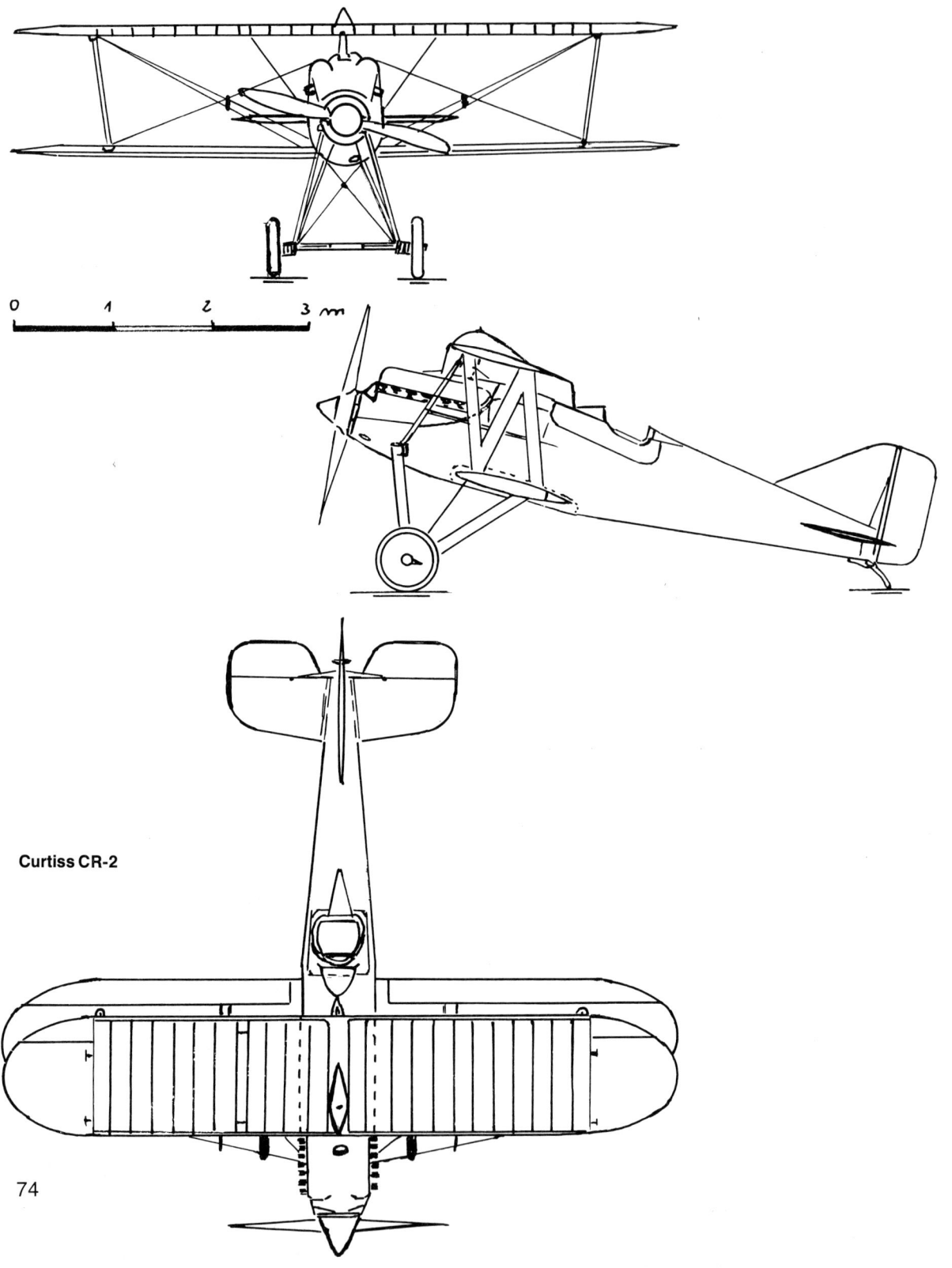

0 1 2 3 m

Curtiss CR-2

74

Aus dem 1922 so erfolgreichen Army Racer R 6 entwickelte William L. Gilmore für die US-Navy eine neue Rennmaschine mit der Typenbezeichnung R-2C1, die sich konstruktiv nur geringfügig von dem 1922 so erfolgreichen Vorbild unterschied, dieses aber leistungsmäßig erheblich übertraf.

Als Motor kam der von 114 auf 117 mm aufgebohrte und überarbeitete ansonsten aber mit dem D-12 identische D-12A zum Einsatz. Bei einem üblichen Kompressionsverhältnis von 5,3 : 1 gab dieser Motor eine Leistung von 440 PS bei 2250 U/min ab, die bei einer Drehzahl von 2400 U/min auf 460 PS stieg. Mit einem Hochkompressionskopf, der ein Kompressionsverhältnis von 6,0 : 1 ergab, stieg die Leistung bei 2250 U/min auf 475 PS und bei 2400 U/min auf 495 PS. Das Trockengewicht des Motors betrug nur 308 kg, was einem Leistungsgewicht von 0,62 kg/PS entsprach. Der

Rekordpilot Lt. Williams vor seinem R2C-1 Navy Racer. Bei diesem Typ liegt die obere Fläche auf dem Rumpf auf. Quer- und Höhenruder waren aus Metall aufgebaut und mit Leinen bespannt. Alle Ruderhörner und Steuerkabel waren ins Innere der Maschine verlegt, um den Widerstand so gering wie möglich zu halten. Auch das Fahrwerk zeigt eine günstigere Konstruktion. Am 2. September 1924, genau ein Monat vor Beginn der National Air Races, stürzte die Schwestermaschine (A-6691) in der Nähe des Wright Field mit Pilot Lt. Pearson im Anflug auf eine 3 km-Meßstrecke beim Abfangen aus 90 m Höhe ab. Ursache war der Bruch eines der I-Stiele zwischen den Flächen, den man zur Gewichtsersparnis im Inneren nachträglich ausgehöhlt hatte.

Letzte und größte Version der berühmten Curtiss Racer war die R3C-1, die der R2C-1 jedoch sehr ähnlich war. Der Blick in das Cockpit einer R3C-1 zeigt deutlich die spartanische Enge der Cockpits der Curtiss Racer. Unter dem Armaturenbrett ist ein Rumpfspant erkennbar, der mit Aussparungen zur Gewichtseinsparung versehen ist. Mit einer R3C-1 stellte Lt. Bettis 1925 bei seinem Sieg in der Pulitzer Trophy einen Geschwindigkeits-Weltrekord auf einem geschlossenen Kurs mit 400,69 km/h auf. Diese Maschine steht heute als einziger erhaltener Curtiss Racer im Museum der Smithonian Institution.

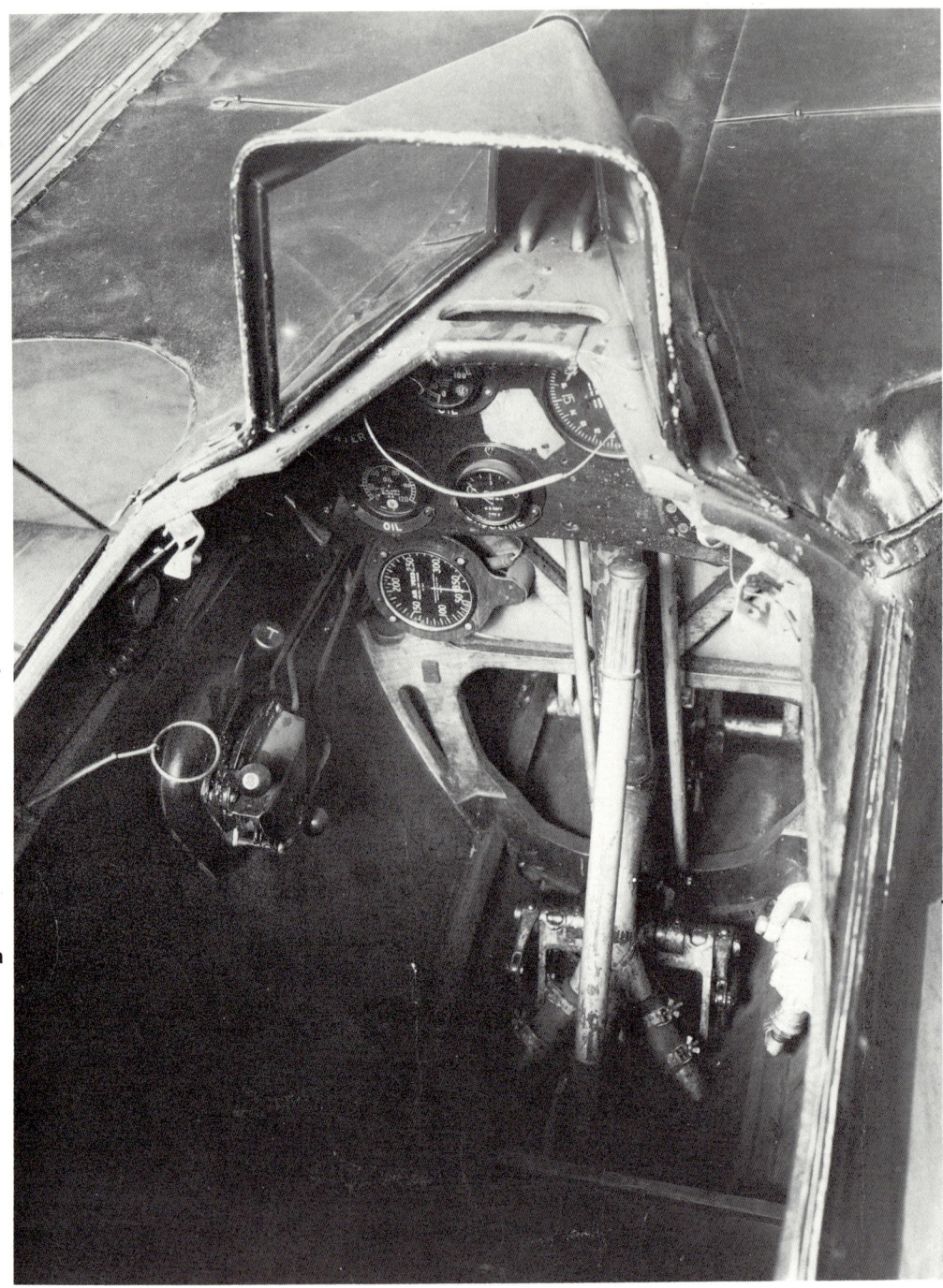

Kraftstoffverbrauch betrug 240 Gramm/PS-Stunde. Wie bei der R 6 kam auch bei dieser Maschine der neue Curtiss Reed Dural Propeller zum Einsatz, der gegenüber einer Holzluftschraube eine Geschwindigkeitssteigerung um rund 16 km/h erbrachte.

Im Vergleich zur R 6 wurden bei der R-2C1 die Spannweite und die Flügelfläche vergrößert. Die obere Fläche war auch nicht mehr durch einen Pylon abgestützt sondern lag nun auf dem Rumpf auf, sie war wiederum mit Oberflächenkühlern ausgestattet.

Der Rumpf war in gewohnter Curtiss-Manier aus zweilagigem 2,4 mm starkem Furnierholz aufgebaut und wog nur 57,66 kg. Um einen geringstmöglichen Luftwiderstand zu erzielen war die Rumpfschale buchstäblich hauteng um Motor und Pilot herumgebaut. Die Tragflächen waren ebenfalls nach bewährtem Rezept wie bei der R 6 aufgebaut. Querruder und Leitwerke hatten eine Struktur aus Stahl oder Duraluminium und waren leinenbespannt. Ober- und Unterflügel waren durch I-förmige, sehr schlanke Streben verbunden und mit stromlinienförmig profilierten Spanndrähten verspannt.

Beim Höhenleitwerk wurde auf eine äußere Verspannung verzichtet. Sämtliche Schub-

Auf Schwimmer gesetzt hieß die R3C-1, vor der hier Jimmy Doolittle posierte, R3C-2. Mit dieser Maschine siegte Doolittle 1925 in der Schneider Trophy und stellte einen neuen Weltrekord für Wasserflugzeuge mit 395,33 km/h auf.

stangen, Seilzüge und Ruderhörner waren zur Widerstandsverringerung in den Rumpf verlegt.

Das Fahrwerk war bei der R-2C1 nicht mehr trapezförmig sondern seine Streben bildeten ein starres Dreieck, das gegen den Rumpf abgespannt war. Die Stoßdämpfer lagen in den Rädern. Zur Verringerung des Stirnwiderstandes hatte man die Räder stromlinienförmig gestaltet, indem man die Nabe mit gewölbten Alublechen verkleidete und den Übergang zwischen Felge und Reifen mit einer lackierten Stoffbespannung überbrückte. Auf diese Weise ergab sich ein strömungsgünstiger ovaler Radquerschnitt.

Die beiden neuen Navy Racer vom Typ R-2C1 belegten in der Pulitzer Trophy des Jahres 1923 mit einer Durchschnittsgeschwindigkeit von 392,07 bzw. 389,02 km/h mit deutlichem Vorsprung vor zwei mit 700 PS-Motoren ausgerüsteten Navy Wright F2W-Maschinen die ersten Plätze. Kurze Zeit nach Beendigung der in St. Louis ausgetragenen Rennen um die Pulitzer Trophy beorderte die Navy die beiden siegreichen Maschinen nach Mineola im Staate New York, wo der Pulitzer-Sieger Lt. Alford Williams und sein Team-Kamerad Lt. H. J. Brow im Wettbewerb gegeneinander Weltrekordversuche unternahmen, um den von der Army entführten Rekord wieder für die Navy zurückzugewinnen. Am 2. November 1923 schaffte Lt. Brow als erster unter FAI-Bedingungen einen neuen Weltrekord mit einer Leistung von 417,059 km/h. Zwei Tage später verbesserte Lt. Williams die Rekordmarke auf 429,025 km/h. Weitere Versuche mußten auf Befehl der Navy, die befürchtete daß der Ehrgeiz der Piloten fatale Folgen haben könne, unterbleiben. Damit war das Weltrekord-Kapitel für Landflugzeuge der Firma Curtiss be-

endet. Für die Pulitzer Trophy des Jahres 1925 entstand zwar noch ein weiterer Nachfolgetyp, die berühmten Racer R3C-1 (siehe Rißzeichnung) als Landflugzeug und R3C-2 als Schwimmversion, die sowohl die Pulitzer-Trophy des Jahres 1925 als auch die Schneider-Trophy des gleichen Jahres gewannen, aber lediglich die Schwimmer-Version kam am 27. Oktober 1925 unter Lt. Jimmy Doolittle mit 395,33 km/h zu einem Weltrekord für Wasserflugzeuge auf der 3-km-Meßstrecke. Die erfolgreichen Navy Racer des Jahres 1925 waren mit dem ebenfalls aus dem D-12 entwickelten Curtiss V. 1400 ausgerüstet, der in der Rennausführung rund 620 PS abgab.

Technische Daten des Curtiss Navy Racers R-2C1:

Spannweite des oberen Flügels	6,72 m
Spannweite des unteren Flügels	5,87 m
Flächentiefe des oberen Flügels	1,42 m
Flächentiefe des unteren Flügels	1,01 m
Tragflächeninhalt	13,8 m^2
Rumpflänge	6,00 m
Flächenbelastung	68,20 kg/m^2
Motor:	Curtiss D-12A, 500 PS
Fluggewicht	942 kg
Leistungsbelastung	1,88 kg/PS
Höchstgeschwindigkeit	429 km/h
Überziehgeschwindigkeit	118 km/h
Dienstgipfelhöhe	9800 m (Geschätzt)
Rekordleistungen:	417,059 km/h (Lt. Brow) am 2. November 1923 in Mineola 429,025 km/h (Lt. Williams) am 4. November 1923 in Mineola

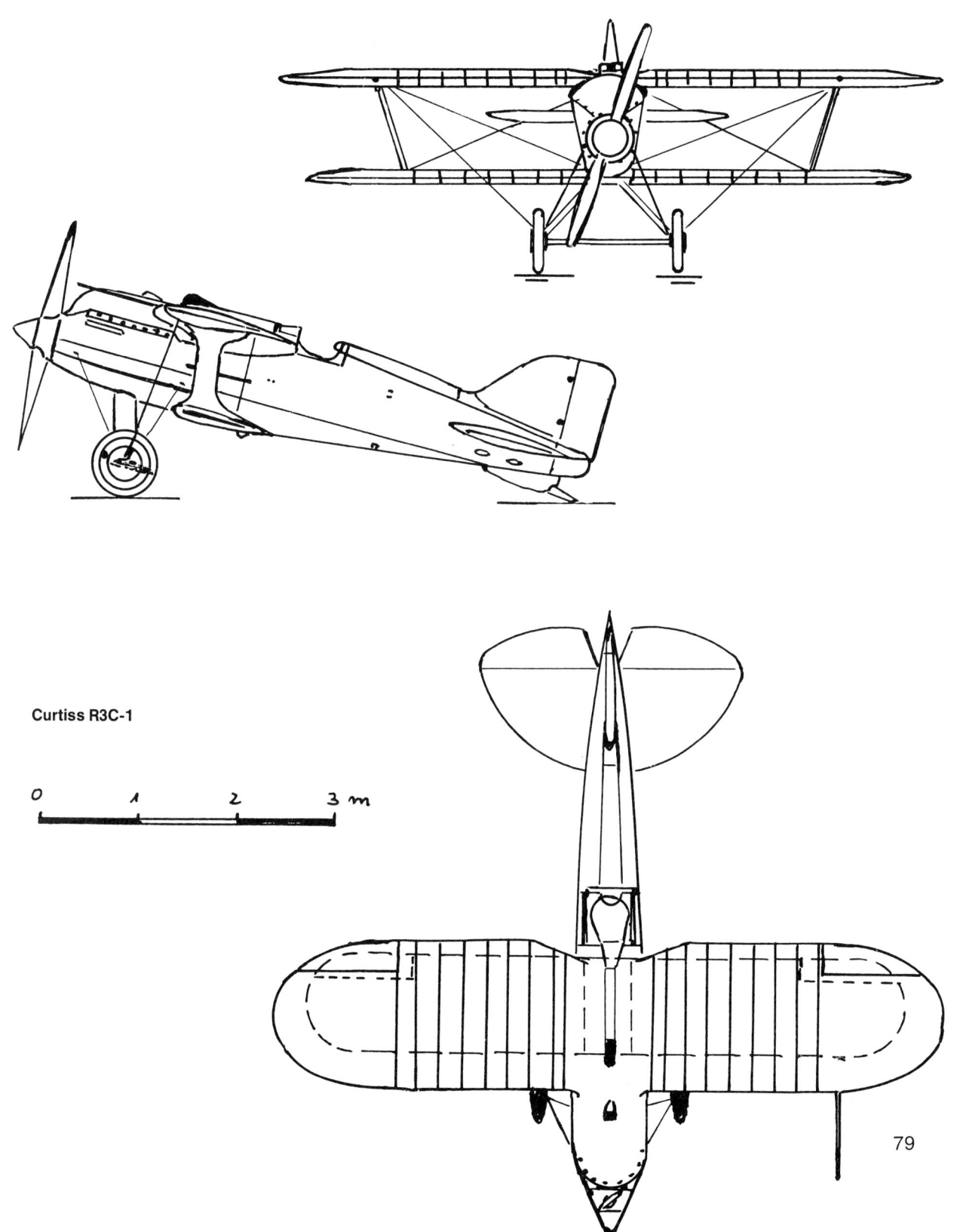

Curtiss R3C-1

0   1   2   3 m

79

Gegen Ende des Ersten Weltkrieges gründete A. Bernard eine Firma mit dem Titel »Société Industrielle des Métaux et du Bois« mit Sitz in La Courneuve (Seine). Das Unternehmen firmierte auch abgekürzt als S.I.M.B. und befaßte sich mit der Konstruktion und dem Bau von Flugzeugen. Es gelang jedoch nicht, noch vor Kriegsende einen einsatzreifen Typ herauszubringen. 1919 entstand als erster praktisch einsetzbarer Typ eine mit zwei 180 PS-Hispano-Suiza-Motoren ausgerüstete Maschine. Bernard erkannte bald den Wert spektakulärer Rennerfolge und entschloß sich, für das Coupe Beaumont Rennen des Jahres 1924 zwei Rennmaschinen zu entwickeln, die nicht zuletzt das Renommee seines Unternehmens, das auch als »Ferbois« (nach frz. fer = Eisen und bois = Holz) firmierte, heben sollten. Die Konstruktionsarbeiten lagen in den Händen des Ingenieurs Robert und seines Mitarbeiters S. G. Bruner. Beide entschieden sich für eine konventionelle Holzbauweise. Der erste Prototyp erhielt einen 500 PS Lorraine Motor, der praktisch über der Tragfläche saß und so der Maschine eine außergewöhnlich kurze Rumpfnase verlieh. Insgesamt war der Rumpf extrem kurz gehalten, was sich beim ersten Probeflug im Mai 1924 als fatal erweisen sollte. Die Maschine überschlug sich und wurde dabei völlig zerstört. Unmittelbar nach dem Fehlschlag des Typs V.1 begann man mit der Konstruktion einer neuen Maschine, der Bernard Ferbois V.2, die einen der neuen 12-Zylinder Hispano Suiza 50 Motoren erhielt. Dieses Triebwerk leistete 450 PS und hatte W-förmig angeordnete Zylinder.

Die Konsteuere zogen ihre Lehren aus dem Mißerfolg der V.1 und gaben ihrer Neukonstruktion einen längeren Rumpf, der durch seine fließenden Linien ebenso elegant wie strömungsgünstig ausfiel. Die Motorhaube mit ihren drei Wülsten für die Zylinder des Motors war geschickt in die Rumpfkontur integriert, indem die seitlichen Zylinderverkleidungen in die Flächenwurzel übergingen und die mittlere sich praktisch im Cockpit und der flachen Kopfstütze fortsetzte. Das Rumpfheck hatte praktisch einen ovalen Querschnitt, aus dem Kopfstütze und Seitenflosse organisch hervorwuchsen. Die Rumpfstruktur bestand im Wesentlichen aus vier Längsholmen und einer Reihe von Sperrholzspanten. Dieses Gerippe war sperrholzbeplankt, ebenso das dreiholmige Höhenleitwerk und das ein Stück mit dem Rumpf bildende Seitenleitwerk. Wie die jüngeren Curtiss Racer hatte die Bernard V.2 ein starres Fahrwerk, das mit profilierten Spanndrähten verspannt war. Die Federung erfolgte durch Gummikabel über den Achsenden.

Die Tragflächen waren sehr schlank gehalten und besaßen einen trapezförmigen Grundriß. Ihre Vorderkante wies eine leichte Pfeilform von ca. 2° auf. Außerdem hatte die Fläche auch eine geringe V-Form von 1,5°. Die Flügelenden waren nach vorn sichelförmig gerundet und trugen dreieckige Querruder, deren Gelenkachsen einen Winkel von ca. 15° gegen die Senkrechte zum Rumpf bildeten.

Der Flügel war freitragend konstruiert und auf einem breiten durchgehenden Kastenholm aufgebaut, der aus zwei in einem Stück gefertigten Holmen bestand. Diese verjüngten sich zu den Flächenspitzen. Die den Kasten bildende obere und untere Abdeckung nahm ebenfalls zu den Flügelenden hin in ihrer Stärke ab und bildete zugleich die Flügelbeplankung in diesem Bereich. Die aus starkem Sperrholz hergestellten Rippen waren zur Gewichtsersparnis durchbrochen und mit aufgesetzten senkrecht und diagonal aufgeleimten Leisten aus Rottanne verstärkt. Vor und hinter dem Kastenholmbereich waren die Rippen oben und unten mit aufgeleimten Sperrholzstreifen verbreitert und gaben ihnen so ein sehr stabiles I-Profil. Lediglich im Bereich der

Flügelspitzen, wo der Kastenholm auslief und in zwei normale Holme überging, bestanden die Rippen aus dünnerem Sperrholz ohne Erleichterungsdurchbrüche. Hier wurde auch auf diagonale Verstärkungen der Rippen verzichtet.

Außer dem bereits erwähnten breiten Kastenholm zeigte die Fläche noch einen schräg nach vorn verlaufendenden dritten Holm, der von der Flügelwurzel ausgehend gegen den hinteren Holm des Kastenholmes lief. Zur Erzielung einer sehr steifen und profiltreuen Fläche war die Nasenleiste des Flügels mit einer flanschartigen Verbreiterung ausgestattet, an die sich die Nasenbeplankung anschloß. Die Fläche besaß ein halbsymmetrisches Profil, war mit Sperrholz beplankt und mit einer zusätzlichen Stoffbespannung versehen, die mit Lack aufgebracht war.

Auf der Flügelunterseite waren bis etwa zur halben Spannweite je sechs flache Lamblin-Lamellenkühlerelemente montiert, von denen

Die Bernard Ferbois V. 2 in der Grundausführung mit 450 PS-Motor und Lamblin-Bauchkühler.

jedes 16 Lamellenrippen trug, die eng beieinander lagen. Die Zu- und Ableitungen für das Kühlwasser waren in der Tragfläche verlegt.

Mit dieser Maschine ging Bernard-Testpilot Adjutant Florentin Bonnet am 8. Oktober 1924 auf Rekordjagd, um den Amerikanern den Geschwindigkeits-Weltrekord wieder abzujagen. Er erreichte jedoch bei seinen vier Flügen über die 3 km-Meßstrecke nur eine Durchschnittsgeschwindigkeit von 393,340 km/h, was zwar einen neuen französischen Rekord bedeutete aber für einen Weltrekord rund 40 km/h zu wenig war.

Der französischen Regierung war jedoch viel daran gelegen, daß der mit nur wenigen Unterbrechungen seit fast 20 Jahren in französischem Besitz befindliche Geschwindigkeitsrekord wieder zurückerobert werde, und so wurde die Bernard V.2 für einen neuen Rekordversuch umgebaut. Hierzu wurde der normalerweise 450 PS abgebende Hispano Suiza

50 W-Motor überarbeitet und auf eine Höchstleistung von 620 PS bei 2200 U/min. gesteigert. Er erhielt anstelle der ursprünglichen Holzluftschraube nun nach amerikanischem Vorbild einen Levasseur/Reed Propeller aus Dural. Die unter Staudruck stehenden glockenförmigen Ansaugstutzen des Motors wurden vergrößert, um dem erhöhten Luftbedarf des Motors Rechnung zu tragen. Gleichzeitig wurden die ursprünglich recht langen und voluminösen Auspuffstutzen durch kürzere und schlankere ersetzt. Die Motorhaube wurde zudem noch näher an den Motor herangebracht und dadurch niedriger. Die Neigung der mittleren Zylinderverkleidung wurde vergrößert und die seitlichen Zylinderverkleidungswülste wurden vorn spitzer gestaltet und zudem etwas verkürzt.

Auch am Rumpf wurden einige Änderungen ausgeführt. So entfiel der zur Ölkühlung dienende Lamblin-Lamellenkühler, der unmittel-

Technische Daten der Bernard Ferbois V.2:

	franz. Rekordversion Oktober 1924	Weltrekordversion Dezember 1924
Spannweite	9,90 m	9,10 m
Rumpflänge	6,80 m	6,80 m
Flächentiefe an der Wurzel	1,64 m	1,64 m
Leitwerksspannweite	3,30 m	3,30 m
Tragflächeninhalt	11,60 m^2	10,80 m^2
Leergewicht	952,00 kg	keine Angabe
Fluggewicht	1183,00 kg	1200,00 kg
Flächenbelastung	102,00 kg/m^2	111,11 kg/m^2
Fahrwerksspur	1,74 m	1,74 m
Motor	Hispano Suiza 50 W	Hispano Suiza 50 W
Leistung	450 PS	620 PS/2200 U/min
Luftschraube	Holz, ca. 2,93 m Ø	Dural, ca. 2,61 m Ø Reed-Levasseur
Leistungsbelastung	2,63 kg/PS	1,94 kg/PS
Rekordleistungen:	393,340 km/h frz. Landesrekord am 8. Oktober 1924 aufgestellt in Istres durch Adj. F. Bonnet	448,171 km/h **Weltrekord** am 11. Dezember 1924 aufgestellt in Istres durch Adj. F. Bonnet

bar hinter dem Fahrwerk als Bauchkühler unter dem Rumpf montiert gewesen war, sich aber für die relativ kurze Flugzeit im Rekordversuch als überflüssig erwies. Anstelle der ursprünglichen einteiligen fast senkrecht angebrachten Windschutzscheibe wurde nun eine schräggestellte, dreiteilige Windschutzscheibe montiert. Auch die aerodynamische Qualität der Räder, die ursprünglich konische Nabenverkleidungen aus Segeltuch hatten, wurde durch gewölbte Schalen aus Alublech verbessert.

Erhebliche Änderungen wurden aber auch an der Tragfläche vorgenommen. Ihr ursprünglicher Einstellwinkel von 0° wurde auf −0,5° verringert, um ein ständiges Nachdrücken im Hochgeschwindigkeitsflug überflüssig zu machen. Außerdem wurde die Spannweite um rund 80 cm verringert, indem man die Flügelspitzen kürzte. Hierdurch wurden allerdings

auch die Querruder erheblich verkleinert, was die Steuerung um die Längsachse nicht gerade verbesserte. Die Flugerprobung zeigte jedoch, daß die Maschine voll beherrschbar war, und so fand am 12. Dezember 1924 ein erneuter Angriff auf den Geschwindigkeits-Weltrekord, der bei 429,025 km/h stand, statt. Adjutant Florentin Bonnett durchraste insgesamt sechsmal im Tiefflug die 3 km lange Meßstrecke und erzielte dabei folgende Geschwindigkeiten: 429,023 km/h, 446,280 km/h, 442,623 km/h, 450,000 km/h, 446,280 km/h und schließlich 453,781 km/h. Aus den letzten vier Versuchen ergab sich eine Durchschnittsgeschwindigkeit von 448,171 km/h. Frankreich hatte den prestigeträchtigen Speed-Weltrekord wieder zurückerobert und sollte ihn diesmal fast acht Jahre lang behalten. Das Rekordflugzeug nahm ein unrühmliches Ende. Es wurde wahrscheinlich ausgeschlachtet und später verbrannt.

Die Rückansicht der gleichen Maschine zeigt besonders gut die glatte, strömungsgünstige Linienführung der Rekordmaschine, die auch hier noch den Bauch-Ölkühler trägt aber bereits die gekürzte Rekordfläche zeigt.

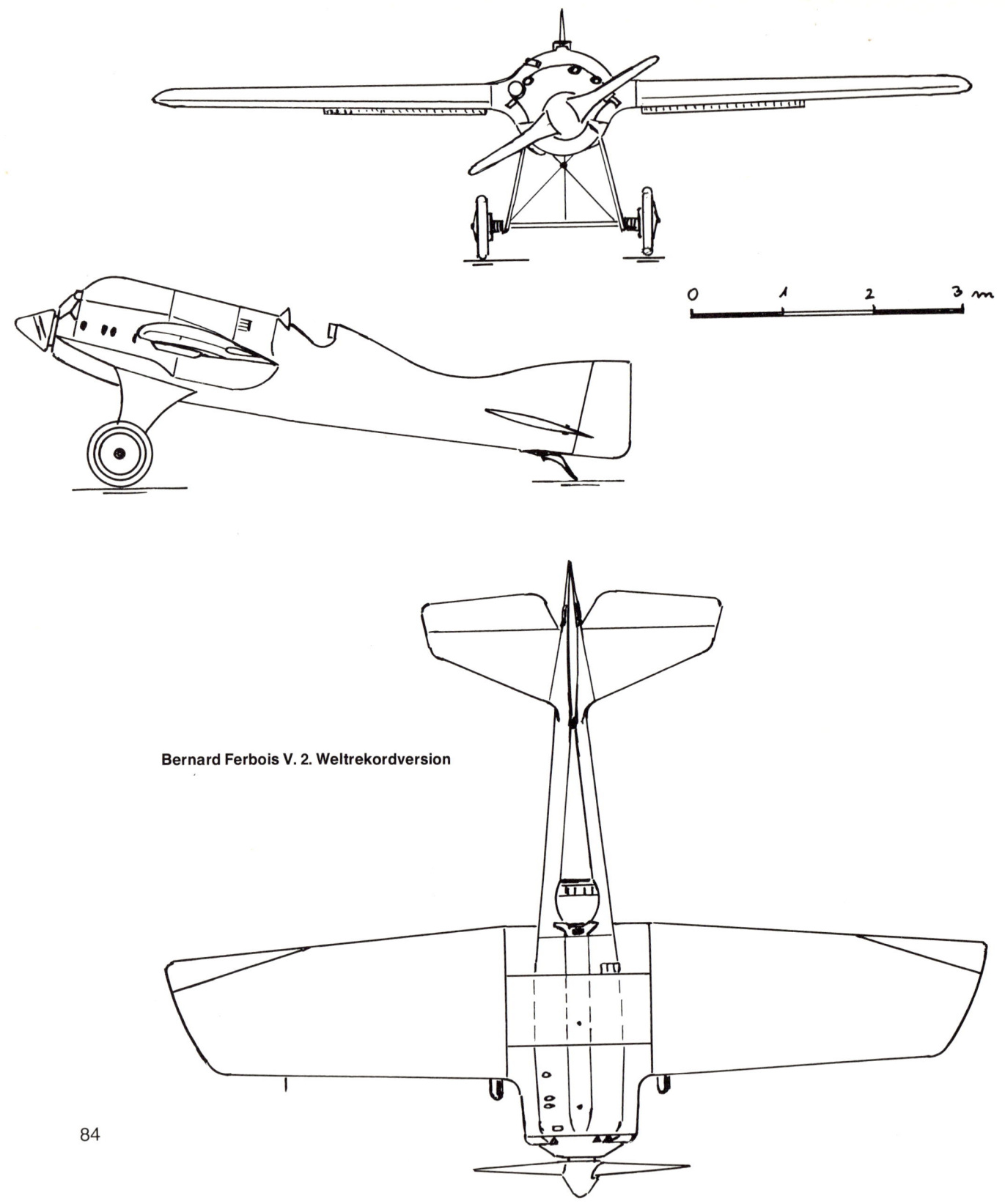

Bernard Ferbois V. 2. Weltrekordversion

0   1   2   3 m

84

18 Granville Gee Bee Super Sportster R-1 USA 1932

Die kleine aber ehrgeizige Firma Granville Bros. Aircraft Inc. betrat 1930 die amerikanische Renn-Szene mit einem aerodynamisch recht ansprechenden Einsitzer, einem Tiefdecker, der mit einem 125 PS starken Menasco C-4-Motor eine Spitze von 256 km/h erreichte. Ein Jahr später entstand von Robert Hall konstruiert eine spezielle Rennmaschine, deren Sternmotor die Rumpfform des bulligen Renners bestimmte. Der Einsitzer war ein verspannter Tiefdecker mit verkleidetem Fahrwerk. Die Rumpfstruktur und auch das Leitwerk bestanden aus geschweißtem Stahlrohr, während die Tragflächen in herkömmlicher

Als »fliegendes Faß« wurde der Gee Bee Super Sportster bezeichnet, mit dem Major James H. Doolittle 1932 die Thompson Trophy gewann und am 3. September 1932 mit 473,820 km/h einen neuen Weltrekord aufstellen konnte. Im Hintergrund ist eine weitere Gee Bee zu erkennen, bei der die Einstiegluke geöffnet ist.

Bauweise aus Holz gebaut und stoffbespannt waren.

Auffallendstes Merkmal dieser Maschine war ihre Plumpheit. Ihr Rumpf war nur 4,57 m lang, während die mächtige NACA-Motorhaube knapp 1,17 m Durchmesser hatte. Der Rumpfquerschnitt ging von der kreisrunden Motorhaube organisch in einen ovalen Querschnitt und schließlich in das messerscharf auslaufende Seitenleitwerk über.

Das Cockpit lag etwa in Höhe der Flächenhinterkante und ging in die Seitenflosse über.

Der bullige Renner war mit einem Pratt & Whitney »Wasp Juniour« mit Kompressor ausgerüstet, der bei einer Drehzahl von 2400 U/min 535 PS abgab. Mit dieser Maschine startete Lowell Bayles, einer der Anteileigner der Firma Granville, in der Thompson-Trophy des Jahres 1931. Dieses Rennen fand im Rahmen der National Air Races in Cleveland statt und führte über zehn Runden zu je zehn Meilen also insgesamt über 160,934 km. Bayles siegte mit einer Durchschnittsgeschwindigkeit von 377,982 km/h, wobei zu berücksichtigen ist, daß das Reglement der Thompson Trophy einen stehenden Start vorschrieb.

Nach Einbau eines 700 PS abgebenden Wasp Senior Kompressor-Sternmotors meldeten die Granville Brothers für Ende 1931 einen Weltrekordversuch an. Am 30. November 1931 erreichte Bayles in den vorgeschriebenen vier Durchgängen eine Durchschnittsgeschwindigkeit von 452,2 km/h, was einen neuen Weltrekord bedeutete. Da jedoch nicht alle Meßgeräte einwandfrei funktioniert hatten, konnte diese Leistung nicht anerkannt werden. So unternahm Bayles am 5. Dezember einen erneuten Rekordversuch, bei dem die Maschine im gedrückten Anflug aus 400 m Höhe noch vor Erreichen der Meßstrecke, die eine maximale Flughöhe von 100 m zuließ, außer Kontrolle geriet. Die Maschine ging in eine wilde Rollbewegung über, bei der eine Fläche abbrach, und stürzte ab. Bayles war auf der Stelle tot. Ursache für das Unglück war möglicherweise ein plötzlich auftretendes Querruderflattern. Andere Beobachtungen sprechen dafür, daß sich der Tankdeckel im Fluge löste und das Cockpit durchschlug.

Nachdem Gee Bee Chefkonstrukteur Robert Hall im Dezember 1931 nach dem Bayles-Unfall die Granville-Company in Springfield verlassen hatte, entstanden für die National Air Races des Jahres 1932 zwei neue Gee-Bee-Rennmaschinen, die dem Vorläufermodell zwar ähnelten aber eine noch extremere Linienführung zeigten. Die Gee Bee R-1 war mit einem 800 PS Pratt & Whitney Wasp Kompressormotor ausgestattet, dessen gewaltige Ausmaße einen Motorhaubendurchmesser von 1,55 m verlangten. Dabei maß der Rumpf von der Motorbefestigung bis zur Hinterkante der Seitenflosse nur 4,11 m. Der vertikale Seitenflossenholm war rund 30 cm breit. An ihn schloß sich das Seitenruder an, das die Rumpfkontur in einer messerscharfen Hinterkante auslaufen ließ. Die R-1 war zum Einsatz in der Thompson-Trophy gedacht, während die mit einem 550 PS Pratt & Whitney Wasp Junior Motor ausgestattete R-2 in der transkontinentalen Bendix-Trophy starten sollte.

Die Konstruktionsarbeiten an der R-1 wurden im Mai 1932 in Angriff genommen, der Rollout erfolgte bereits am 12. August des gleichen Jahres.

Der bullige Tiefdecker mit der Zulassungsnummer NR 2100 verblüffte selbst Experten durch seine extrem kompakte und gedrungene Form. Das Cockpit war bis vor das Höhenleitwerk nach hinten gerückt und ging nahtlos in

Robert Hall schuf die Grundkonzeption der bulligen Gee Bee Racer, deren Geschichte gleichermaßen durch glänzende Erfolge wie durch Katastrophen markiert wird.

das Seitenleitwerk über. Um bei dem weit zurückgezogenen Cockpit annehmbare Sichtverhältnisse zu schaffen war der Pilotensitz höhenverstellbar. Die Belüftung der relativ engen Kabine erfolgte durch einen unter der Motorhaube endenden flexiblen Luftschlauch. Der Einstieg erfolgte von Steuerbord durch eine im Fluge mit einer einzigen Handbewegung auszulösende, abwerfbare Tür. Auch die Cockpithaube war abwerfbar. Backbord waren die Bedienungshebel für Gas, Gemisch und Propellerverstellung in unmittelbarer Nähe des Knüppels angeordnet. Die Steuerung erwies sich als sehr leicht und empfindlich. Die verstellbare Höhenflosse wurde durch ein Handrad, das unmittelbar vor dem Pilotensitz angeordnet war, verstellt. Allerdings ergab sich die Notwendigkeit zum Nachtrimmen im Fluge überaus selten. Der Rumpf besaß wie die Vorläufermodelle wiederum ein geschweißtes Stahlrohrgeripppe, das insbesondere im Bereich von Fläche und Fahrwerk mit Diagonal-Rohrstreben ausgesteift war. Das Geripppe trug mit Erleichterungsöffnungen versehene Sperrholzspanten, die im vorderen Rumpfbereich

seitlich und oben mit Duralblech beplankt waren. Die Flanken des Hecks waren in der oberen Rumpfhälfte mit Sperrholz beplankt, während der untere Rumpfbereich über 23 eng beieinanderliegenden Stringern aus 19 x 6 mm Rottanne bespannt war. Seiten- und Höhenruder waren mit dünnerem Sperrholz beplankt, das zwischen den Rippen geringfügig einfiel. Das Spornrad besaß eine Schaumgummi-Bereifung und war über einen Stoßdämpfer abgefedert. Es bewegte sich mit dem Seitenruder, doch konnte diese Kopplung auch gelöst werden, um die Maschine von Hand besser manövrieren zu können. Die Flächenanschlüsse waren großzügig ausgerundet und an den Rumpf angeformt. Die Tragflächen besaßen ein plan-konvexes M-6-Profil mit leicht nach oben gezogener Hinterkante, das ein sehr günstiges Druckpunktverhalten auszeichnete. Die Fläche war auf zwei massiven Rottannenholmen aufgebaut, zwischen denen je vier Stahlrohre zur Aufnahme der Druckkräfte angeordnet waren. Zwischen diesen Rohren waren die Flächen zudem kreuzförmig verspannt. Im Bereich der Querruder wurden die beiden Holme zusätzlich noch durch beidseitig aufgelegte Duralstreifen verstärkt, an denen die im Flügel liegenden Beschläge für die von der Flächenoberseite zum Rumpf und von der Flügelunterseite zum Fahrwerk führenden Spanndrähte befestigt waren. Zwischen den beiden Hauptholmen waren die Rippen mit Deckstreifen versehen, die der Sperrholzbeplankung der Fläche eine breite Auflage verliehen und ein Einfallen verhinderten. Die sperrholzbeplankten Querruder waren an einem Hilfsholm angelenkt. Sie wurden durch ein Torsionsrohr betätigt und waren im Rumpf statisch ausgeglichen.

Ähnlich den Tragflächen war das Höhenleitwerk auch zweiholmig aufgebaut und mit aerodynamischen Übergängen in den Rumpf übergeführt.

Der Erstflug der R-1 fand am 13. August 1932 mit Russel Boardman statt, der lediglich eine unzureichende Seitenruderwirkung bemängelte. Aufgrund dessen wurde das ursprünglich mit der Rumpfoberkante bündig endende Seitenruder über den Rumpf hochgezogen und auch in der Tiefe vergrößert, worauf die Maschine einwandfrei flog. Als Boardman, der die Maschine bei den bevorstehenden National Air Races fliegen sollte, bei einem Unfall mit einer anderen Gee-Bee-Maschine verletzt wurde, sprang Jimmy Doolittle, der gerade ohne Flugzeug war, als Pilot ein. Er flog die Maschine sofort nach Cleveland zum Schauplatz der Rennen, wo er in der über 3 km führenden Shell-Trophy auf Anhieb mit 471,84 km/h den bestehenden Geschwindigkeits-Weltrekord überbot. Bei diesem Flug hatte sich die Motorhaube aus ihrer Verankerung gelöst und war hierbei beschädigt worden. Nach Verstärkung der Aufhängungen trat Jimmy Doolittle am 3. September 1932 zum

Technische Daten der Gee Bee Super Sportster von 1931 und 1932:

	Super Sportster	Super Sportster R-1
Baujahr	1931	1932
Spannweite	7,16 m	7,62 m
Rumpflänge	4,50 m	5,60 m*)
Flächentiefe an der Wurzel	1,28 m	1,345 m
Tragflächeninhalt	6,69 m²	9,29 m²
Leergewicht	636 kg	835 kg
Fluggewicht	1439 kg	1396 kg
Flächenbelastung	147,3 kg/m²	150,3 kg/m²
Leistungsbelastung	1,93 kg/PS	1,91 kg/PS
Reisegeschwindigkeit	368 km/h	–
Landegeschwindigkeit	128 km/h	ca. 130 km/h
Reichweite	1600 km	–
Motor:		
Grundversion:	Pratt & Whitney Whasp Junior 535 PS/2400 U/min.	Pratt & Whitney Whasp 800 PS/2350 U/min.
Rekordausführung:	Pratt & Whitney Whasp 700 PS	siehe oben mit Hamilton Standard Verstellpropeller
Rekordleistungen:	452,2 km/h**)	473,820 km/h
Pilot:	Lowell Bayles	Maj. J.-H. Doolittle
Ort:	–	Cleveland
Datum:	30. 11. 1931	3. 9. 1932

*) Rekordversion mit vergrößertem Seitenruder und Hamilton Standard-Verstellpropeller
**) infolge defekter Zeitmesseinrichtung nicht anerkannt.

Weltrekordversuch an und stellte mit einer Durchschnittsgeschwindigkeit von 473,820 km/h einen neuen Weltrekord auf. Der schnellste Meßflug wurde sogar mit 497,35 km/h gestoppt. Zwei Tage später gewann Doolittle mit derselben Maschine auch noch souverän die Thompson-Trophy. Ein Jahr später stürzte die nun mit einem noch einmal vergrößerten Seitenruder und einem Pratt & Whitney Hornet-Motor ausgerüstete R-1 beim Start in Indianapolis während des Bendix-Rennens ab, als sie mit Boardman am Steuer durch eine Böe in etwa zehn Meter Höhe in eine überzogene Fluglage geriet und in Rückenlage aufschlug. Boardman starb zwei Tage später an seinen schweren Verletzungen. Nachdem auch die inzwischen mit einer größeren Fläche ausgestattete R-2 einen Totalschaden erlitten hatte, entstand aus dem wiederhergestellten, wiederum mit einem größeren Seitenruder ausgestatteten Rumpf der R-1 und den alten Flächen der R-2 eine neue Maschine, die 1934 bei den National Air Races in einen Graben rollte und ausfiel. Ein Jahr später wurde diese Maschine von Cecil Allen übernommen, der die mit extremer Spritzuladung überladene Maschine mit Mühe von der Piste des Burbank Airport abheben konnte, jedoch in drei Kilometer Entfernung vom Startplatz abstürzte und ums Leben kam. Die Maschine wurde völlig zerstört.

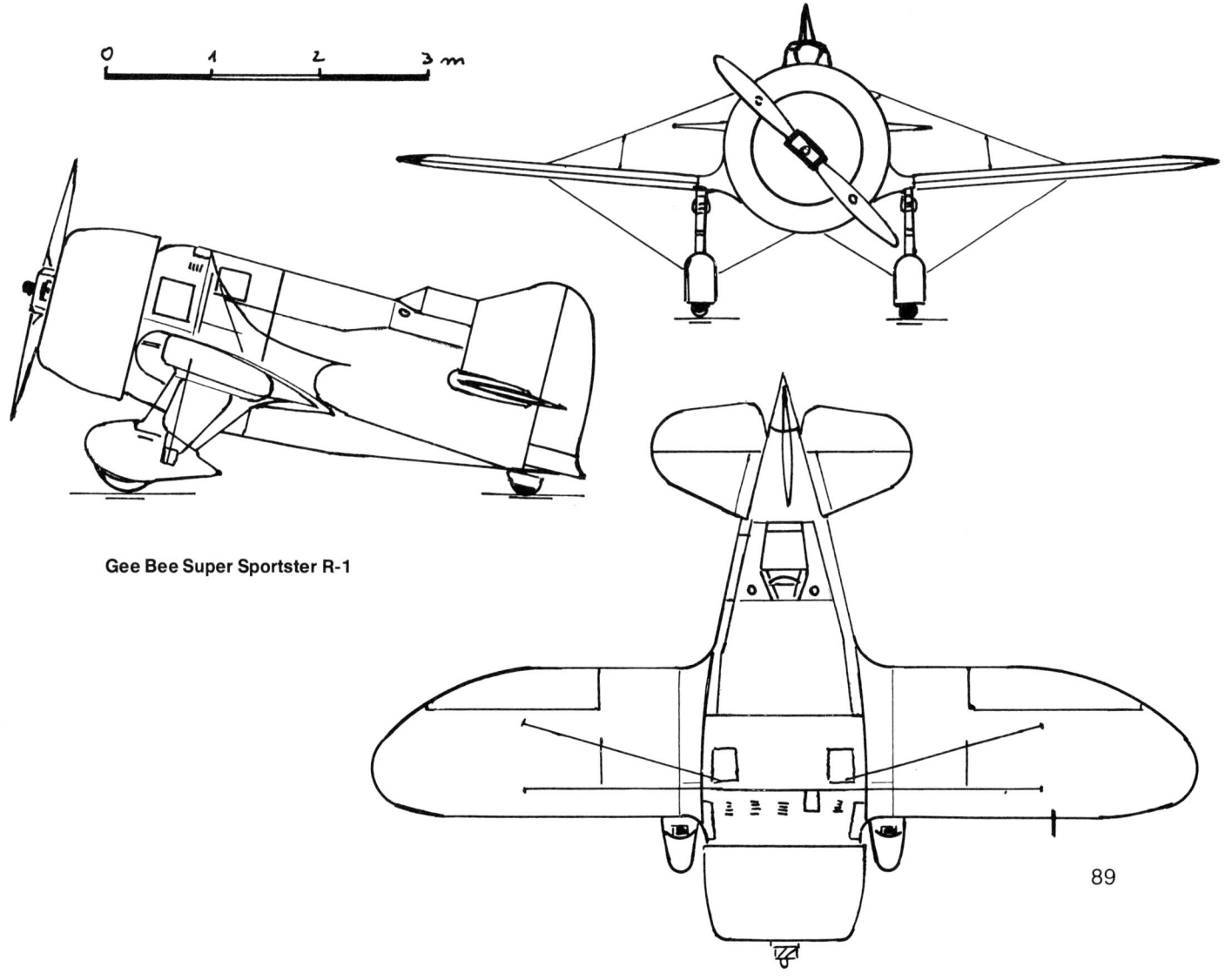

Gee Bee Super Sportster R-1

89

Etwa um die gleiche Zeit, als die Granville Brothers mit dem Bau von Rennflugzeugen begannen, stieg auch James R. Wedell, Pilot, Flugzeugkonstrukteur und Flugzeugbauer in einer Person und Mitinhaber der in Patterson (Louisiana) ansässigen Firma Wedell-Williams Air Servive Corporation, ins Renngeschäft ein.

Erste Erfolge zeichneten sich im Jahre 1930 ab, als Wedells Kompagnon Errett Williams in den Nationals mit einem von Wedell konstruierten Tiefdecker zwei zweite Plätze und einen vierten Rang belegte. In der Thompson-Trophy mußte er in der achten Runde vorzeitig die Waffen strecken, weil der 225 PS Wright J6—7 Motor sauer wurde.

1931 belegte Wedell, der bei einem Motorradunfall ein Auge verloren hatte, in der über 100 Meilen führenden Thompson Trophy hinter Lowell Bayles in der Gee Bee Super Sportster den zweiten Platz. Wedell flog in diesem Rennen einen Umbau einer ebenfalls schon 1930 entstandenen Maschine mit dem Kennzeichen NR278V und der Startnummer 44, der als Wedell-Williams 44 berühmt werden sollte.

Die Maschine war ursprünglich mit einem Hisso-Motor ausgerüstet gewesen, der ihr eine Geschwindigkeit von rund 340 km/h verlieh. Zur Teilnahme an der Thompson-Trophy des Jahres 1931 verringerte Wedell die ursprüngliche Spannweite von rund 9,14 m auf 7,97 m und verkürzte auch den Rumpf auf 6,48 m. Der relativ leistungsschwache Hisso-Motor wurde durch einen Pratt & Whitney Wasp Jr. 985-Sternmotor mit 535 PS ersetzt. Mit dieser Version und einem nunmehr 550 PS abgebenden Motor gleichen Typs wurde James Wedell 1932 in der Thompson Trophy erneut Zweiter und belegte auch in der Bendix Trophy, die über eine Strecke von 2043 Meilen (3287,88 km) von Burbank in Kalifornien nach New York führte, hinter James Haizlip, der ebenfalls eine Wedell-Williams flog, Platz 2. 1933 siegte Wedell mit der inzwischen schon berühmt gewordenen Nr. 44 in Los Angeles in der über 60 Meilen führenden Thompson Trophy. Auf Platz 2 folgte eine Maschine gleichen Typs. Nach Einbau des von Doolittle 1932 beim Sieg in der Thompson Trophy verwendeten 800 PS Wasp Senior Motors stellte Wedell am 4. September des gleichen Jahres mit 490,080 km/h einen neuen FAI-Weltrekord über die 3 km-Meßstrecke auf.

In der Bendix Trophy des Jahres 1933 gab es einen doppelten Triumph für Wedell, als Roscoe Turner mit einer baugleichen, jedoch mit einem 900 PS starken Pratt & Whitney Wasp Sr. R-1344 Sternmotor ausgerüsteten Maschine Sieger wurde und James Wedell mit der nur mit 550 PS motorisierten Nr. 44 und einem Rückstand von weniger als einer halben Stunde auf den Sieger einkam, der die 3299,15 km lange Strecke in der Rekordzeit von 11,5 Stunden bewältigt hatte. 1935 wurde schließlich

Roscoe Turner mit der Bendix-Siegermaschine von 1933 Zweiter. Seine Maschine war allerdings jetzt mit einem Pratt & Whitney Hornet R 1690 ausgerüstet, der 1000 PS leistete.

Insgesamt wurden neben der Nr. 44 mit dem Kennzeichen NR278V drei weitere fast baugleiche Wedell-Williams-Maschinen in den National Air Races eingesetzt. Sie trugen die Kennzeichen NR61Y, NR 238V, NR536V.

Die Wedell-Williams 44 war ein gegen den Rumpf und das Fahrwerk verspannter Tiefdecker. Seine Tragflächen waren an aerodynamisch in den Rumpf eingeleiteten Stummeln angesetzt und hatten eine geringe V-Form von ca. 3°. In die Unterseite des Flächenüberganges zum Rumpf waren auch die starren aus Stahlrohr geschweißten und mit Duralblech verkleideten Fahrwerksbeine organisch übergeführt. Da die Fahrwerksbeine ungefedert waren, hatte Wedell die Maschine mit Goodrich-Niederdruckreifen ausgestattet, die den Landestoß etwas dämpften. Zur Verringerung des Luftwiderstandes waren die Räder mit tief heruntergezogenen, muschelförmigen Verkleidungen aus Duralblech versehen.

Die Tragflächen waren in Holzbauweise erstellt und besaßen Rottannenholme und Sperrholzrippen. Die Flächentiefe betrug 1,52 m, ihre größte Dicke nur 7,5 cm, was einer Dicke von nur knapp fünf Prozent entsprach. Das Profil war plan-konvex mit spitzer Vorderkante. Das Flächengerippe war mit Sperrholz beplankt und zusätzlich mit einer auflackierten Stoffbespannung versehen. Die relativ kleinen Querruder waren statisch ausgeglichen.

Insgesamt vier annähernd baugleiche Maschinen wurden von Wedell gebaut und bei den National Air Races eingesetzt. Hier die NR536V, die wie ihre Schwestermodelle mehrfach umgebaut wurde und sich hier noch mit unverkleidetem Motor und Hosenverkleidung des Fahrwerkes präsentiert. Sie erhielt später eine NACA-Haube und eine günstigere Fahrwerksverkleidung. Sie war überaus erfolgreich: 1932 Sieger in der Bendix-Trophy und 4. Platz in der Thompson Trophy, in der sie 1933 als Zweite ankam. 1934 dritter Platz in der Thompson Trophy und Platz 2 in der Bendix-Trophy.

Weltrekordehren errang James R. Wedell mit der berühmten Nr. 44 und dem Kennzeichen NR278V. Die Maschine wurde mehrfach umgebaut und ummotorisiert, bis sie schließlich 1933 bis 490,080 km/h Weltrekord flog.

Das Cockpit lag hinter der Flügelhinterkante und war zunächst halb offen. Die Rekordversion des Jahres 1933 besaß aber schon ein geschlossenes Cockpit, das durch Luftzuführungen mit Frischluft versorgt wurde. Die Luftleitungen mündeten außerhalb des Propellerkreises in der Flügelnase.

Als Antrieb diente zunächst ein 7-Zylinder Pratt & Whitney Wasp Junior Sternmotor mit Luftkühlung, der zunächst 535 und später 550 PS abgab. Er war mit einer strömungsgünstigen NACA-Haube verkleidet. Die Treibstofftanks faßten 150 US-Gallonen (568 Liter) und lagen im Rumpf. Der Öltank faßte 10 US-Gallonen (37,9 Liter) und war ebenfalls im Rumpf untergebracht. Nach dem berühmten Modell 44 entstand noch ein Nachfolgemuster, der Typ 45, in ähnlicher Bauweise. Diese Maschine

Technische Daten der Wedell-Williams 44:

Spannweite	7,97 m
Rumpflänge	6,48 m
Flächentiefe	1,52 m
Leergewicht	685 kg
Fluggewicht	1006 kg
Flächenbelastung	83 kg/m²
Motor:	Normalausstattung: Pratt & Whitney Wasp Junior 985 Sternmotor von zunächst 535 und später 550 PS Leistung Weltrekordmotor: Pratt & Whitney Wasp Senior 1344 mit einer Leistung von 800 PS
Rekordleistungen:	490,080 km/h
Pilot	James R. Wedell
Ort	Chikago außerdem Frauen-Weltrekord für Landflugzeuge über 3-km-Meßstrecke mit 411,190 km/h durch Mrs. Haizlip

flog im Februar 1934 bei den American Air Races in New Orleans ihr erstes Rennen. Sie besaß im Gegensatz zum Typ 44 ein Einziehfahrwerk und eine unverspannte freitragende Tragfläche. Sie war das letzte Rennflugzeug, das James R. Wedell konstruierte.

Die Rumpfstruktur war eine geschweißte Stahlrohrkonstruktion. Sie war im vorderen Teil bis etwa in die Nähe der Flügelhinterkante seitlich wie auch unten sowie auf der Rumpfoberseite bis hinter das geschlossene Cockpit mit Duralblech beplankt. Der übrige Rumpf war dagegen mit Stoff bespannt.

Das Leitwerk besaß ebenfalls einen aus Stahlrohr geschweißten Rahmen und war stoffbespannt.

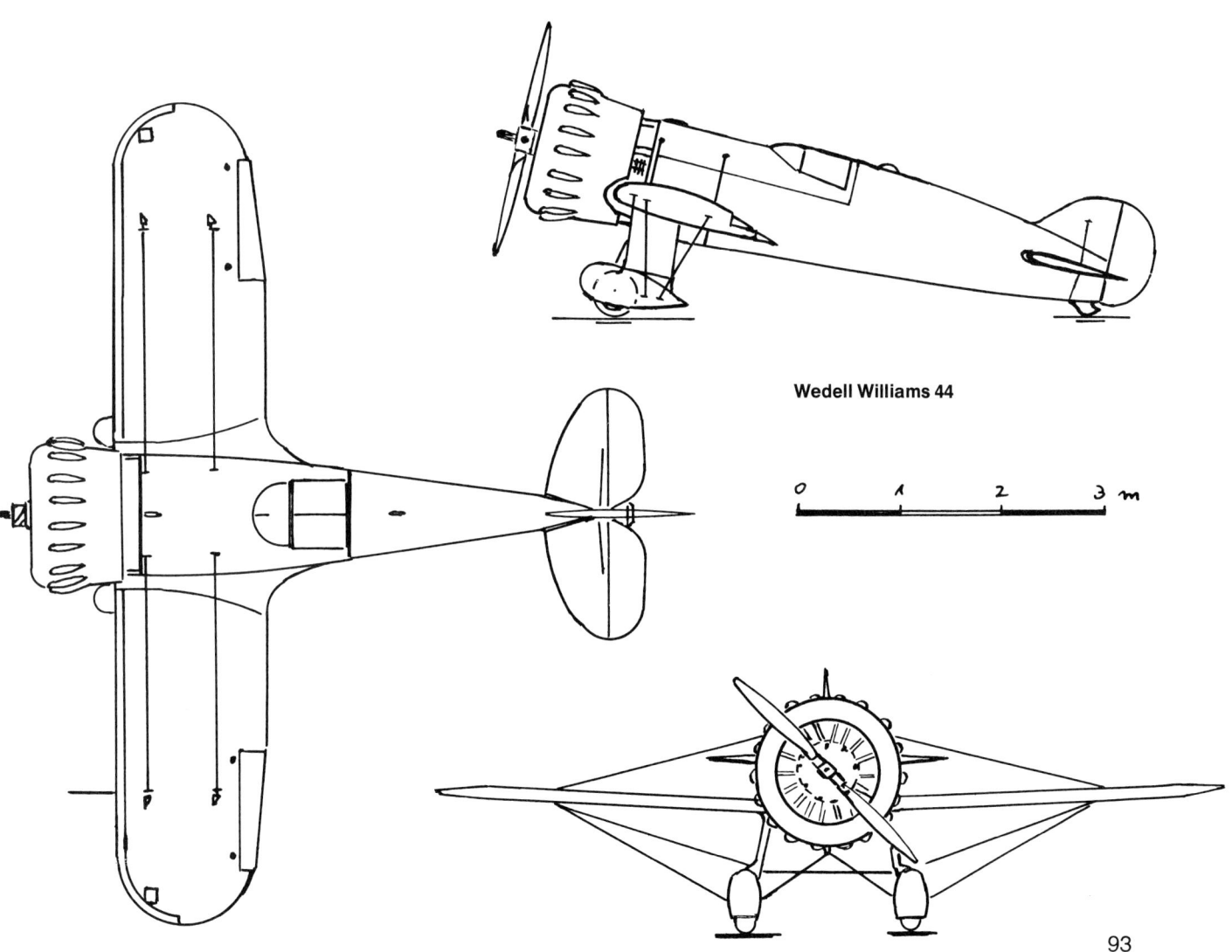

Wedell Williams 44

0   1   2   3 m

93

Etwa zur gleichen Zeit als James R. Wedell in USA den Geschwindigkeits-Weltrekord erneut verbesserte, entstand bei Caudron, einer renommierten und traditionsreichen französischen Flugzeugfirma unter den Händen des Ingenieurs Marcel Riffard bereits der nächste Rekordträger. Bereits 1933 konnte Riffard mit einem zweiten Platz seiner Caudron C.362 im berühmten Coupe Deutsch de la Meurthe Rennen einen beachtlichen Erfolg verbuchen. Von diesem erfolgreichen Typ ausgehend entwickelte er 1933/34 eine überaus schlanke weitgehend aus Holz aufgebaute Rennmaschine, die zum Einsatz im Coupe Deutsch Rennen des Jahres 1934 gedacht war.

Die Struktur der neuen C.460 war weitgehend aus Nußbaum-, Birken- und Rottannenholz aufgebaut. Die Basis des oben und unten gerundeten Rumpfes bestand aus einem Kastenrahmen aus Nußbaumholmen, die mit senkrechten Streben aus dem gleichen Holz ausgesteift und mit Birkensperrholz beplankt waren. Auf die horizontalen Querstreben aus Nußbaum waren Halbspanten aufgesetzt, die mit Stringern aus Rottanne verbunden waren. Die Rumpfoberseite war in voller Länge mit Magnesiumblech beplankt ebenso die Unterseite der Rumpfnase und ihre Seiten, während das Seitenleitwerk oberhalb des Rumpfüberganges mit Sperrholz beplankt war. Die Rumpfseiten waren ebenso wie die Rumpfunterseite mit Leinwand bespannt.

Der Motor, ein luftgekühlter 6-Zylinder Renault 456 mit Kompressor, war hängend eingebaut und bot als Reihenmotor eine sehr geringe Stirnfläche. Das Triebwerk war eine Weiterentwicklung des 4-Zylinder Renault »Bengali« und leistete 300 PS bei 2900 U/min. Bei 3250 U/min war eine Kurzleistung von 325 PS möglich. Als Motorträger dienten Vierkantrohre, die an den oberen Längsholmen des Rumpfes montiert und durch Dreiecksstreben aus Leichtmetall gegen die unteren Rumpfholme abgestrebt waren. Der Motor hatte laut Reglement für das Coupe Deutsch Rennen einen Hubraum von knapp acht Litern und war schwingend aufgehängt. Die seitlichen Verkleidungsbleche der Motorhaube waren ohne großen Aufwand abzunehmen. Zur Kühlung des Motoröls war der untere Teil der Motorverkleidung als Oberflächenkühler ausgebildet, wobei das Öl zwischen zwei aufeinandergenieteten, geprägten Blechen zirkulierte. Die Leistung des Motors wurde über einen Zwei-Stellungs-Verstellpropeller in Vortrieb umgesetzt. Die Ratier Series 1261-Luftschraube bestand aus Metall und verstellte sich bei Erreichen einer Fluggeschwindigkeit von ca. 150 km/h automatisch von der beim Start wirksamen geringen Steigung auf die für den Schnellflug notwendige hohe Steigung. Die Verstellung erfolgte auf ebenso einfache wie wirkungsvolle Weise über ein Luftdrucksystem mit einer Druckplatte in der Spinnernase, die bei dem bei 150 km/h wirksamen Staudruck und die Verstellung herbeiführte.

Die Flächen der Caudron C.460 waren sehr schlank gehalten und zeigten eine Pfeilung von ca. 7°. Ihre Spitzen waren abgerundet. Die Kräfte wurden von zwei konisch zulaufenden Kastenholmen aufgenommen, die aus Nußbaumholmen und Birkensperrholz verleimt waren. Die einteilige Fläche besaß ein symmetrisches Profil, dessen größte Dicke von ca. 13 Prozent bei 35 Prozent der Flächentiefe lag. Der Einstellwinkel betrug +2°. Die Sperrholzrippen waren zur Erhöhung der Profiltreue zwischen den Flügelholmen mit Rottannenstreifen verbreitert, die an den Anschlüssen an die Holme mit senkrechten Stützen aus Rottanne abgefangen waren. Zur Anlenkung der Querruder und Landeklappen diente ein Hilfsholm aus Sperrholz. Die gesamte Fläche war mit Sperrholz beplankt und an vier Punkten mit dem Rumpf verschraubt.

Die Ruderflächen waren ähnlich aufgebaut. Die Querruder wurden über Seilzüge betätigt, während die Landeklappen in Form von Spreizklappen über Torsionsrohre betätigt wurden. Da das Ausfahren der Klappen die Trimmung veränderte und unerwünschte Instabilitätszustände ausgelöst hätte, war die Klappenbetätigung mit der Verstellung des Höhenleitwerkes kombiniert. Wie die Querruder wurden auch Höhen- und Seitenruder über Kabelzüge betätigt.

Delmottes Caudron C.460 mit der Rennnummer 8 und der Baunummer 6907 kurz vor dem Start von einer Graspiste. Mit dieser Maschine erreichte Delmotte erstmalig über 500 km/h unter FAI-Bedingungen, was angesichts der geringen Motorleistung eine hervorragende Leistung darstellt und die Qualität der Konstruktion unter Beweis stellt.

Die C. 460 sollte der erste Geschwindigkeits-Weltrekordträger werden, der mit einem Einziehfahrwerk ausgestattet war. Allerdings bereitete das Fahrwerk zunächst einige Schwierigkeiten. Die drei baugleichen für das Coupe Deutsch Rennen des Jahres 1934 vorgesehenen C. 460 waren ursprünglich mit Charlestop-Einziehfahrwerken ausgestattet. Die Flugerprobung ließ jedoch erkennen, daß diese Fahrwerkskonstruktion unzureichend war, und so wurden die Fahrwerksbeine durch Arretierung der Gelenkstreben zunächst in ein starres Fahrwerk verwandelt. Zur Minderung des Luftwiderstandes wurden die Fahrwerksbeine und Räder mit Verkleidungen versehen. Eine vierte Maschine hatte von Anfang an ein solches festes Fahrwerk und wurde als Typ C. 450 geführt. Der Einsatz im Coupe Deutsch Rennen brachte den Sieg des Typs C. 450 mit Maurice Arnoux im Cockpit und einen dritten Platz für eine der C. 460, die Albert Monville steuerte. Raymond Delomotte, der Star der Caudron-Piloten, fiel kurz vor Schluß des Rennens durch eine defektbedingte vorzeitige Landung aus. Im Rennen hatte Arnoux auf dem in zwei Durchgängen je zehnmal zu durchfliegenden Dreieckskurs von 100 km Länge in seiner schnellsten Runde eine Schnittgeschwindigkeit von 400,4 km/h erreicht, so daß man sich berechtigte Hoffnungen machen konnte, mit einer überarbeiteten Maschine einen neuen Weltrekord zu fliegen. Zu diesem Zweck wurde Delmottes C. 460 mit der Werknummer 6907 mit einem 9,5 Liter Renault 428-Motor mit Kompressor ausgestattet, der eine Startleistung von ca. 370 PS bei 3200 U/min hatte. Diese Maschine hatte inzwischen ein neues Einziehfahrwerk von Messier erhalten, das ölhydraulisch ein- und pneumatisch ausgefahren wurde. Den Öldruck zum Einziehen des Fahrwerkes lieferte eine vom Motor angetriebene Pumpe, die gleichzeitig auch eine Stahlflasche mit Preßluft füllte, die die zum Ausfahren notwendige Energie lieferte. Zusätzlich verfügte der Pilot im Cockpit über eine zweite Druckflasche als Reserve. Für die ordnungsgemäße Verriegelung des Fahrwerkes im ein- bzw. ausgefahrenen Zustand sorgten automatisch betätigte Ventile.

In dieser Ausführung erreichte die Maschine am 25. September 1934 in Istres die neue Weltrekordgeschwindigkeit von 505,848 km/h. Pilot war Raymond Delmotte. Dies war der Auftakt zu einer großen Erfolgsserie. 1935 siegte Delmotte in der Rekordmaschine beim Coupe Deutsch Rennen mit einem Schnitt von 443,965 km/h über die Gesamtdistanz von 2000 km. Dabei fiel gleichzeitig ein neuer Weltrekord mit einem Schnitt von 447,361 km/h über die 1000 km-Distanz ab. Eine weitere C. 460 (Werknummer 6909) kam mit Lacombe im Cockpit auf dem zweiten Platz ein, und Monville vervollständigte als Dritter in der mit einem starren Fahrwerk ausgerüsteten C. 450 den dreifachen Caudron-Erfolg. Arnoux, der mit Schmierungsproblemen am Motor der dritten C. 460 (Werknummer 6908) in der siebten Runde ausfiel, setzte mit einem neuen Rekord über die 100-km-Distanz, die er mit einem Rundenschnitt von 469,361 km/h zurücklegte, einen weiteren Glanzpunkt. Bei diesem Rennen waren die C.460-Maschinen wieder mit dem ursprünglichen 8-Liter-Motor ausgerüstet gewesen, der nun auf eine Leistung von 330 PS gesteigert worden war. Er trieb wiederum eine zweistufig verstellbare Metallluftschraube an, deren Blätter gegenüber der Vorjahresversion jedoch eine geringere Dicke aufwiesen. Die Erfolgsserie war damit jedoch noch keineswegs beendet. Im August 1935 gab es drei neue Weltrekorde der C.460 mit 8-Liter-Renault-Motor. Am 10. August verbesserte Arnoux seinen eigenen Rekord über 100 km auf 476,316 km/h, während Delmotte mit seiner Coupe-Deutsch-Siegermaschine am 24. August den Rekord über die 500-km-Distanz auf 451,200 km/h und über 1000 km auf 450,371 km/h steigern konnte. Auf diesen langen Distanzen trug die Maschine zur Vermeidung von Problemen bei der Ölkühlung auf der linken Seite der Motorhaube einen zusätzlichen Ölkühler.

Mit einem solchen Kühler wurde auch Lacombes Nr. 6909 ausgerüstet, die im Spätsommer 1936 zur Teilnahme an den National Air Races nach Los Angeles verschifft wurde. Diese Maschine besaß einen auf 350 PS gesteigerten Renault 456 Sechszylinder mit Kompressor. Als Piloten hatte man das französische Kunstflug-As Michel Détroyat, der als Chef-Testpilot bei Morane-Saulnier arbeitete, nach Amerika gesandt. Détroyat gewann die über 160 km führende Greve-Trophy mit einem Schnitt von 396 km/h und die berühmte Thompson-Trophy, in der er Earl Ortmann mit einer doppelt so stark motorisierten Maschine bei seiner Siegergeschwindigkeit von 425,286 km/h um 26 km/h distanzierte. Die Amerikaner waren schockiert und sprachen von einem mit immensem Geldaufwand seitens der französischen Regierung entwickelten Prestigeflugzeug, was nicht den Tatsachen entsprach,

Die 6908 von Arnoux verbesserte gleich zweimal den Weltrekord über 100 km. Hier ist die Cockpithaube zum Einsteigen nach vorn geschoben und die Einstiegtür abgenommen.

denn die Maschinen waren einzig und allein von der Firmengruppe Caudron-Renault finanziert worden.

Für das Coupe Deutsch Rennen des Jahres 1936 wurden die Baunummern 6907 und 6908 erheblich umgebaut. Sie erhielten ein neues, die vordere Rumpfkontur nicht mehr überragendes Cockpit, das nur noch seitliche Sichtfenster hatte und ein halbkreisförmiges Seitenleitwerk, um fortan als C.461 eingesetzt zu werden ohne allerdings an ihre früheren glanzvollen Erfolge anknüpfen zu können. Der Typ 461 war die Ausgangsbasis für die mit 450 PS-Renault-Kompressormotoren ausgerüsteten Typen C.560 und 561. Doch eine Reihe von technischen Problemen sollte den Start dieser mit 12-Zylinder-V-Motoren ausgerüsteten Maschine im Coupe Deutsch Rennen des Jahres 1936 verhindern. Ein umrühmliches Ende sollte auch die in USA so erfolgreich eingesetzte 6909 finden. Beim Versuch, einen neuen absoluten Geschwindigkeits-Weltrekord für Frauen aufzustellen, geriet diese Maschine ihrer Pilotin Maryse Hilsz zweimal hintereinander außer Kontrolle, so daß die Pilotin schließlich mit dem Fallschirm abspringen mußte.

Technische Daten der Caudron C. 460:
(Rekordausführung 6907)

Spannweite	6,75 m
Rumpflänge	7,12 m
Höhe	1,81 m
tragende Fläche	7,00 m²
Leergewicht	590 kg
Treibstoff- und Öl-Zuladung	275 kg
maximales Fluggewicht	950 kg
Flächenbelastung	136 kg/m²
Leistungsbelastung	2,57 kg/PS
Motor:	Renault 428/6-Zylinder-Reihenmotor mit Kompressor, luftgekühlt
Leistung:	max. ca. 380 PS
Rekordleistungen:	505,848 km/h
Pilot:	Raymond Delmotte
Ort:	Istres
Datum:	25. 9. 1934
	außerdem: Weltrekord über 100 km Strecke: 469,361 km/h (Arnoux) 476,316 km/h (Arnoux) 500 km Strecke: 451,200 km/h (Delmotte) 1000 km Strecke: 450,371 (Delmotte)

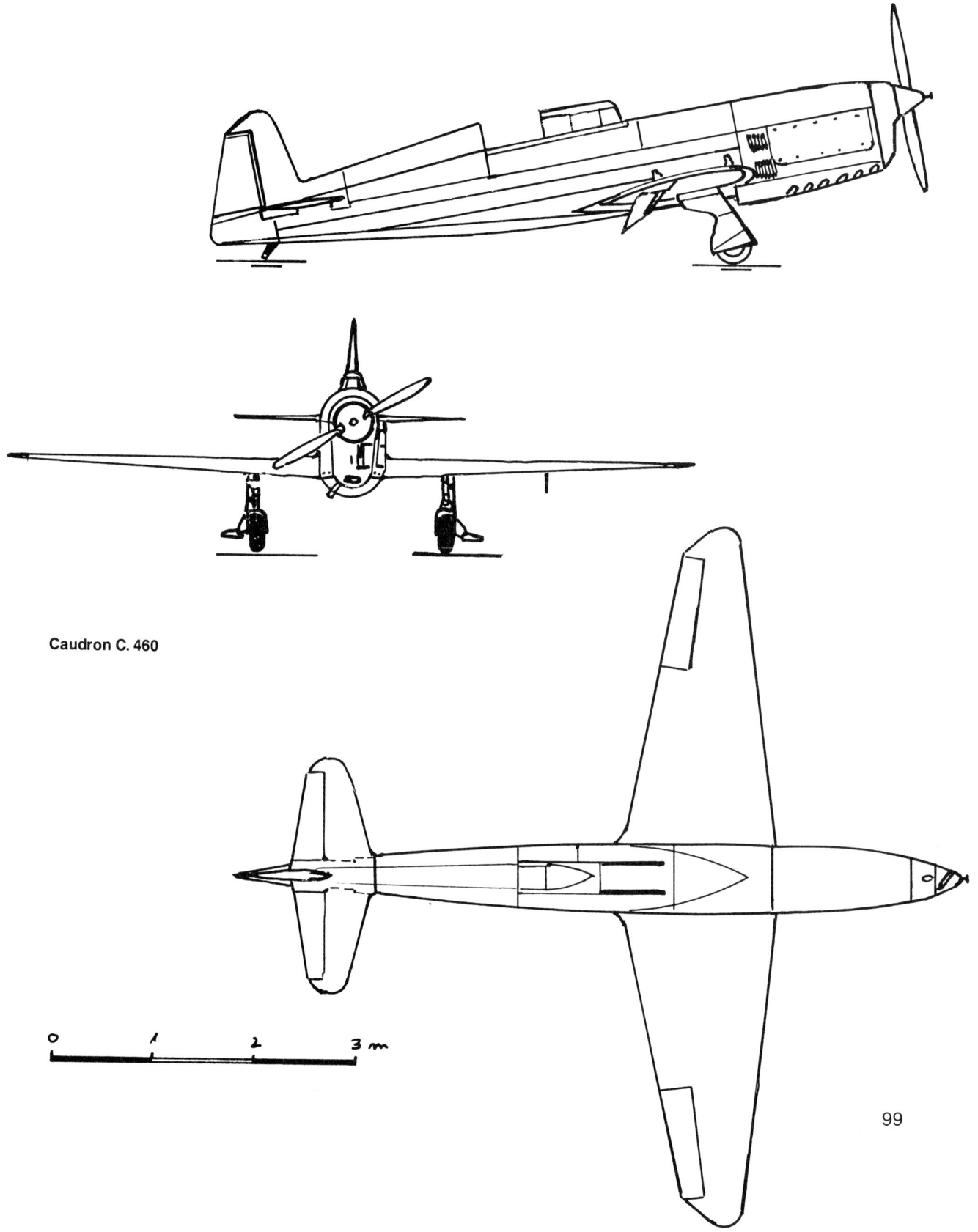

Caudron C. 460

0   1   2   3 m

99

Die Publicity der National Air Races übte eine beträchtliche Anziehungskraft auf Flugzeugbauer, Piloten und die Entwicklung neuer Renn- und Rekordmaschinen sponsornde Firmen aus und verfehlte auch ihre Wirkung auf den amerikanischen Industriellen Howard Hughes nicht. Der junge Industrielle war begeisterter Flieger und dank seines Vermögens in der Lage, die kostspielige Entwicklung einer Hochleistungsmaschine selbst zu finanzieren. Etwa gegen Ende des Jahres 1933 entwickelte er den Plan für eine aerodynamisch hochwertige Rennmaschine in Gemischtbauweise, die er mit einem Doppelsternmotor der 1000 PS-Klasse ausstatten wollte. Als Konstrukteur gewann Hughes Richard Palmer, der später als Konstrukteur bei Vultee bekannt werden sollte. In rund 18monatiger Bauzeit schuf Palmer in Culver City mit einem kleinen Team qualifizierter Handwerker die erste Hughes-Maschine, die zum vielbeachteten Entree der Firma Hughes im Kreise der Flugzeughersteller werden sollte.

Die unter strengster Geheimhaltung gebaute Maschine besaß einen sehr schlanken Ganzmetall-Rumpf, dessen aerodynamische Qualität durch Glattnietung und bündig gestoßene Beplankungsbleche erheblich gesteigert wurde. Die Motorhaube war glockenförmig gestaltet und erzeugte durch die Aufheizung der Kühlluft und deren Austritt durch einen düsenähnlich gestalteten Ringspalt einen geringen zusätzlichen Schub. Das Höhenleitwerk bestand wie der Rumpf aus Duraluminium und war ebenfalls glatt genietet. Es war ebenso wie das Seitenleitwerk in die Rumpfkonstruktion integriert. Höhen- und Seitenruder besaßen ein Gerippe aus Duralrohr, waren stoffbespannt und mittels Ausgleichsflächen und Massenausgleich statisch ausgeglichen. Ebenso wie die Leitwerke bildete auch der großzügig ausgerundete und weit nach hinten gezogene Flächenansatz einen Bestandteil des Rumpfes.

Hughes ließ für diesen Rumpf zwei Flächenpaare in Gemischtbauweise aus Holz und Duraluminium bauen. Die größere Fläche hatte eine Spannweite von 9,75 m und war für die Teilnahme an der transkontinentalen Bendix-Trophy gedacht, während ein zweites Flügelpaar mit nur 7,625 m Spannweite als Hochgeschwindigkeitsflügel für die Thompson-Trophy gedacht war. Hughes plante ursprünglich, sich an den National Air Races des Jahres 1936 zu beteiligen, zog aber seine Meldung zurück, als sich abzeichnete, daß er mit seiner konkurrenzlosen Maschine von vornherein als Sieger festgestanden hätte.

Die Tragflächen waren mit Sperrholz beplankt und zusätzlich mit Ballonseide überzogen, deren Struktur durch eine mehrschichtige Lackierung überdeckt wurde. Beide Flügelpaare hatten eine schwache Pfeilung von ca. 3° und eine leichte V-Form von 7°. Die Querruder besaßen ein Gerippe aus Duralrohr und waren wie die Höhen- und Seitenruderflächen stoffbespannt. Während die Landeklappen bei der großen Fläche motorisch betätigt wurden, beschränkte man sich bei der kurzen Fläche auf eine manuelle Betätigung, um Gewicht zu sparen.

Auch Howard Hughes entschied sich bei seiner Maschine für ein Einziehfahrwerk, dessen Beine zugleich die Fahrwerkabdeckungen bildeten. Die aus zwei starken Blechen mit dazwischenliegenden Versteifungsprofilen bestehenden Fahrwerksbeine hatten eine Spurweite von 3,05 m und schwenkten nach innen. Die Betätigung erfolgte hydraulisch. Die Gelenkarme zum Einziehen des Hauptfahrwerkes setzten unmittelbar über den kleinen, mit hydraulischen Bremsen versehenen Rädern an. Die Federung erfolgte auf öl-pneumatischem Wege. Zusammen mit dem unmittelbar hinter der Flügelnase liegenden Fahrwerk wurde auch der mit einem hydraulischen Stoßdämpfer versehene Sporn eingezogen.

Als Triebwerk verwendete Hughes in seiner

Aalglatt und aerodynamisch sauber ausgefeilt war die Hughes H-1, mit der Howard Hughes 567,115 km/h erreichte. Dieses Bild zeigt die Langflügel-Version, mit der Hughes auf der Strecke Los Angeles – New York einen Schnitt von 518 km/h erreichte. Sehr gut zu erkennen ist die Vortrieb liefernde und widerstandsmindernde glockenförmige Motorhaube.

Frontansicht des Rekordvogels mit 1000 PS Wasp Junior Motor. Das Foto läßt sehr gut die interessante Fahrwerkskonstruktion erkennen.

H-1 einen Pratt & Whitney Twin Wasp Doppelsternmotor, dessen 14 Zylinder in einer Höhe von 8500 Fuß (2590 m) eine Nennleistung von 700 PS lieferten. Kurzzeitig gab das Triebwerk jedoch in Bodennähe ca. 1000 PS ab, die über einen Hamilton-Standard constant-speed-Metallpropeller in Vortrieb umgesetzt wurden. Die Tanks besaßen ein Fassungsvermögen von 250 US-Gallonen (= 946 l) und waren zum Teil im Rumpf und teils in den Tragflächen untergebracht.

Die Leistungsfähigkeit seiner 1935 fertiggestellten Maschine stellte Hughes am 13. September 1935 in Santa Anna unter Beweis, als er unter FAI-Bedingungen über die 3 km-Distanz einen neuen Geschwindigkeitsweltrekord mit 567,115 km/h aufstellte. Bei diesem Rekordflug war der Rumpf mit den kurzen Tragflächen ausgestattet. Mit der Langflächen-Version flog Hughes am 17. Januar 1937 die Strecke Los Angeles-New York in sieben Stunden acht Minuten und zehn Sekunden, was einem Durchschnitt von 518 km/h entsprach und einen neuen Rekord für diese

102

Howard Hughes vor seiner H-1 mit kurzen Flügeln, mit der er den FAI-Geschwindigkeitsrekord auf 567,115 km/h schraubte.

Strecke bedeutete, der acht Jahre lang Bestand haben sollte, während der Weltrekord über drei Kilometer knapp 26 Monate bestand. Die Hughes H-1 kam 1937 in einen klimatisierten Hangar im Hughes Stammwerk in Culver City.

Techn. Daten der Hughes H-1 »Special« (Rekordversion):

Spannweite	7,625 m
Rumpflänge	8,235 m
tragende Fläche	12,82 m²
Fluggewicht	2497 kg
Flächenbelastung	194,2 kg/m²
Leistungsbelastung	2,5 kg/PS
Motor	Pratt & Whitney Twin Wasp-Junior
	14 Zylinder-Sternmotor, luftgekühlt
	Leistung ca. 1000 PS
Rekordleistung:	567,115 km/h
Pilot:	Howard Hughes
Ort	Santa Anna
Datum:	13. 9. 1935

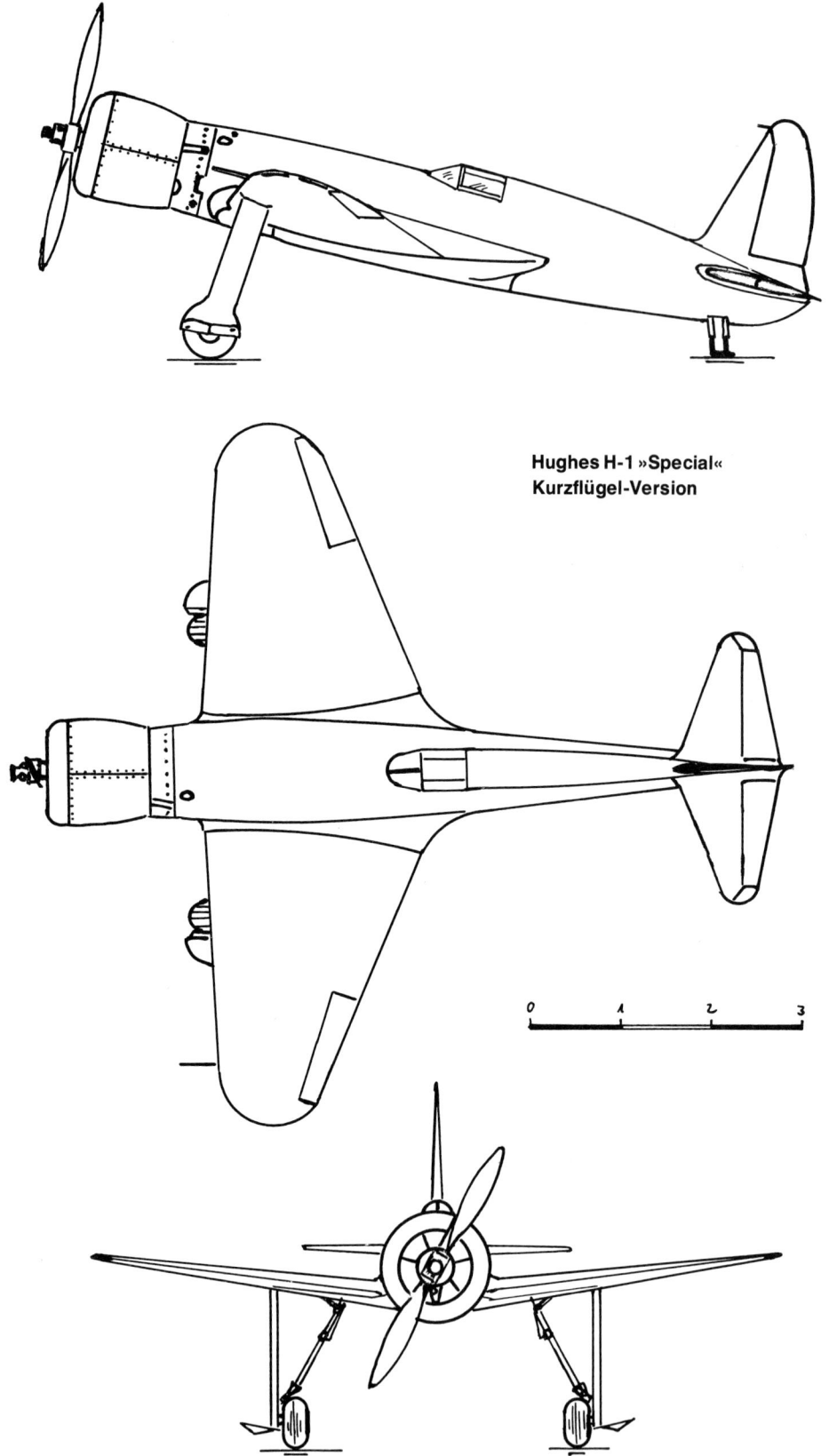

Hughes H-1 »Special«
Kurzflügel-Version

0   1   2   3

Im Zeichen der deutschen Aufrüstung gab das neue Reichsluftfahrtministerium (RLM) 1933 die Ausschreibung für ein leichtes Jagdflugzeug heraus, für die die Firmen Arado, Focke Wulf und Heinkel Entwürfe einreichen und auch entsprechende Entwicklungsaufträge erhalten hatten. An der Firma Bayerische Flugzeugwerke AG war man zunächst vorbeigegangen. Erst als die übrigen Firmen bereits die Arbeit an ihren Projekten aufgenommen hatten, wurde die aus dem Udet-Flugzeugbau hervorgegangene Firma, in der 1926 auch der Flugzeugbau Messerschmitt aufgegangen war, in das Entwicklungsprogramm für den leichten Jäger einbezogen, nachdem der Kon-

struktionschef bei den Bayerischen Flugzeugwerken Dipl.-Ing. Willy Messerschmitt mehrfach beim RLM interveniert hatte.

Die Firma BFW konnte mit ihrem Entwicklungsteam Willy Messerschmitt, Robert Lusser als Projektchef und Richard Bauer als Konstruktionsleiter erst im April 1934 mit den Projektarbeiten beginnen. Die eigentliche Konstruktionsphase setzte im Sommer 1934 ein. Bis Herbst 1935 sollten laut RLM-Auftrag drei Versuchsflugzeuge der Typennummer 109 fertiggestellt sein. Der Auftrag des RLM unterschied sich von den Entwicklungsaufträgen der Wettbewerber, die bereits das Prototypen-Stadium erreicht hatten, dadurch,

Der Prototyp der Bf 109, die D-IABI, die Ende Mai 1935 erstmals mit einem Rolls-Royce Kestrel Motor flog.

daß Messerschmitt bei seiner Entwicklung nicht fest an die ursprünglichen Ausschreibungsbedingungen gebunden war. Etwa zur gleichen Zeit absolvierte mit der Me 108 Taifun ein geradezu revoltionäres Flugzeug bei BFW am 13. Juni 1934 seinen Jungfernflug. Die Reisemaschine war ein freitragender Tiefdecker in Ganzmetallbauweise mit Einziehfahrwerk und geschlossener Kabine, der die Marschrichtung bei der nun anstehenden Jägerentwicklung vorwegnahm.

Die Bf 109, wie der neue Jäger Messerschmitts heißen sollte, war in Ganzmetallbauweise konzipiert. Der Rumpf war als tragende Schale ausgebildet. Das Cockpit war geschlossen und voll verglast. Die Haube bot eine recht gute Sicht und ließ sich zum Ein- und Aussteigen nach rechts aufklappen.

Die freitragenden Tiefdeckerflächen waren in der von Messerschmitt entwickelten Einholm-Bauweise mit verdrehsteifer Nase konstruiert. Die RLM-Ausschreibung forderte, für den noch in der Entwicklung stehenden stärksten deutschen Flugmotor eine kleinstmögliche Zelle zu schaffen, was unvermeidlich auf eine extrem hohe Flächenbelastung herauslaufen mußte. Aus diesem Grunde entschied sich Messerschmitt für hochwirksame Auftriebshilfen wie große Schlitzlandeklappen. Um im Langsamflug optimale Flugeigenschaften zu erzielen, gab er der Maschine zudem Schlitzquerruder und automatische Vorflügel.

Das nach außen einfahrende Fahrwerk war an den Flächenwurzeln angelenkt – eine Lösung, die infolge der geringen Spurweite allerdings zahlreiche Probleme barg, die nie voll ausgeräumt wurden.

Das Höhenleitwerk war in Normalbauweise in Metall erstellt und gegen den Rumpf abgestrebt. Die Ruderflächen waren stoffbespannt, während die Flosse eine Duralbeplankung besaß. Als Triebwerk war ursprünglich ein deutscher Motor vom Typ Jumo 210 oder Daimler Benz DB 601 vorgesehen. Da beide Triebwerke jedoch noch nicht zur Verfügung standen, wich Messerschmitt wie seine Konkurrenten auf den Rolls-Royce Kestrel V, einen V12-Motor mit einer Startleistung von 695 PS aus.

Der Erstflug der Bf 109V1 mit der Werk-Nr. 758 und dem Kennzeichen D-IABI fand unter Hans Dietrich Knoetzsch, dem Testpiloten von BFW, nach jüngsten Erkenntnissen bereits Ende Mai 1935 und nicht wie bisher stets angenommen erst im September 1935 statt, so daß sich für Projektierung, Konstruktion und Bau des Prototyps eine überaus kurze Zeit von nur ca. 13 Monaten ergibt.

Bereits bei den ersten Rollversuchen zeigte sich die Problematik des Fahrwerkes, die das Flugzeug durch alle Baureihen hindurch begleiten sollte. Der Prototyp wurde vor seinem Erstflug beschädigt, weil sein Fahrwerk bei Rollversuchen zusammenbrach. So mußte die Maschine, deren Fluggewicht 1900 kg betrug, ihre ersten Flüge nach Reparatur der Beschädigungen der Zelle mit einem durch eine Achse gespreizten Fahrwerk absolvieren. Die Werkserprobung war im Oktober 1935 soweit abgeschlossen, daß Knoetzsch die Bf 109V1 zur Erprobungsstelle Rechlin überführen konnte, wo bei der Landung erneut das Fahrwerk zusammenbrach. Nach erneuter Reparatur stieß die Maschine gegen Ende Oktober in Travemünde in einem Vergleichsfliegen auf ihre Konkurrenten, von denen sich nur die He 112 als ebenbürtig erwies. Zum Erstaunen aller Beteiligten war es Messerschmitt auf Anhieb gelungen, der ursprünglich als überlegen eingestuften Firma Heinkel Paroli zu bieten.

In der Geschwindigkeitsprüfung erwies sich

die Bf 109V1, die mit ihrem Zweiblatt-Holzpropeller eine Höchstgeschwindigkeit von 470 km/h erreichte, der schwereren aber mit dem gleichen Triebwerk ausgerüsteten He 112 leicht überlegen. Dasselbe galt auch für die Steigleistung. Am Boden sammelte die erheblich sicherer rollende Heinkel-Maschine, die auch infolge ihres höheren Bauaufwandes aerodynamisch sauberer war, Pluspunkte. Da sich das RLM nicht für einen der beinahe gleichwertig erscheinenden Typen entscheiden wollte, erhielten beide Werke zunächst einen Liefervertrag für je zehn Maschinen. Schließlich sollte sich Messerschmitt, der die Konstruktion des Prototyps mit einigen wenigen und zudem geringfügigen Änderungen wie Verbreiterung der Fahrwerksspur, einigen Verstärkungen und Umrüstung auf den Jumo 210A für die Serienfertigung übernehmen konnte, durchsetzen. Mit einer Gesamtproduktion von rund 35000 Exemplaren sollte die »109« sogar zum meistgebauten deutschen

Flugzeugtyp und zum meistgebauten Jäger der Welt werden.

Ihre erste öffentliche Vorstellung erlebte die Bf 109V1 anläßlich der olympischen Spiele 1936. Die internationale Premiere fand im Juli 1937 anläßlich des internationalen Flugmeetings in Zürich statt, wo drei Bf 109 starteten und ihr Leistungsvermögen deutlich unter Beweis stellten. Major Seidemann flog die ab Sommer 1937 in Großserie gehende Bf 109B-2, die mit einem Jumo 210Ea mit Zweistufenlader ausgerüstet war und über eine Antriebsleistung von 680 PS verfügte. Die mit einem Hamilton-Standard Zweiblatt-Metallpropeller ausgestattete Maschine Seidemanns siegte in der Geschwindigkeitskonkurrenz über eine Rundstrecke von 202 km, in der Klasse A des internationalen Alpenrundfluges für Militärflugzeuge und beim internationalen Patrouillenflug. Der Rechliner Testpilot Francke flog die Bf 109V13 (D-IPKY), die der Baureihe D-0 angehörte und als Triebwerks-

Die Rekordmaschine Bf 109V13 (D-IPKY), die Francke in Zürich erfolgreich flog. Die Maschine erhielt danach anstelle ihres ursprünglich eingebauten hoch frisierten DB 600 A-Motors einen extrem frisierten DB 601-Spezialmotor, der die Weltrekordgeschwindigkeit von 610,950 km/h ermöglichte.

versuchsträger diente. Er beherrschte mit dieser Maschine die Steig- und Sturzflug-Konkurrenz. Das Flugzeug war mit einem DB 600A-Motor ausgerüstet, der auf Höchstleistung getrimmt war. Den gleichen Motor besaß die Bf 109V10 (D-ISLU), deren Zelle der ab Herbst 1937 in Serie gebauten C-1 entsprach. Diese Maschine diente ebenfalls zu Triebwerksversuchen und war zuvor mit einem Jumo 210Ga ausgerüstet gewesen. Sie wurde zum Versuchsmuster für die D-Serie. Udet kam allerdings mit dem hoch frisierten Motor, der in der Serienausführung 960 PS hergab, nicht zurecht, was zu einem Triebwerksausfall führte. Bei der Notlandung ging die V10 fast völlig zu Bruch.

Die Bf 109V13 wurde nach dem Züricher Meeting an das Herstellerwerk zurückgegeben und erhielt einen extrem frisierten DB 601-Spezialmotor mit 30 Litern Hubraum, der zwar nur eine kurze Lebensdauer hatte aber eine Leistung von 1650 PS abgab. Mit diesem Motor und einem in den Heddernheimer Kupferwerken, die zu den Vereinigten Deutschen Metallwerken (VDM) gehörten, hergestellten Zweiblatt-Metall-Verstellpropeller flog der BFW-Chefpilot Dr. Hermann Wurster am 11. November 1937 in Augsburg mit 610,950 km/h den ersten von der FAI anerkannten Geschwindigkeits-Weltrekord eines deutschen Flugzeuges über die 3 km-Distanz. Der FAI wurde die Rekordmaschine als Bf 113 mit einem 950 PS DB 600 12-Zylinder-Motor gemeldet und dort auch so registriert.

Die prestigeträchtige Rekordleistung wurde sofort propagandistisch ausgeschlachtet. So meldete die »Berliner illustrierte Nachtausgabe«, daß Dr. Wurster nach dem Rekordflug erklärt habe, daß die Rekordmaschine in größerer Höhe wegen des bedeutend geringeren Luftwiderstandes ohne weiteres eine Geschwindigkeit von 860 km/h erzielen könne und damit auch in der Lage sei den absoluten Geschwindigkeitsrekord zu brechen, der von dem italienischen Wasserflugzeug Macchi-Castoldi MC-72 mit 708 km/h gehalten wurde. Dabei wurde jedoch verschwiegen, daß der Rekord der MC-72 unter den gleichen Bedingungen wie bei Landflugzeugen also mit einer Höhenbeschränkung auf weniger als 100 m erzielt worden war. Trotz dem beachtlichen Propagandawirbel und der Bedeutung, die die Bf-109V13 hatte, sind von dieser speziellen Maschine keine technischen Daten und Zeichnungen erhalten geblieben, was einmal durch die Geheimhaltung technischer Daten in der Vorkriegs- und Kriegszeit und zum anderen durch die Vernichtung der Werksunterlagen im Kriege zu erklären ist. So bleibt der technische Steckbrief dieser Maschine recht dürftig.

Technische Daten der Bf 109V13: (Rekordausführung)

Spannweite	9,90 m
Rumpflänge	8,70 m
Fluggewicht	ca. 1900 kg
Motor	DB 601 V12 mit hängenden Zylindern Kurzleistung für Rekordversuch 1650 PS
Luftschraube	VDM-Zweiblatt-Verstellpropeller aus Metall
Rekordleistung:	610,950 km/h
Pilot:	Chefpilot Dr. Hermann Wurster
Ort:	Augsburg
Datum:	11. 11. 1937

Rekordpilot
Dr. Wurster
beim Einsteigen
in die Rekord-
maschine, de-
ren Haube sich
nach rechts
aufklappen ließ.

23   Heinkel He 100V8 (alias He 112 U)
Deutschland   1939

Die Entwicklung der He 100 resultierte aus einer Trotzreaktion Ernst Heinkels, der sich durch die Entscheidung des RLM zugunsten der Bf 109 plötzlich aus der Entwicklung von Jagdflugzeugen ausgebootet sah, obwohl bei Vergleichsfliegen seine He 112 und Messerschmitts Bf 109 mit nahezu gleichwertigen Glanzleistungen brilliert hatten. Heinkel wollte sich keineswegs mit der Entscheidung des RLM abfinden, nach der er zukünftig nur noch Bomber bauen sollte, während die Jäger Messerschmitts Domäne bleiben sollten. Auf Udets Prognose, daß die Bf 109 mit den zu erwartenden leistungsstärkeren Motoren bis auf 600 km/h gebracht werden könne, machte sich Heinkel stark, einen 700 km/h-Jäger zu entwickeln, dessen erster Prototyp bereits Ende 1937 fertiggestellt sein könne.

Dabei baute Heinkel weniger auf erwartete Höchstleistungen neuer Motoren als auf eine bis in die letzten Feinheiten ausgefeilte Aerodynamik.

Das Konzept der geplanten He 100 wurde von Heinkel am 25. Mai 1937 festgelegt. Die Maschine sollte als Rekordflugzeug ausgelegt sein, das eine Weiterentwicklung zum Jagdeinsitzer erlaubte. Auf diese Weise wollte sich Heinkel seinem Konkurrenten Messerschmitt, der gerade Rekordversuche mit seiner Bf 109 vorbereitete, nicht nur im Kampf um den Weltrekord sondern auch um die Gunst des RLM stellen, denn er hoffte immer noch, daß in der

Frage des Jagdflugzeug-Lieferanten noch nicht das letzte Wort gesprochen war.

Heinkel stellte sich sein Rekordflugzeug als aalglatten Tiefdecker mit minimalem Stirnwiderstand vor. Als Triebwerk war der neue DB 601 vorgesehen, der in Kürze serienreif sein sollte. Dieser Motor sollte 1100 PS leisten, mußte sich aber aller Voraussicht nach für einen Rekordversuch auf 1600 bis 1800 PS frisieren lassen, wenn man die Kompression erhöhte und entsprechende Treib- und Schmierstoffe verwendete. Um von den voluminösen und viel Widerstand erzeugenden Wasser- und Ölkühlern loszukommen, entschied sich Heinkel für eine Oberflächenkühlung nach dem Vorbild der englischen und italienischen Schneider-Trophy-Racer, der damals schnellsten Flugzeuge der Welt. Wegen der Beschußempfindlichkeit wollte Heinkel allerdings kein unter der Beplankung verlegtes System von Kühlröhren vorsehen sondern entschied sich für eine Verdampfungskühlung. Dabei kam ihm zustatten, daß der DB 601 relativ hohe Betriebstemperaturen vertrug und mit einer Druckkühlung ausgestattet war, die es erlaubte, die Kühlwassertemperatur auf 110°C ansteigen zu lassen, ohne daß sich Dampf im Motor bildete. Nach Verlassen des Motors sollte sich das überhitzte Wasser entspannen und Dampf bilden, der in einem dem Motor nachgeschalteten Dampfabscheider vom Kühlwasser getrennt und in die dichtgeniete-

Die He 100V8 nach dem Rekordflug. Rekordpilot Dieterle wird von Oberingenieur J. Köhler stürmisch umarmt.

Seitenansicht der He 100V8 in der Rekordausführung mit lang vorgezogener Frontscheibe und kurzer Tragfläche.

ten Flügel geleitet wurde. Dort kondensierte der Dampf und wurde durch Pumpen wieder dem Kühlkreislauf zugeführt. Schließlich gelang es sogar, einen Überdruck in den Tragflügeln zu vermeiden, so daß selbst bei einer angenommenen Beschädigung der Tragflächen durch Beschuß die Dampfverluste relativ gering waren. Für die Ölkühlung gedachte Heinkel ebenfalls, das bewährte Schneider-Trophy-Konzept zu kopieren und das Öl in den Leitwerken auf dem Wege der Oberflächenkühlung herunterzukühlen. Das heiße Motoröl sollte nach Heinkels Vorstellungen in einem Wärmetauscher seine Wärme an Methylalkohol abgeben, der bei 65°C siedet. Der bei dieser Temperatur entstehende Methanoldampf sollte zur Kondensation in die dichtgenieteten Leitwerke geleitet werden, worauf das Kondensat in den Wärmeaustauscher zurückgepumpt werden sollte. Der DB 601 machte allerdings einen Strich durch dieses Konzept, denn er führte immense Wärmemengen über das Öl ab, die sich selbst dann nicht vollends ableiten ließen, wenn man neben den Leitwerken auch Teile der Rumpfoberfläche zur Wärmeableitung nutzte. So mußte schließlich doch ein zusätzlicher kleiner konventioneller Ölkühler eingebaut werden.

Die Entwicklung der Prestige-Maschine mit der programmatischen Projektnummer 100 legte Heinkel in die Hände seines technischen Assistenten Prof. Dr. Hertel und des begabten Aerodynamikers Siegfried Günter, die ein bildschönes schlankes Flugzeug, einen Tiefdecker mit hochgesetztem Höhenleitwerk und einem breitspurigen nach innen einziehbaren Fahrwerk schufen. Die stabilen Federbeine fuhren in den eine leichte negative V-Form von ca. 3° zeigenden praktisch rechteckigen Mittelflügel ein, an den die Außenflügel mit einer V-

Form von +5° angesetzt waren. Mit den stabilen Federbeinen des breitspurigen Fahrwerkes vermied Heinkel bewußt die schon alltäglichen Fahrwerksprobleme der Bf 109.

Der 12-Zylinder-V-Motor DB 601 hatte hängende Zylinder und trieb 1,55:1 untersetzt eine im Fluge verstellbare VDM-Dreiblatt-Ganzmetall-Luftschraube an, die sich entgegengesetzt zur Motordrehrichtung rechtsläufig drehte.

Die Konstrukteure der He 100V1 hatten der Oberflächenkühlung von Anbeginn nicht so recht getraut und als stille Reserve einen einziehbaren, konventionellen Bauchkühler als Zusatzkühler vorgesehen. Diese Maßnahme erwies sich in der Praxis durchaus als notwendig, denn unter dem Einfluß der abgeleiteten großen Wärmemengen und hohen Temperaturdifferenzen zwischen den verschiedenen Teilen der Zelle kam es zu starken Verwerfungen der Beplankung und zu Beschädigungen der Zelle. Selbst eine Vergrößerung der Kühlflächen und der Einbau von Verstärkungen brachten keine wesentliche Besserung, weshalb der zweite Prototyp einen größeren Bauchkühler erhielt. Trotz dieser Probleme erwies sich das neue Flugzeug als überaus leistungsfähig, was ein improvisierter Rekordflug mit Udet am Steuer unter Beweis stellte. Anläßlich eines Besuches zu Pfingsten des Jahres 1938 flog Udet, der das Baumuster schon einmal während der seit März 1938 laufenden Flugerprobung der He 100V1 geflogen hatte, am 5. Mai 1938 auf der Strecke Müritz-Wustrow-Müritz mit einem serienmäßig 1100 PS abgebenden DB 601 A mit der He 100V2 in einer Flughöhe von 5500 m einen neuen Geschwindigkeits-Weltrekord über 100 km Strecke, wobei er eine Durchschnittsgeschwindigkeit von 634,73 km/h erzielte und

Die He 100 V10 erhielt die Flächen der Rekordmaschine und wurde als Rekordflugzeug He 112 U im Deutschen Museum gezeigt.

Dieterle im Cockpit einer He 100 mit planer Frontscheibe. Dieses Foto zeigt sehr schön die saubere Linienführung der Motorverkleidung.

den alten Rekord einer zweimotorigen Breda 88 um 80 km/h überbot.

Als nächstes Ziel visierte Heinkel nun den absoluten Geschwindigkeitsweltrekord, den die Italiener seit 1934 mit einer MC 72, einem Wasserflugzeug, das 709,209 km/h erreicht hatte, hielten, und natürlich auch den vom Messerschmitt im November 1937 eroberten Weltrekord für Landflugzeuge an.

Als Rekordflugzeug war die He 100V3 ausersehen, die im April 1939 fertiggestellt war. Sie besaß eine von 9,40 m auf 7,40 m verringerte Spannweite, womit sich die Flügelfläche von ursprünglich 14,4 m² auf nur 11,0 m² verringerte. Dies war im Hinblick auf die ohnehin kritische Oberflächenkühlung keine günstige Perspektive. Das Unheil kam allerdings unerwartet von einer anderen Seite. Während eines Testfluges verklemmte sich ein Bein des sonst so zuverlässigen Fahrwerkes. Mit einem ausgefahrenen Bein war die Maschine nicht zu landen. Ihr Pilot Nitschke mußte aussteigen, seine Maschine zerschellte in der Nähe des Werksflugplatzes in Rostok.

Da die Versuchsmaschinen V4 bis V7, die alle die ursprünglichen langen Tragflächen besaßen, bereits für eine Reihe wichtiger Erprobungsaufgaben verplant waren, konnte erst die V8 als Ersatz-Rekordflugzeug mit den kleinen Tragflächen und einer erneut gegenüber der V3 verbesserten strömungsgünstigeren Cockpitverglasung hergerichtet werden. Sie besaß eine nun einwandfrei arbeitende Oberflächenkühlung für Wasser und Öl. Als Antrieb erhielt die Maschine den DB 601 Rekordmotor Typ V, von dem nur drei Exemplare gebaut worden waren. Dieser Motor erreichte bei einer Höchstdrehzahl von 3100 U/min für die Dauer von fünf Minuten eine Höchstleistung von 2770 PS in Boden-

Generalmajor Udet und Ernst Heinkel vor der He 100V2, mit der Udet einen neuen Weltrekord über 100 km aufstellte. Diese Maschine war zur besseren Ortung leuchtend gelb gespritzt, während die He 100V8 hochglanzpoliert war und einen farblosen Korrosionsschutzanstrich trug.

114

nähe. Der Motor war mit einem Bodenlader ausgerüstet und wurde mit C 2-Kraftstoff und einem erheblichen Alkoholzusatz betrieben. Zur Kühlung der Ladeluft wurde außerdem vor dem einstufigen Daimler Benz Schleudergebläse Alkohol in das Ansaugrohr gespritzt. Als Schmiermittel wurde ein Spezialöl verwendet, das allerdings an der nur auf eine Stunde Laufzeit bemessenen kurzen Lebensdauer des Motors nichts zu ändern vermochte.

Am Nachmittag des 30. März 1939 ging als Ersatzpilot für den seit seinem Absprung aus der He 100V3 immer noch verletzten Testpiloten Nitschke der erst 23-jährige Einflieger Hans Dieterle nach einem kurzen Probeflug in der auf Hochglanz polierten He 100V8 bei idealem Flugwetter um 17.25 Uhr in Oranienburg die Meßstrecke zum erstenmal an. Sieben Minuten später hatte er sie bereits viermal vorschriftsmäßig durchflogen und mit einer Durchschnittsgeschwindigkeit von 746,604 km/h einen neuen Geschwindigkeits-Weltrekord über 3 km aufgestellt. Trotzdem sollte es bei der Entscheidung des RLM für Messerschmitt als Jägerlieferant bleiben.

Die He 100V9, die ursprünglich als Prototyp für den aus dem Rekordflugzeug zu entwickelnden und nunmehr hinfälligen Heinkel-Jäger gedacht war, wurde nach kurzer Erprobung zu Bruchversuchen verwendet. Die V10 wurde schließlich mit den Flächen der Rekordmaschine versehen in Luftwaffenlackierung als Rekordflugzeug präsentiert. Sie wanderte unter der Propaganda-Bezeichnung He 112 U, die auch in die FAI-Rekordliste einging, ins Deutsche Museum, wo sie 1944 bei einem Luftangriff zerstört wurde. Die restlichen Versuchsmaschinen wurden schließlich nach Abschluß des Nichtangriffspaktes mit der Sowjetunion an die UdSSR verkauft. Zwei

nachfolgende Serien erlangten keine große Bedeutung. Die He 100 D-O/Klein-Serie wurde nach Japan verkauft. Vier He 100 D-1 Serienflugzeuge, die wie die drei He 100 D-0-Maschinen von Heinkel auf eigenes Risiko aufgelegt worden waren, dienten dem RLM als He-113 mit Phantasie-Staffelabzeichen zu Propaganda-Aufnahmen, nachdem acht weitere Maschinen als Werkschutz-Staffel in Marienehe eingesetzt gewesen waren. Als interessantes Detail ist anzumerken, daß bei der He 100 erstmals das von Heinkel eingeführte Sprengnietverfahren angewendet wurde.

Technische Daten der He 100 Rekordflugzeuge He 100V2 und V8:

	He 100V2	He 100V8
Spannweite	9,42 m	7,60 m
Länge	8,17 m	8,18 m
Höhe	3,60 m	3,60 m
Flügelfläche	14,40 m²	11,00 m²
Flächenbelastung	172 kg/m²	222 kg/m²
Motor:	DB 601 Rekordmotor/III mit 1660 PS/2600 U/min	DB 601 Rekordmotor/V mit 2770 PS/3100 U/min
Getriebeuntersetzung	1,55 : 1	1,55 : 1
Luftschraube	VDM-Ganzmetall Dreiblatt im Fluge kontinuierlich verstellbar, 2,8 m ⌀	
Fluggewicht	2470 kg	2437 kg
Leistungsbelastung	1,49 kg/PS	0,88 kg/PS
Erstflug	März 1938	1. 12. 1938 mit Serienmotor DB 601 Aa mit DB 601 R/V am 8. 2. 1939
Landegeschwindigkeit	130 km/h	165 km/h
Rekordleistung:	634,73 km/h über 100 km Messtrecke	746,604 km/h über 3 km Messtrecke
Pilot	Ernst Udet	Hans Dieterle
Ort	Wustrow-Müritz-Wustrow	Oranienburg
Datum	5. 6. 1938	30. 3. 1939

Frontansicht der Heinkel He 100V2, mit der Udet Rekord flog.

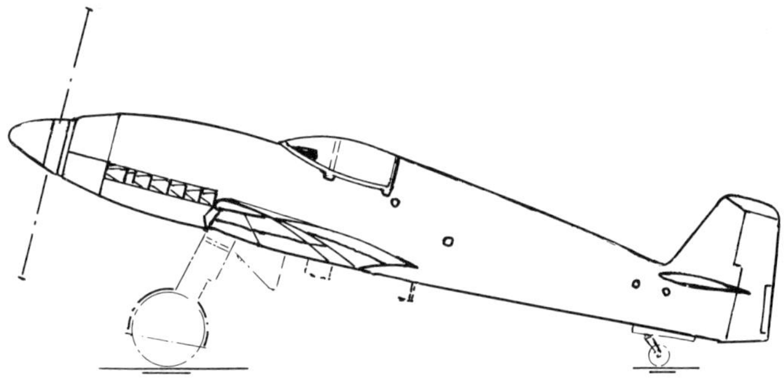

Heinkel He 100 V 8

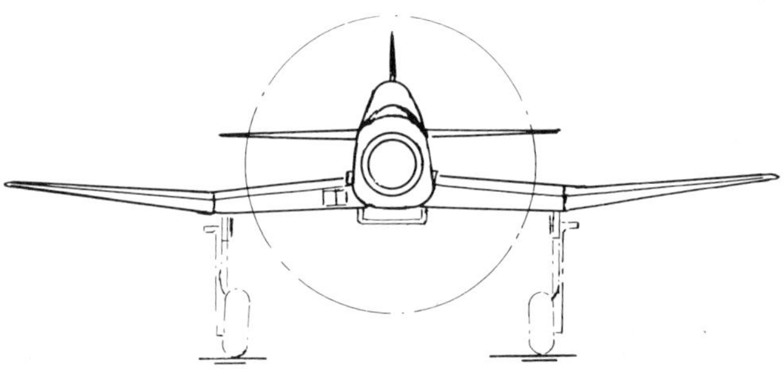

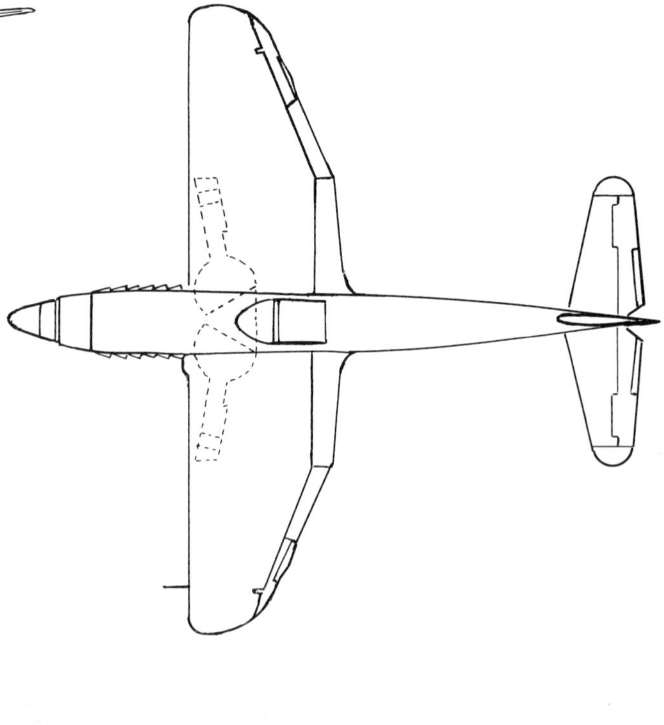

0   1   2   3 m

116

24 Messerschmitt Me 209R (alias Me 109R) Deutschland

1939

1938 wurden die Bayerischen Flugzeugwerke reorganisiert und firmierten ab 1. April als Messerschmitt AG. Bis zu diesem Zeitpunkt stand das Firmenkürzel Bf vor den RLM-Typennummern, und erst danach das Kürzel Me.

Im Schaffen Messerschmitts, der bei seinen früheren Konstruktionen sein Hauptaugenmerk auf einen möglichst einfachen Aufbau und ein geringes Gewicht der Zelle gerichtet hatte, zeichnete sich gegen Ende der zwanziger Jahre eine Wende zu aerodynamisch hochwertigen Zellen ab, die durch Verringerung des Widerstandes bessere Flugleistungen und vor allem höhere Geschwindigkeiten erlaubten. Dieser Trend läßt sich recht deutlich von der M 23b über die M 29 und M 35 bis zur rassigen Bf 108 Taifun und schließlich zur Bf 109 verfolgen. Dabei ist allerdings zu vermerken, daß Messerschmitt bei aller aerodynamischen

30 Jahre lang blieb die Me 209R das schnellste Propellerflugzeug der Erde. Das Bild der Rekordmaschine läßt unschwer erkennen, daß dieser Typ mit der Me 109 kaum etwas gemeinsam hatte.

Raffinesse den einfachen Aufbau stets als Zweitziel im Auge hatte, wodurch sich nicht zuletzt erklärte, daß die Bf 109 gegenüber der He 100 im Wettbewerb um die Gunst des RLM die Nase vorn behielt.

Messerschmitt nutzte sein nicht zuletzt durch die »Me 109« und den mit ihr erzielten Weltrekord gestiegenes Ansehen dazu, seine Pläne zum Bau von reinen Forschungsflugzeugen durchzusetzen, um so die speziellen Fragen des »Schnellfluges« zu klären. Es gelang ihm schließlich, das RLM von dieser Notwendigkeit zu überzeugen und 1937 einen Entwicklungsauftrag für ein solches Flugzeug vom RLM zu erhalten. In einem Vortrag vor der Akademie der Luftfahrtforschung hatte Messerschmitt dargelegt, daß Geschwindigkeiten jenseits der Rekordmarke der Bf 109 V13 nach seiner Ansicht nur zu erreichen waren, wenn es gelang, eine aerodynamisch absolut einwandfreie Zelle zu entwickeln. Als Hauptansatzpunkte zur Verringerung des schädlichen Widerstandes nannte Messerschmitt die Beseitigung der bisher als unvermeidlich angesehenen Störfaktoren wie Leitwerksabstrebungen, Unebenheiten in der Unterseite der Tragflächen durch Querruderlager und Gewichtsausgleiche, Spalten und Stufen zwischen Flügelhinterkante und Querrudern bzw. Klappen und die widerstandsträchtigen Kühler für Wasser und Öl.

Der Entwurf des Projektes 1059, wie das Forschungsflugzeug zunächst hieß, ging von der erfolgreichen Bf 109 aus, wobei die oben genannten programmatischen Punkte weitgehend Verwirklichung fanden. So wurde der Stirnwiderstand des Wasserkühlers durch Anwendung einer Verdampfungskühlung eingespart und der Ölkühler als Ringkühler strömungsgünstig hinter dem Spinner platziert.

Innerhalb eines Jahres entstanden zwischen Mitte 1938 und Mitte 1939 vier Prototypen, die allerdings mit der »109« nur noch eine sehr entfernte Verwandtschaft besaßen und mit einer Spannweite von 7,80 m und nur 7,24 m Rumpflänge auch wesentlich kleiner waren. Die ersten drei Prototypen mit den Werknummern 1185–1187 waren äußerlich identisch, während die vierte Maschine in einigen Details abwich und vor allem später mehrfach umgebaut werden sollte.

Als Antrieb diente zunächst der neue DB 601, der ca. 1100 PS zu leisten vermochte. Der bullige Motor wurde hinter einem großen Spinner, dessen Kappe abgeschnitten war, um dem Ölkühler Luft zuzuführen, geschickt verkleidet.

Der glattgenietete, durch das weit hinter die Flächenhinterkante zurückgezogene Cockpit noch gedrungener wirkende Schalenrumpf in der mit der Bf 108 »Taifun« erstmalig angewendeten Messerschmitt-Ganzmetallbauweise war organisch in das Seitenleitwerk übergeführt, das relativ klein bemessen und bis unter den eigentlichen Rumpf durchgezogen war. Sein unterer Teil trug den nicht einziehbaren Schleifsporn. Im Gegensatz zur »109« wurde das breitspurige Fahrwerk nach innen eingezogen.

Umfangreiche Versuche waren zur Erreichung einer wirkungsvollen Wasser- und Ölkühlung erforderlich. Die durch die Spinneröffnung eintretende Kühlluft für den Ölkühler wurde durch einen Innenkonus, in dem der Verstellmechanismus untergebracht war, dem Ringkühler zugeführt und trat nach dessen Passieren seitlich durch einen Ringspalt wieder aus.

Erhebliche Probleme waren bei der Verdampfungskühlung zu überwinden, die einen gro-

Ein bulliger Rumpf und schlanke Flächen bestimmten das Bild der Me 209R. Besonders gut zu erkennen ist auf diesem Foto das nach unten durchgezogene Seitenleitwerk, das zugleich den Schleifsporn trug.

Frontansicht der Me 209R. Durch die Öffnung im Spinner wurde dem Ölkühler Luft zugeführt.

ßen Wasservorrat bedingte, da bei diesem Verfahren ständig 4 – 5 Liter Kühlwasser pro Minute verlorengingen. Aus diesem Grunde wurde ein 220 l Wassertank eingebaut, aus dem das Wasser dem Motor zugeleitet wurde. Wie bei Heinkels He 100 wurde der Dampf vom Motor in die dichtgenieteten Flächen geleitet, um ihn zu kondensieren und das Wasser herunterzukühlen.

Die Aufnahme der Flugerprobung der Me 209 V1 am 1. August 1938 legte sehr schnell die Probleme offen, die dieses Kühlsystem barg. Testpilot Wurster stellte fest, daß der Wasserverbrauch bei Höchstdrehzahl auf bis zu 7 l/min stieg, die Wassertemperatur weit über die Sollwerte kletterte und der Wasserdruck nicht konstant zu halten war. Außerdem warf die Flächenbeplankung bei längeren Flügen unter Vollast durch die Wärmeausdehnung des Leichtmetalls Wellen und sprengte die Spachtelung ab.

Darüber hinaus zeigten alle drei in der Flugerprobung stehenden Prototypen noch eine Reihe anderer Tücken. So ließ sich das Fahrwerk nur bei Geschwindigkeiten unter 205 km/h ausfahren. Die Motoren hielten ihre Leistung nicht und zeigten häufig Störungen. Es gab Schwierigkeiten mit der Schmierung und unerwartet auch mit der Ölkühlung. So lief bei der Me 209 V2 am 4. April 1938 im Landeanflug der Motor infolge Ölmangels fest. Testpilot Fritz Wendel rettete das Flugzeug durch beherztes Andrücken und konnte es unmittelbar hinter dem Zaun der Augsburger Werkspiste aufsetzen.

Die Me 209 war generell nicht leicht zu fliegen. Außerdem war ihr Cockpit unzureichend belüftet und ließ Motorabgase eindringen. Zuweilen nahm austretendes Fahrwerksöl dem Piloten die Sicht. Im Schnellflug öffnete sich zudem zuweilen die Fahrwerksabdeckung von selbst oder die Tankdeckel hoben ab. Es kam auch vor, daß sich die Höhenflosse unvermittelt und ohne Einwirkung des Piloten auf schwanzlastig verstellte. Fast keiner der mehr als 20 Vorbereitungsflüge für die Rekordversuche verlief ohne Beanstandung. Schließlich war die Me 209 jedoch soweit von ihren Mukken befreit, daß man die Me 209 V1 für Rekordversuche vorbereiten konnte. Um die Kühlprobleme und insbesondere die Verwerfungen in der Flächenbeplankung abzustellen, wurde das geschlossene Kühlsystem mit Kondensat-Rückgewinnung, wie es auch Heinkel verwendet hatte, in ein offenes Kühlsystem umgewandelt und der Dampf ins Freie entlassen. Dies erforderte eine Vergrößerung des Kühlwassertanks auf 450 Liter, da der Wasserverlust nun auf 9 l/min stieg.

Als Antrieb wurde einer der drei von Daimler Benz für die Rekordversuche von Heinkel und Messerschmitt entwickelten DB 601-Rekordmotoren des Typs V und zwar der DB 601 V10 eingebaut, der für eine Zeit von fünf Minuten 2770 PS abzugeben vermochte. Nach einer Reihe von Vorbereitungsflügen erreichte Messerschmitt-Chefpilot Fritz Wendel, der später auch den Strahljäger Me 262 einfliegen sollte, nach mehreren Ansätzen über die 3-km-Meßstrecke die neue Weltrekordgeschwindigkeit von 755,138 km/h und setzte damit am 26. April 1939 eine neue Rekordmarke, die fast 30 Jahre lang von keinem Propellerflugzeug überboten werden sollte. Allerdings entbrannte schon bald nach dem Rekordflug ein Streit zwischen Heinkel, dem entthronten Weltrekordinhaber, und Messerschmitt, weil die Me 209 V1 ihre Rekordflüge über einem höher gelegenen Platz erflogen hatte als die He 100 in Oranienburg und damit leichte Vorteile ge-

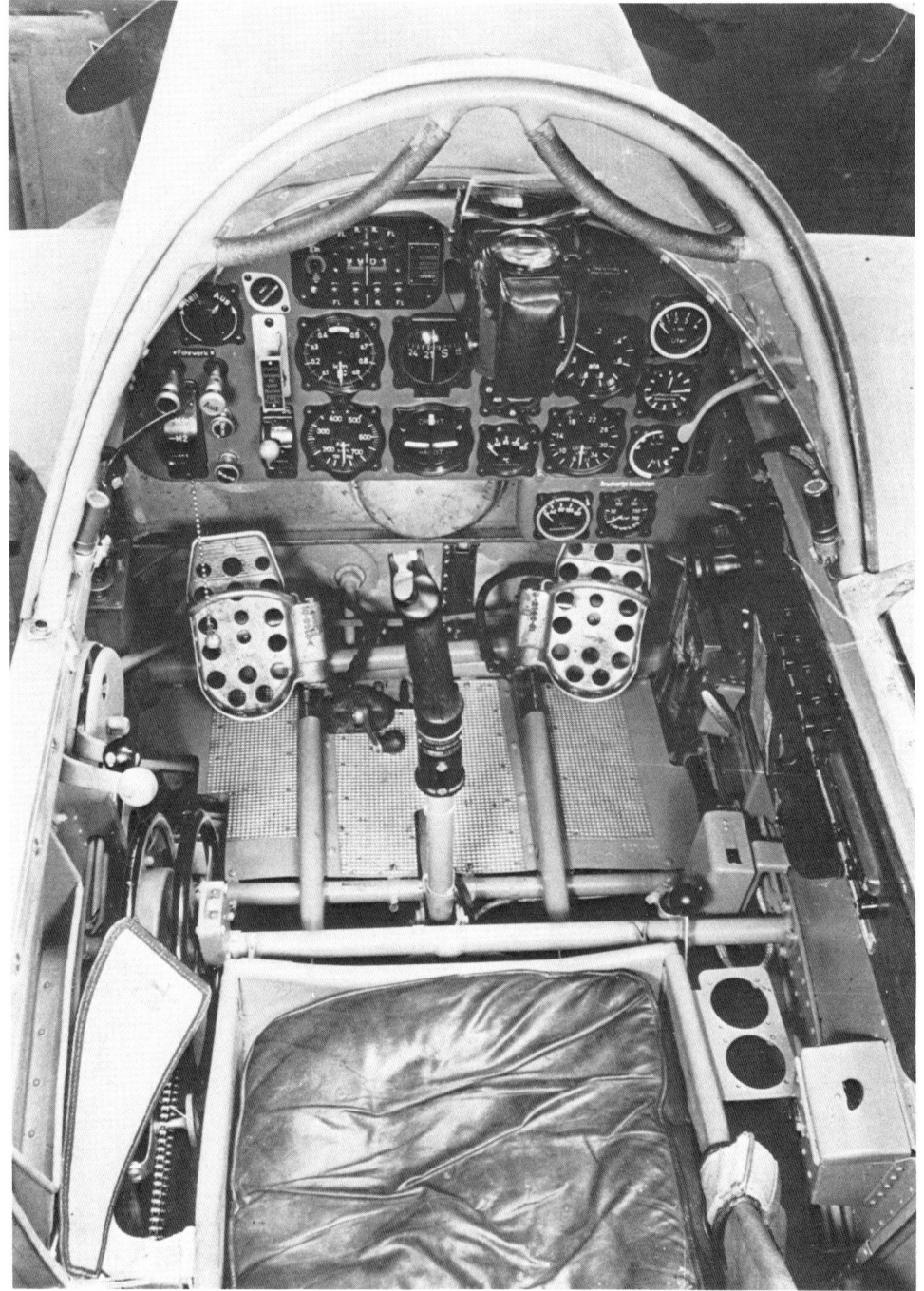

Blick in das Cocpit der Me 209R, die ihren Piloten vor manche Probleme stellte.

nutzt hatte. Messerschmitt pochte auf das FAI-Reglement, das nur die Höhe über Grund aber nicht die Flughöhe über dem Meeresspiegel vorschrieb. Schließlich machte das RLM dem Streit ein Ende, indem es Heinkel untersagte, weitere Rekordversuche vorzubereiten. Damit hatte die Rekordjagd zunächst auf höhere Weisung ein Ende. Hierbei mag auch die Entscheidung für Messerschmitt als Lieferanten des deutschen Standardjägers eine Rolle gespielt haben. Entsprechend dem Imponiergehabe des Dritten Reiches wurde die Rekordleistung der Me 209R-V1 der FAI unter der Typenbezeichnung Messerschmitt Bf 109R gemeldet, um offensichtlich damit den Eindruck zu erwecken, daß diese Leistung mit einer modifizierten Bf 109 erreicht worden sei. Als Triebwerk wurde ein DB 601 mit der Serienleistung von 1000 PS angegeben. Um die mangelnde Ähnlichkeit zwischen dem Rekordflugzeug und der Bf 109 zu kaschieren, ließ die Zensur zunächst nur ein Foto zu, das Willy Messerschmitt in Gratulationspose und Fritz Wendel im Cockpit zeigte. Fotos der Maschine waren zunächst gesperrt. Später sollte ein Foto der äußerlich leicht abweichenden Me 209 V4 publiziert werden, das schließlich aber doch noch gesperrt wurde. An seine Stelle trat dann eine Vollretusche der Me 209 V4, die die Werknummer 1188 trug und zunächst das Kennzeichen D-IRND erhalten hatte. Die Maschine erhielt am 20. September 1940 die neue Zulassung CE + BW, die auch das Propagandabild mit MG-Öffnungen auf der Haube und Wasserkühler unter der Fläche zeigte. Dies war allerdings keineswegs allein ein Produkt propagandistischer Phantasie sondern entsprang dem tatsächlichen Versuch, aus der Me 209 ein verbessertes Nachfolgemuster für die Bf 109 zu schaffen. Aus diesem Grunde

war die V4 mit einem neuen größeren Flügel ausgerüstet worden. Probleme mit der Wasserkühlung machten eine Umrüstung auf konventionelle Kühler notwendig. Als Bewaffnung waren zwei MG 17 auf der Motorhaube und eine Maschinenkanone MK 108, die durch die hohle Propellerwelle schießen sollte, vorgesehen. Der Einbau von zwei MK 108 in den Flächen scheiterte an der geringen Flächendicke, die eine funktionsfähige Gurtumlenkung nicht zuließ. Fliegerisch blieb die Me 209 V4 mit den sattsam bekannten Problemen wie Kühlungsgeschwindigkeiten, schwieriger Handhabung und problematischen Landeeigenschaften infolge großer Fahrwerksspur und geringer Rumpflänge behaftet, so daß man die Maschine der Mehrheit der Jagdflieger unter

Technische Daten der Me 209 V1 alias Me 109R

Spannweite	7,80 m
Rumpflänge	7,42 m
Höhe	3,5 m
Flächeninhalt	10,55 m²
Fluggewicht	2515 kg
Flächenbelastung	238,4 kg/m²
V-Form	6,7°
Einstellwinkel	2,5°
Motor:	DB 601/V10 Rekordversion V mit einer Kurzleistung von 2770 PS bei 3100 U/min Motorzugachse 2° nach oben gegen Rumpfachse
Kraftstofftankinhalt	500 l
Flugzeit	35 Min.
Kühlwasservorrat	450 l
Kühlwasserverbrauch	ca. 9 l/min.
Erstflug	1. August 1938 mit Dr. H. Wurster, 7 Minuten Dauer
Rekordleistung	755,138 km/h
Pilot	Fritz Wendel
Ort	Augsburg
Datum	26. 4. 1939

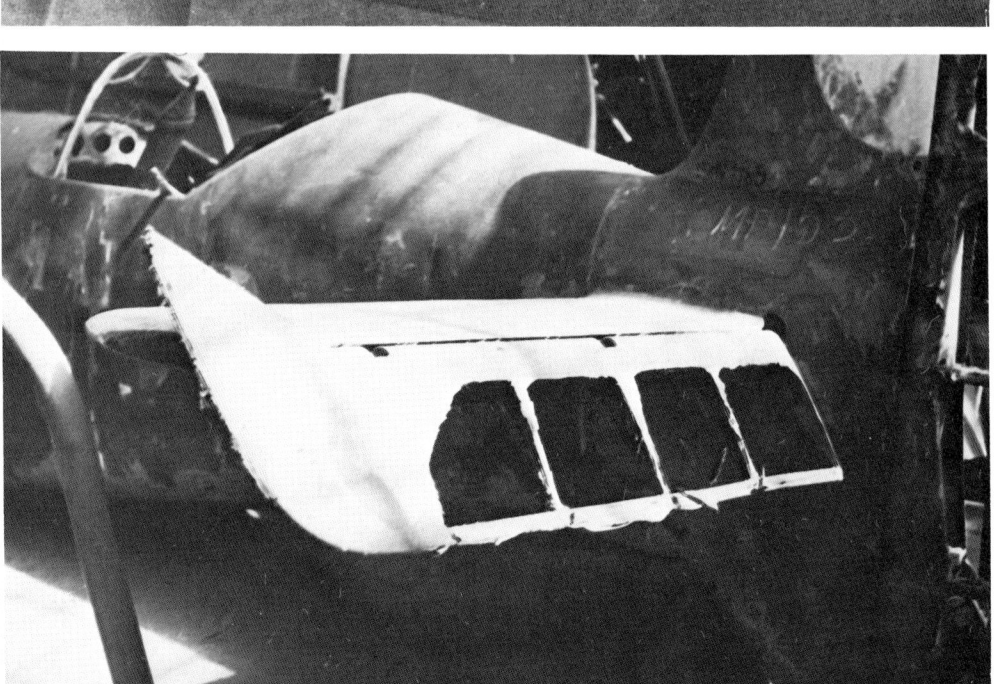

Professor Messerschmitt gratuliert Fritz Wendel nach dem Rekordflug. Die Spiegelung läßt das ausgezeichnete Finish der Lackierung der Rekordmaschine erkennen.

Unten: Als Kriegsbeute gelangte die Me 209R, die einst in der Deutschen Luftfahrtsammlung am Lehrter Bahnhof in Berlin ausgestellt war, nach Polen, wo sie heute in Krakau im Museum zu besichtigen ist. Wie man sieht, hat der einst so stolze Vogel ziemlich gelitten. An der Seitenflossenwurzel ist noch die Messerschmitt-Werknummer WN 1185 zu erkennen. Die Rumpfflanken zeigen das Kennzeichen D-INJR.

Mit dieser Vollretusche, die die Me 209V4 mit ihrer neuen Zulassung CE + BW und Mg-Mündungen auf der Haube zeigt, sollte der Eindruck erweckt werden, daß der Weltrekrod mit einem Jagdflugzeug erflogen worden sei. Die Pläne, aus der Me 209V4 einen Jäger abzuleiten, scheiterten.
Me 209R-V1

Frontbedingungen nicht zumuten konnte. Schließlich hatten die zusätzlichen Kühler, die vergrößerten Flächen und die Bewaffnung sowohl durch ihr Gewicht als auch durch ihren zusätzlichen Luftwiderstand den Leistungsvorsprung der Rekordmaschine aufgezehrt.

So wurde die Entwicklung Anfang 1940 abgebrochen.

Die Rekordmaschine Me 209 V1 mit dem offiziellen Kennzeichen D-INJR ist heute – wenn auch nicht mehr ganz vollständig – im Luftfahrt-Museum in Krakau zu besichtigen.

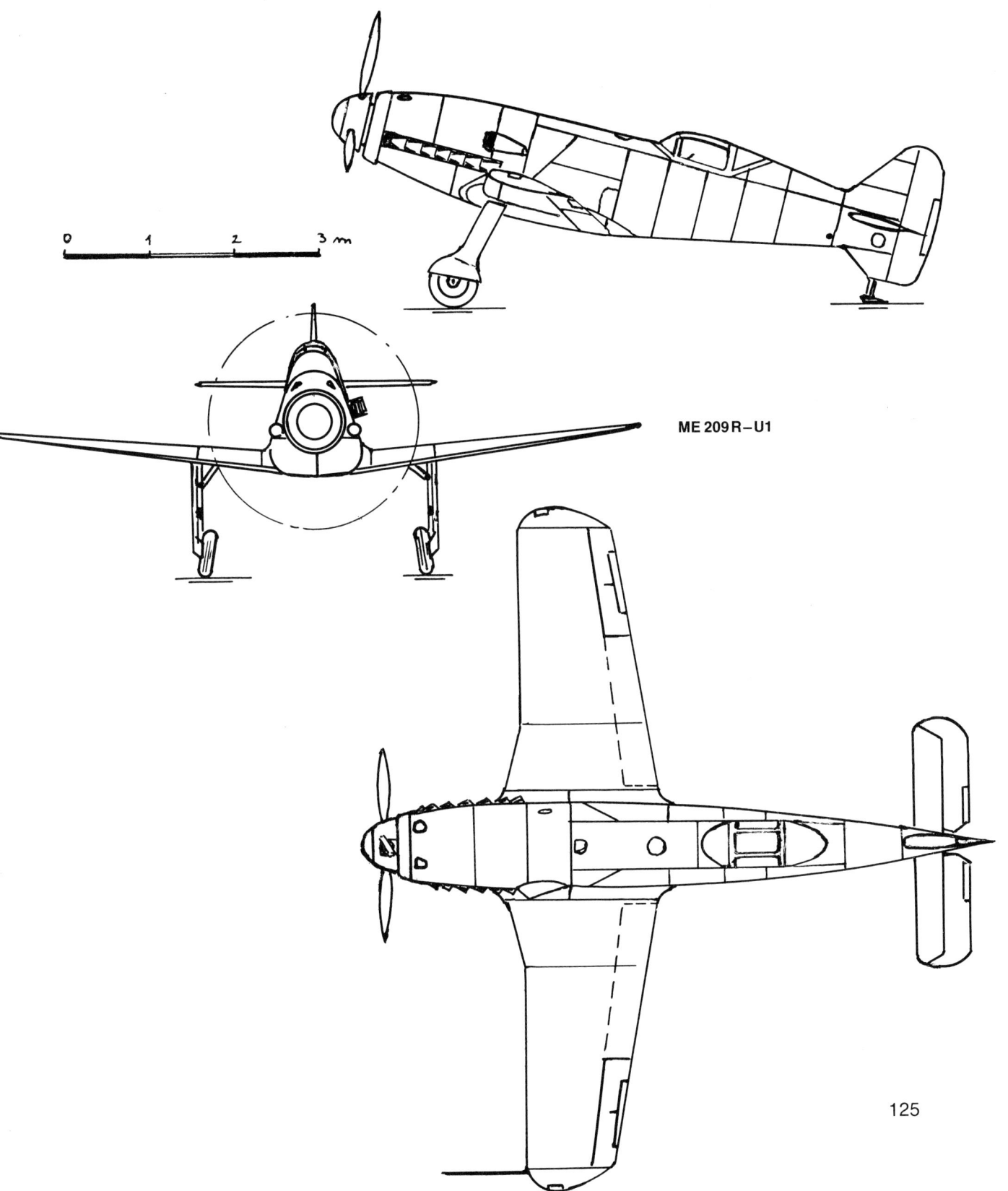

ME 209 R-U1

0   1   2   3 m

125

Übersicht über die Entwicklung der Daimler Benz Rekordmotoren für die He 100V8 und Me 209R

Motortyp	DB 601 Aa Ausgangsmuster 1936	DB 601 (DB 601A) Rekordmotor I 1936	DB 601 Rekordmotor II 1937
Bauart	alle flüssigkeitsgekühlte V-12-Einspritzmotoren mit je 2 Ein- und Auslaßventilen je Zylinder durch Königswelle mit gemeinsamen Nocken für Ein- und Auslaß gesteuert		
Bauform	alle Reihenmotoren mit hängenden Zylindern und 60° V-Stellung der Zylinder		
Arbeitsverfahren	4-Takt mit Höhenlader, Volldruckhöhe 4000 m	4-Takt mit Bodenlader Volldruckhöhe 0 m	4-Takt mit Bodenlader Volldruckhöhe 0 m
Bohrung	150 mm	150 mm	150 mm
Hub	160 mm	160 mm	160 mm
Verdichtung	1:6,9	1:7,3	1:7,8
Länge des Motors	1722 mm	1852 mm	1852 mm
Breite	1027 mm	1027 mm	1027 mm
Höhe	739 mm	739 mm	739 mm
Trockengewicht	590 kg	610 kg	610 kg
Einbaugewicht mit Zusatzaggregaten	705 kg	715 kg	715 kg
Höchstleistung*	1175 PS/2500 U/min für 1 Min.	1228 PS/2550 für 5 Min.	1366 PS/2650 U/min für 5 Min.
Kurzleistung*	1045 PS/2400 U/min für 5 Min.	1150 PS/2400 für 15 Min.	1240 PS/2500 U/min für 20 Min.
Dauerleistung*	950 PS/2300 U/min für 30 Min.	980 PS/2300 U/min	1165 PS/2400 U/min
Leistungsgewicht	0,497 kg/PS	0,497 kg/PS	0,446 kg/PS
Hubraumgewicht	17,42 kg/l	17,99 kg/l	18,0 kg/l
Kraftstoffverbrauch			
bei Kurzleistung	220 g/PS h	224 g/PS h	225 g/PS h
bei Dauerleistung	210 g/PS h	218 g/PS h	220 g/PS h
Schmierstoffverbrauch	4 – 8 g/PS h	5 – 10 g/PS h	5 – 11 g/PS h
Erprobung bzw. Fertigungsbeginn	September 1934 Fertigungsbeginn d. 1. Versuchsmotors DB 601 V	Fertigstellung im Juni 1936, Erprobung bis Oktober	–
Einsatz:	Erstflug in Bf 109 am 2. 1. 37 Serienfertigung ab Okt. 36	Flugerprobung in einer He 112, jedoch noch nicht für Rekordzwecke	Einbau in He 112 V4 (D-IZMY), die Udet im Juli 1937 in Zürich flog. Treibstoff mit Alkoholzusatz.

* in 0 m Höhe bei Drehzahl und Dauer in Minuten.

126

Übersicht über die Entwicklung der Daimler Benz Rekordmotoren für die He 100V8 und Me 209R (Fortsetzung)

DB 601	DB 601	DB 601
Rekordmotor III 1937	Rekordmotor IV 1938	Rekordmotor V 1939
4-Takt mit Bodenlader, Volldruckhöhe 0 m	4-Takt mit Bodenlader und Kondensationskühlung, Volldruckhöhe 0 m	4-Takt mit Bodenlader und Kondensationskühlung, Volldruckhöhe 0 m
150 mm	150 mm	150 mm
160 mm	160 mm	160 mm
1 : 8,0	1 : 8,6	1 : 8,6
1852 mm	1852 mm	1852 mm
1027 mm	1027 mm	1027 mm
739 mm	739 mm	739 mm
610 kg	610 kg	610 kg
715 kg	715 kg	715 kg
1660 PS/2650 U/min für 5 Min.	2060 PS/2980 U/min für 3 Min.	2770 PS/3100 U/min für 5 Min.
1520 PS/2500 U/min für 20 Min.	1760 PS/2700 U/min für 10 Min.	2000 PS/2900 U/min für 8 Min.
1370 PS/2400 U/min	1570 PS/2500 U/min	1680 PS/2600 U/min für 20 Min.
0,37 kg/PS	0,296 kg/PS	0,22 kg/PS
18,0 kg/l	18,0 kg/l	18,0 kg/l
226 g/PS h	228 g/PS h	238 g/PS h
220 g/PS h	221 g/PS h	230 g/PS h
6 – 13 g/PS h	6 – 12 g/PS h	8 – 15 g/PS h
Prüfstanderpr. Mai – Nov. 37 Flugerprobung in Me 109 E Einbau in He 100 V2, Weltrekord über 100 km Strecke mit 634,73 km/h (Udet)	Vorstufe des endgültigen Rekordtriebwerkes, erstmals Erprobung von Kondensations- und Verdampfungskühlung	insgesamt drei Exemplare gefertigt, Einbau des DB 601/M 159 in He 100 V8, des DB 601/V 10 in Me 209 R. Drittes Triebwerk (DB 601 A/60021) in Reserve und zur Prüfstanderprobung

Der Grundmotor DB 601A wurde von der Propaganda als Rekordtriebwerk ausgegeben. Letzteres unterschied sich jedoch durch die Zusatzaggregate von der Rekordmaschine, die einen geänderten Lader und eine abgeflachte Ladeleitung aufwies.

128

Der zweite Weltkrieg führte zwar zur Entwicklung immer leistungsfähigerer Maschinen und beschleunigte die Entwicklung des Strahlantriebes beträchtlich, doch die Kriegsanstrengungen ließen weder hüben noch drüben Zeit zu neuen Rekordversuchen. Erst im November 1945 donnerte die erste Rekordmaschine über die 3km-Meßstrecke. Doch jetzt beherrschten die Jets die Szene. Die Zeit der Propellermaschinen war unwiderbringlich vorbei. Dennoch blieb der letzte Propeller-Weltrekord der Me 209R eine Herausforderung, und es fehlte nicht an Versuchen, die Bestleistung zu überbieten. Mit einer speziell präparierten P-47 Thunderbolt gelang es sogar, die alte Bestmarke auf zwei von vier vorgeschriebenen Flügen über die 3km-Distanz zu überbieten, doch dann streikte der überfrisierte Motor.

Erst am 16. August 1969 sollte es dem 33-jährigen amerikanischen Rennpiloten und Lockheed-Testpiloten Darryl Greenamyer auf der Edwards Air Force Base im US-Staat Kalifornien gelingen, den nunmehr 30 Jahre alten

Der Prototyp der Grumman Bearcat, die XF8F-1 erreichte in Meereshöhe 684 km/h.

G-16195

Rekord Fritz Wendels unter denselben Rekordbedingungen, wie sie 1939 galten, zu überbieten. Seine nicht weniger als 25 Jahre alte, für den Renn- und Rekordeinsatz erheblich modifizierte Grumman F-8F-2 Bearcat erreichte im Schnitt aus den vier Meßflügen eine Geschwindigkeit von 777,377 km/h, wobei allerdings im Vergleich mit den Vorkriegsrekorden von Heinkel und Messerschmitt anzumerken ist, daß Greenamyer seinen Rekord bezogen auf das Meeresniveau wiederum in größerer Höhe geflogen hatte als Wendel oder gar Dieterle vor dem Kriege, was etwas günstigere Voraussetzungen für die Bearcat bot. Dies soll keineswegs die technische oder gar fliegerische Leistung Greenamyers schmälern sondern einzig und allein dazu dienen, die absolute Leistung der drei schnellsten Propellertypen der Welt, zu vergleichen.

Daryl Greenamyer machte schon als 18-jähriger seinen Pilotenschein. Er stieß als 19-jähriger zum Aviation Cadet Programm der USAF und flog bei der Air Force die Typen F-86 und F-100. 1961 wurde Greenamyer Einflieger bei Lockheed, wo er F-104 Starfighter einflog. Neben seiner Tätigkeit als Testpilot bei Lockheed, wo er später auch die Typen YF-11 und SR-71 flog, betätigte sich Greenamyer auch in seiner Freizeit als Pilot schneller Maschinen. Mit seiner zur Rennmaschine umgebauten Bearcat beteiligte er sich seit 1964 erfolgreich an Rennveranstaltungen und siegte nicht weniger als viermal in den National Air Races. Als Absolvent mehrerer renommierter Testpiloten-Schulen und Flugzeugingenieur brachte er die Voraussetzungen mit, die ein Angriff auf den Propeller-Weltrekord erforderte.

Die Bearcat war der letzte Marine-Jäger mit Propellerantrieb gewesen, den Grumman im Jahre 1944 herausbrachte. Der freitragende Tiefdecker war für den Einsatz auf Trägerflugzeugen bestimmt und besaß zur Raumersparnis an Deck nach innen klappbare Außenflügel. Als Antrieb diente ein Pratt & Whitney R-2800-34W Sternmotor mit einem Hubraum von 45,88 Liter und einer Leistung von zunächst 2100 PS in Meereshöhe. Der Motor wirkte auf einen gewaltigen Vierblatt-Verstellpropeller vom Typ A-642-X-2 der Firma Aero Products mit einem Durchmesser von 3,84 m. Die XF8F-1, der erste Bearcat-Prototyp, wog einsatzbereit 4139 kg und erreichte in Meereshöhe eine Höchstgeschwindigkeit von 684 km/h.

Greenamyers Maschine entstand aus der Baureihe F-8F-2 und hatte einen Pratt & Whitney R-2800-34W Motor zum Antrieb, der nunmehr 2800 PS abgab. Greenamyer setzte diese Maschine 1964 nur geringfügig verändert bei der National Championship Air Races ein. Lediglich die Muschelhaube über dem Cockpit war flacher gehalten, und die Übergänge zwischen Fläche und Landeklappen waren zur Verbesserung der aerodynamischen Qualität verkleidet. 1966 baute Greenamyer seine Maschine um und verringerte die Spannweite von ursprünglich 10,82 m auf 8,69 m, indem er die klappbaren Außenflügel abnahm. An ihrer Stelle montierte er sogenannte Hoerner-Tips. Dies sind Randbogen, die eine konkave Wölbung an der Randkante zeigen und sehr schmal auslaufen, wodurch der an der Flügelspitze entstehende Randwirbel und damit der induzierte Widerstand gering gehalten werden. Gleichzeitig verkleidete Greenamyer die Propellernabe nun mit einem Spinner und verkürzte das Seitenleitwerk um 45,7 cm. Dies hatte allerdings eine gefährliche Rolltendenz zur Folge, die bei Geschwindigkeit um 725 km/h unvermittelt auftrat und nur schwierig

Ausgansmuster für Greenamyers Rekordmaschine war der Typ F8F-2.

Mit dieser stark modifizierten Bearcat brach Greenamyer Wendels 30 Jahre alten Propellerrekord. Besonders auffällig im Vergleich mit dem Ausgangsmuster: die gestutzten Flächen mit konkaven Hoerner-Tips, die sehr flache
Midget-Cockpithaube, der Spinner und das verkürzte Seitenleitwerk.

durch Gegensteuern auszugleichen war. Um Gewicht zu sparen, baute Greenamyer alle nur irgendwie verzichtbaren Verstärkungen des Rumpfes aus, der als Kampfflugzeug eine gehörige Sicherheitsreserve besaß. Schließlich ersetzte er die ursprünglich nur tiefer gesetzte Original-Muschelhaube durch die flachere Haube eines Midget Racers, spachtelte alle Blechstöße und lackierte die Maschine auf Hochglanz. 1967 erreichte er mit der so präparierten Maschine, deren Motor überarbeitet und auf 3300 PS getrimmt worden war, in der Qualifikation für ein über 10 Runden zu 12,9 km führendes Rennen in Reno (Nevada) eine Schnittgeschwindigkeit von 659,784 km/h. Diese Leistung auf einem Kurs mit geschwindigkeitszehrenden Kehren machte deutlich, daß die Maschine bereits jetzt auf gerader Strecke nahe an den bestehenden Geschwindigkeitsrekord herankommen konnte.

Noch einmal überarbeitete Greenamyer seine Maschine und baute jetzt sogar alle entbehrlichen Instrumente aus dem Armaturenbrett aus. Außerdem wurden ausgiebige Versuche unternommen, um festzustellen, wieviel Nitromethan (CH_3NO_2) der 45,88-Liter Pratt & Whitney CB-17 Wasp-Motor vertrug. Die sauerstoffreiche Kohlenwasserstoffverbindung wirkt auf chemischem Wege leistungssteigernd, indem sie dem Motor zusätzlich zur Verbrennungsluft Sauerstoff zuführt. Allerdings bedeutet dies auch eine große thermische Belastung für das Triebwerk. Bei einem Rekordversuch im Jahre 1968 war Greenamyer bereits einmal ein Kolben durchgebrannt, als er zuviel Nitromethan verwendete. Am Mittag des 16. August 1969 unternahm Greenamyer bei relativ heißem Wetter einen ersten Rekordversuch. Der geringere Sauerstoffgehalt der heißen Luft ließ sich durch Nitromethan ausgleichen. Obwohl

Greenamyer glaubte, bei den herrschenden Wetterbedingungen etwa 20–25 Prozent Nitromethan einsetzen zu können, beschränkte er sich auf eine Zugabe von nur zehn Prozent. Die erste Serie von je zwei Flügen in beiden Richtungen zeigte, daß Greenamyer mit seiner Maschine in die äußersten Grenzbereiche von Propellermaschinen vorgestoßen war. Im dritten Durchgang fiel kurzzeitig der Öldruck auf Null, was den Motor in kürzester Zeit zu ruinieren drohte. Doch der Öldruck erholte sich schließlich wieder, so daß ein vierter Durchflug der Meßstrecke möglich wurde. Im Cockpit reichte die Belüftung nicht mehr aus, und es traten Temperaturen um ca. 80°C auf, die dem Piloten arg zusetzten. Doch Greenamyer war auf diese kräftezehrenden Temperaturen im Cockpit vorbereitet und atmete, während er in knapp 20 m Höhe über die Meßstrecke donnerte, Sauerstoff aus einer Druckflasche. Die Auswertung der ersten vier Durchgänge ergab eine Durchschnittsgeschwindigkeit von 769,5 km/h, was für einen neuen Weltrekord gereicht hätte, denn die Leistung lag wie gefordert mindestens ein Prozent über der bestehenden Rekordmarke. Trotzdem unternahm Greenamyer nach einer kurzen Ruhepause einen zweiten Rekordversuch, bei dem er das letzte aus dem Motor herausholte. Der Drehzahlmesser kletterte auf 3000 U/min und der Druck in der Ladeleitung erreichte einen Höchstwert von 75 Zoll. Die Auswertung der vier Flüge der zweiten Serie ergab die neue Rekordgeschwindigkeit von 777,377 km/h und entschädigte Greenamyer nicht nur für fünf Jahre harter Arbeit im Kampf um den Propellerrekord sondern auch für die Brandblasen an seinen Händen, die er sich im Cockpit zugezogen hatte, weil Auspuffgase des Motors bei Vollgas bis in die Lufthutze gerieten, die dem

Cockpit Luft zuführte. Die Auspufftemperatur dürfte bei dem Rekordversuch 600°C erreicht haben, da die seitlichen Auspuffverkleidungen aus Edelstahlblech starke Verwerfungen zeigten und selbst an den Rumpfflanken die Lackierung abgebrannt war.

Technische Daten der Grumman Bearcat:

	Prototyp XF-8-F	Greenamyer Special
Spannweite	10,82 m	8,69 m
Länge	8,605 m	8,605 m
Flächeninhalt	22,67 m²	ca. 18 m²
Leergewicht	3186 kg	keine Angabe
Fluggewicht	4139 kg	keine Angabe
Flächenbelastung	182,77 kg/m²	keine Angabe
Leistungsbelastung bei	1,5 kg/PS	keine Angabe
Höchstleistung von	2850 PS	
Höchstgeschwindigkeit		777,377 km/h
in Meereshöhe	684 km/h	
in 5000 m Höhe	732 km/h	–
Landegeschwindigkeit	135 km/h	keine Angabe
Steigleistung mit Wassereinspritzung	1981 m/min.	–
Reichweite bei einer Reisegeschwindigkeit von 296 km/h	3220 km	–
Motor	Pratt & Whitney R-2800-34W	Pratt & Whitney CB-17 Wasp
Leistung Kurz/Dauer in Meereshöhe	2800/2100 PS	über 3300 PS bei 3000 U/min.
Rekordleistung:	–	777,377 km/h
Pilot	–	Darryl Greenamyer
Ort	–	Edwards Air Force Base (Kalifornien)
Datum	–	16. 8. 1969

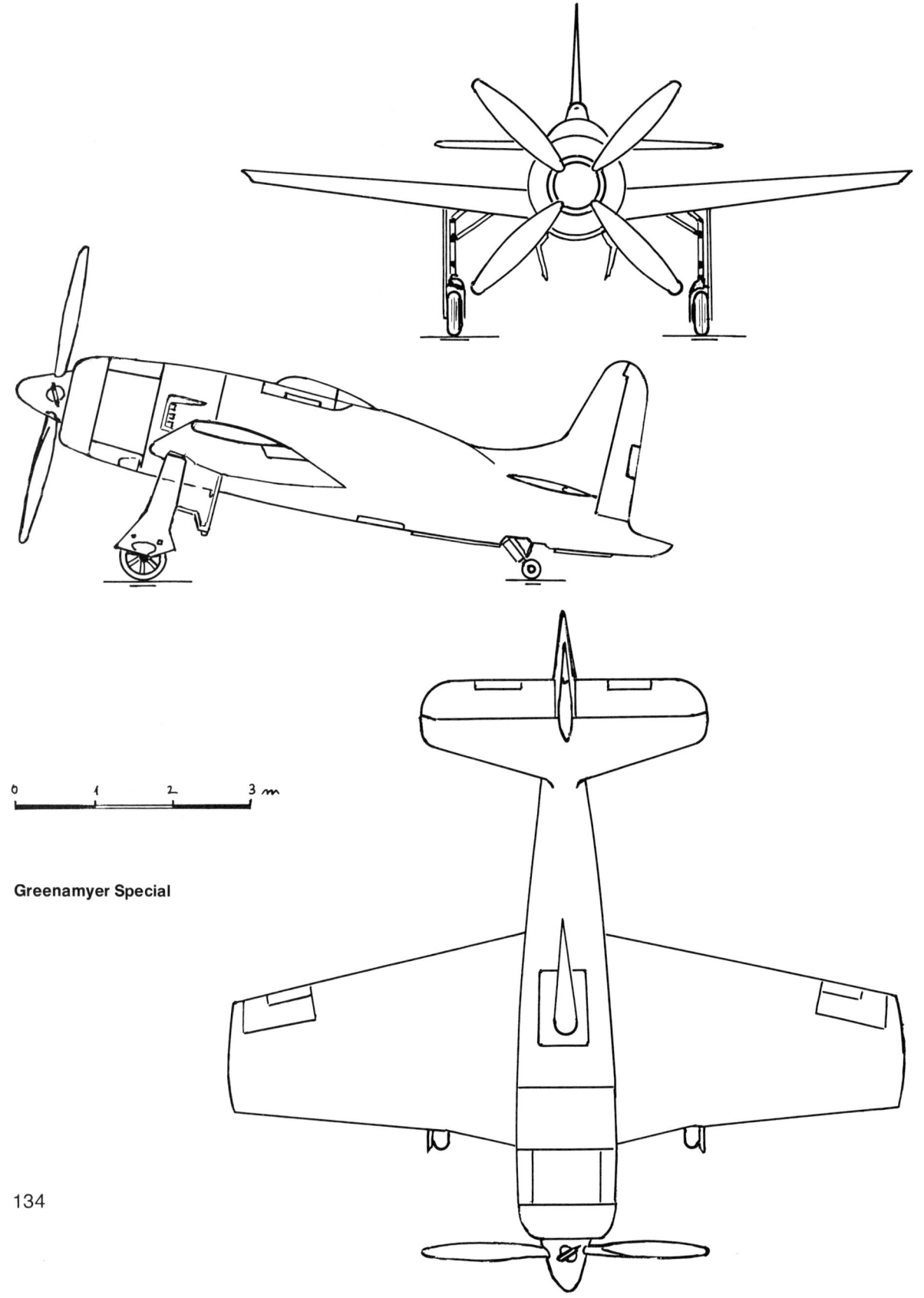

Greenamyer Special

0 1 2 3 m

134

Hatte der Rekord der Me 209R runde 30 Jahre gehalten, bis er schließlich von Darryl Greenamyer in einer modifizierten Bearcat von 755,138 km/h auf 777,377 km/h verbessert werden konnte, so sollte es noch einmal fast auf den Tag genau zehn Jahre dauern, bis der neue Propeller-Rekord von Steve Hinton mit einer Rennversion der P-51D »Mustang« noch einmal überboten und mit 803,2 km/h auf eine neue Rekordmarke jenseits der 800 km/h-Barriere geschraubt wurde, die lange Zeit für Propellerflugzeuge als unerreichbar gegolten hatte.

Wie schon die Me 209R und die Bearcat stammt auch der neue Rekordhalter aus der Zeit des Zweiten Weltkrieges und beweist mit seinem Rekordflug nicht nur die Rüstigkeit der geflügelten Veteranen, die einander heute in USA spektakuläre Rennen im Rahmen der National Air Races und anderer Veranstaltungen liefern, sondern demonstriert zugleich auch eindrucksvoll den hohen Entwicklungsstand der Propellerflugzeuge während des Zweiten Weltkrieges.

Die Geschichte des jüngsten Rekordhalters, der P-51D, begann bereits im Jahre 1938, als sich eine britische Regierungs-Kommission in USA umsah, um dort Flugzeuge zu erstehen. Man verhandelte auch mit der erst vier Jahre existierenden North American Aviation, die sich durch sehr saubere, selbsttragende Ganzmetall-Konstruktionen empfahl, aber als Spätstarter auf dem US-Markt noch nicht so recht Fuß fassen konnte.

Schnell und schön: der vorerst letzte Propeller-Rekordträger P-51 D »Mustang«-Red Baron.

Die Engländer einigten sich mit NAA auf die Entwicklung eines Trainers, der unter der Bezeichnung Harvard bekannt werden sollte.

Bei North American sah man sich allerdings zu weit mehr befähigt, und so bemühte sich der Vorsitzende des Unternehmens Dutch Kindelberger sehr darum, mit den Briten als Lieferant für Jagdflugzeuge ins Geschäft zu kommen, zumal die Engländer bei North American anfragten, ob diese Firma nicht die Lizenzfertigung der Curtiss P-40 »Tomahawk« für die Royal Air Force übernehmen wolle. In den ersten Monaten des Jahres 1940 gelang es schließlich, die Engländer zu überzeugen, daß North American sehr wohl in der Lage war, ein leistungsfähiges Jagdflugzeug zu entwickeln. Am 29. Mai 1940 erhielt NAA den Auftrag zur Lieferung von 320 Maschinen des Typs NA-73, von dem allenfalls erste Entwurfsskizzen existierten.

North American hatte sich ein hohes Ziel gesetzt und für die Entwicklung des ersten Jagdflugzeuges nur vier Monate Konstruktionszeit eingeplant. Man war gezwungen, das Entwurfsteam in drei Schichten rund um die Uhr arbeiten zu lassen.

Ziel war es, eine aerodynamisch hochwertige Zelle mit sehr schlankem Rumpf zu entwickeln, für die sich das flüssigkeitsgekühlte Allison V-1710-F3R-Triebwerk mit zwölf Zylindern mit seiner geringen Stirnfläche geradezu anbot. Zugunsten eines schlanken Rumpfes entschied man sich trotz des höheren Beschußrisikos, den Kühler hinter der Tragfläche im unteren Rumpfbereich unterzubringen, wodurch der Mustang seinen charakteristischen »Bauch« und den zugehörigen Lufteinlauf unter dem Cockpit erhielt. Nach Durchströmen des Kühlers wurde die Kühlluft durch einen Auslaß mit veränder-

lichem Querschnitt wieder entlassen. Die aufgeheizte Kühlluft lieferte so zugleich einen geringen zusätzlichen Schub.

Die erste NA-73X, die noch keinen Namen trug, wurde im September 1940 fertiggestellt, allerdings fehlte noch das Triebwerk, das im Oktober geliefert und sofort eingebaut wurde, worauf die Rollversuche beginnen konnten. Am 26. Oktober flog der Prototyp des »Mustang« zum erstenmal. Er sollte allerdings schon wenig später beim fünften Testflug verlorengehen, als Testpilot Paul Balfour versehentlich im Fluge die Benzinzufuhr unterbrach und wegen der geringen Flughöhe eine Außenlandung unvermeidlich wurde. Der Verlust des ersten Prototyps konnte den Erfolg der Maschine jedoch nicht entscheidend beeinflussen. Die englische Regierung stockte schon bald ihren Auftrag von 320 auf 620 Maschinen auf, deren erstes Exemplar am 24. Oktober 1941 per Schiffsfracht in Liverpool eintraf.

Typisch für den »Mustang« waren neben der bereits erwähnten Auswölbung des hinteren

Die Red-Baron im Renneinsatz.

136

Rumpfes die sauber eingestrakten Trapezflügel sowie ebenfalls trapezförmige Leitwerke. Das Cockpit war in der damals üblichen Manier in den Rumpf eingestrakt. Das Fahrwerk wurde nach innen eingezogen. Insgesamt bot der aerodynamisch hervorragend durchgearbeitete Mustang ein sehr elegantes Bild mit einem sehr schlanken, hohen Rumpf und dem mächtigen Spinner, der organisch in die Rumpfkontur überging. Auf der Oberseite des Rumpfes hatten die ersten Mustangs noch eine Lufthutze, die dem Motor die notwendige Verbrennungsluft zuführte. Obwohl mit einer Spannweite von 11,29 m und mit einem maximalen Startgewicht von 3901 kg zumindest schwerer als die Bf 109, waren die ersten Mustangs etwa so schnell wie die Bf 109 und die Fw 190. Als Höchstgeschwindigkeit wurden immerhin um 610 km/h erreicht. Allerdings ließ die Leistung des Allison-Triebwerkes in größerer Höhe stark nach, so daß die Mustangs der ersten Serie oberhalb 4500 m Flughöhe viele Wünsche offenließen. Trotzdem war das Flugzeug bei den Piloten beliebt und wurde als fortschrittliche Konstruktion geschätzt, deren hohe Geschwindigkeit vor allem aus der Aerodynamik resultierte. Den niedrigen Widerstand verdankte der Mustang nicht nur seiner geringen Stirnfläche und seiner sauberen Linienführung, sondern auch seinem Laminar-Profil mit weit zurückliegender größter Profildicke. Herausragend war auch die Reichweite des Mustang mit rund 1700 km, die es beispielsweise erlaubte, zu Aufklärungszwecken weit nach Deutschland einzudringen.

Im eigenen Land fand der North-American-Jäger nach Erprobung durch das Army Air Corps ebenfalls Anerkennung, und so erhielt North American nun auch eine ansehnliche US-Order über 310 P-51A, wie der Mustang nun in USA genannt wurde, und über weitere 500 Maschinen in einer Sturzbomber-Ausführung, die als A-36 bezeichnet wurde. Im Rahmen des alliierten Lend-and-Lease-Programms ging schließlich eine weitere Order über 150 Maschinen für die Royal Air Force ein, womit der Newcomer North American Aviation einen beachtlichen Ersterfolg errang.

Die triebwerkbedingte Höhenschwäche behielt der Mustang vorerst jedoch noch, bis man bei Rolls Royce die Möglichkeiten des Mustang mit dem Rolls Royce Merlin-60-Triebwerk durchrechnete, das über einen zweistufigen Lader verfügte und versprach, dem Mustang auch in größerer Höhe überlegene Leistungen zu verleihen.

Das Luftfahrtministerium erkannte rasch die Möglichkeiten, die sich hier eröffneten, und veranlaßte die Umrüstung von fünf Mustangs auf das Merlin-60-Triebwerk, mit dem die erste Maschine als »Mustang X« am 13. Oktober 1942 zum erstenmal flog.

Das neue Triebwerk veränderte nicht nur die Leistung, sondern auch das Gesicht des Mustang, dessen Lufthutze auf der Motorhaube verschwand. Unterhalb des Spinners erhielt die Maschine dafür einen neuen, relativ großen Lufteinlaß, der einmal die benötigte Motorluft zuführte und zugleich auch Kühlluft für den Verdichter lieferte.

Mit dem neuen Triebwerk erwies sich der Mustang als überaus temperamentvoll. Seine Geschwindigkeit stieg auf 690 km/h, und auch das Steigvermögen zeigte sich wesentlich verbessert. Um eine Höhe von 20 000 Fuß zu erreichen, benötigte der Mustang X jetzt nur noch wenig mehr als sechs

Minuten, während die Urversion mit dem Allison-Triebwerk sich in elf Minuten auf diese Höhe kurbeln mußte.

Angesichts einer damals als durchaus hinreichend betrachteten Höhenjäger-Ausstattung mit den Typen P-38 und P-47 schienen die Aussichten für North American nicht gerade gut zu sein, die Army Air Force zu bewegen, die für die US-Rüstung vorgesehenen Mustangs ebenfalls mit einem neuen leistungsfähigeren Triebwerk auszurüsten. Die Konstrukteure bei North American in Inglewood/Los Angeles glaubten in dem von Packard in Lizenz gebauten Merlin-Triebwerk, das in USA als Packard V-1650-7 bezeichnet wurde, den richtigen Motor für den Mustang gefunden zu haben. Dies bestätigte sich auch in der praktischen Flugerprobung, als im Dezember 1942 ein modifizierter Mustang mit dem Packard-V-1650-Motor als Versuchsmuster XP-51B erstmals im Fluge erprobt werden konnte.

Gegenüber dem in England vorgenommenen Umbau war die XP-51B weiter verfeinert und erwies sich als überaus schnell und wendig, allerdings zeigte der Mustang jetzt auch ausgeprägter seine Tücken, insbesondere seine Neigung zum abrupten Abkippen beim Überziehen. Dies erfolgte praktisch ohne jede Ankündigung. Auch für ein recht empfindliches Höhenruder war der Mustang bekannt. Dipl.-Ing. Hans-Werner Lerche, der im Zweiten Weltkrieg US-Beuteflugzeuge testete, lernte im Sommer 1944 eine P-51B kennen und schwärmt noch heute in seinem Buch »Testpilot auf Beuteflugzeugen« von dieser Maschine, deren Flugeigenschaften er allgemein lobt. Insbesondere ihre Eigenschaften im Kurvenflug begeisterten den deutschen Testpiloten, nach dessen Erinne-

rung bei Vergleichsflügen mit deutschen Jägerassen nur die Me 109 G 10 und die Fw 190 D 9 einigermaßen mit der P-51B mithalten konnten. Nach Lerches Erinnerung erreichte seine Testmaschine in 7000 m Höhe eine Geschwindigkeit von 670 km/h. Aber auch die Mustang-Tücken blieben Lerche nicht verborgen. So weist er darauf hin, daß der Mustang bei einer gewissen Tankfüllung und entsprechend rückwärtiger Schwerpunktlage seine Grenzen in der Längsstabilität hatte und sich auch in der Steilkurve mit Vollgas zum Abkippen bringen ließ.

Trotzdem überwogen deutlich die Vorzüge des eleganten Vogels, der, außer in Inglewood, auch in Dallas/Texas gebaut wurde.

Mit der nächsten Version, der P-51C, bei der Royal Air Force als Mustang III bezeichnet, veränderte der Mustang noch einmal deutlich sein Aussehen. Das bislang in den Rumpf eingestrakte Cockpit wurde durch eine bessere Sicht bietende, rahmenlose Muschelhaube ersetzt, wodurch der hintere Rumpf etwas flacher gestaltet werden konnte und der Mustang an Eleganz gewann, die auch die P-51D prägte. Diese Ausführung kam im Februar 1944 heraus und erreichte eine Stückzahl von 8203 Exemplaren, zu denen weitere 1337 Maschinen des Typs P-51K kommen sollten. Letztere unterschieden sich von der D-Version durch die Ausstattung mit einem Aeroproducts-Propeller anstelle der sonst üblichen Hamilton-Luftschraube.

Mit ihrer Muschelhaube bot die D-Version eine perfekte Rundumsicht. Im Unterschied zur C-Ausführung hatten die D-Mustangs eine vorgezogene Kielflosse zur Erhöhung der Richtungsstabilität. Diese konstruktive Maßnahme war durch den Einsatz der Vierblatt-Höhenpropeller notwendig geworden.

Auf die D-Version folgten noch weitere vier Baumuster wie die besonders leichten Ausführungen P-51F, G und J, die an die 800 km/h-Grenze herankamen. Krönung der Mustang-Serie war schließlich die Serie P-51H, die mit einem 2218 PS-Packard V-1650-9-Triebwerk 785 km/h erreichte. Diese Ausführung unterschied sich durch einen überarbeiteten Rumpf und eine deutlich höhere Seitenflosse äußerlich von den Vorläufern und kam gegen Ende des Zweiten Weltkrieges noch zum Einsatz. Insgesamt wurden 555 Exemplare dieses Typs gefertigt. Bereits 1944 hatte North American Aviation einen Zwillings-Mustang entworfen, der als schwerer Nachtjäger und Langstrecken-Kampfflugzeug gedacht war. Diese Maschine bestand praktisch aus zwei Mustangs, die durch ein gerades Flächenmittelstück und ein gemeinsames Höhenleitwerk verbunden waren. Die Flugerprobung dieses überaus schlagkräftigen Typs fiel in die letzte Kriegsphase. Nach dem Kriege wurde dieser Typ noch weitergebaut, ebenso der klassische Mustang, der auch noch in Korea zum Einsatz kommen sollte. Es gab sogar Turboprop-Ausführungen mit Rolls-Royce Dart-Propellerturbinen (von Cavalier Aircraft gebaut) und von Piper als »Enforcer« eine Version mit Lycoming-Turboprop-Triebwerk.

Eine Renaissance besonderer Art erlebten die Mustangs, vornehmlich solche der Baureihe P-51D, nach dem Kriege als Rennflugzeuge in USA, wo die zum Teil 40 Jahre alten Veteranen zu Abonnement-Siegern avancierten.

Seit 1946 erscheinen Mustangs in den Siegerlisten der klassischen US-Rennen wie der Bendix-Trophy, die Paul Mantz 1946 mit einer P-51C-10 (»wet wing«) vor vier weiteren Mustangs gewann. Auch 1947 hieß der Bendix-Sieger Paul Mantz. Hinter seinem Mustang plazierten sich fünf weitere P-51B, C und D. Auch 1948 lag Mantz wieder vorn, während sich die Mustang-Phalanx, 1949 mit dem Fotoaufklärer F-6C an der Spitze, erneut die ersten drei Plätze holte. P-51-Maschinen siegten 1946 in der Sohio Trophy, 1947 im Kendall Trophy Race, 1948 im Tinnerman Trophy Race, 1949 erneut in der Sohio-Trophy. Den ersten Sieg in der berühmten Thompson-Trophy konnte Anson Johnson 1948 mit seiner P-51D verbuchen, nachdem Earl Ortman 1946 bereits einen dritten Platz errungen hatte und der Mustang-Pilot Steve Beville 1947 als Vierter durchs Ziel gegangen war.

In der Offenen Klasse beherrschten die Mustangs seit 1964 das Feld, bis Darryl Greenamyer 1966 mit seiner Grumman F8F-2 erstmals 1966 ein Einbruch in die Mustang-Siegerliste verbuchen konnte. Doch die Mustangs mischten auch weiter erfolgreich mit. Lange Zeit galt ein von Don Whittington geflogener Mustang mit dem klangvollen Namen »Precious Metal« als schnellster Renn-Mustang, erreichte er doch anläßlich der National Championships in Reno/Nevada auf einem Rundkurs einen Schnitt von 702 km/h. Von der FAI anerkannt und verbrieft kann dies seit 1979 ein Mustang aus dem Jahre 1944 für sich beanspruchen, der derzeit den Geschwindigkeitsweltrekord der Klasse C-1, Gruppe 1) mit 803,2 km/h hält. Allerdings fällt es schwer, den Rekordvogel angesichts umfangreicher Modifikationen noch als P-51D zu bezeichnen, als die der Mustang 25 Jahre vor seinem Rekordflug seine fliegerische Karriere begonnen hatte.

Auch im Renngeschäft war die »Red Baron« eigentlich schon ein Veteran, denn sie wurde schon 1966 bei Pylon-Rennen in der Offenen Klasse (Unlimited) eingesetzt und flog drei erste und zwei zweite Plätze nach Hause. Auch Darryl Greenamyer flog den heutigen Rekordhalter schon, und zwar 1977 in Reno, wo er auf dem 16-km-Rundkurs einen 10-Runden-Schnitt von 693 km/h erreichte. Ein Jahr zuvor war Roy McClain bei seiner schnellsten Runde sogar mit 701,67 km/h gestoppt worden. 1977 und 1978 wurde der Red Baron National Champion. Er siegte 74, 75, 78 und 79 in Mojave, 77 und 78 in Reno und 1979 in Miami.

Ihre Renn-Karriere hatte die derzeit schnellste Propellermaschine zunächst als Original-Mustang begonnen, der lediglich um seine militärische Ausrüstung erleichtert worden war. Doch bald entschied man sich zur weiteren Leistungssteigerung für einschneidende Veränderungen. Zunächst wurde 1968 die Spannweite von ursprünglich 11,29 m auf 10,1 m verringert, was zugleich auch eine Modifikation der Randbogen notwendig machte. Ein Jahr später wurde die hohe Muschelhaube des Cockpits durch eine flachere Ausführung ersetzt, die weniger Widerstand bot. Und auch der relativ stumpfe Original-Spinner mußte einer parabolischeren Form Platz machen.

Der harte Renneinsatz machte sich mit der Zeit insbesondere in der Triebwerksleistung bemerkbar. Der betagte 17-Liter Merlin-Motor hatte seine besten Tage hinter sich und wurde schließlich 1975 gegen einen 36,7 Liter Rolls-Royce Griffon ausgetauscht. Dies bedeutet eine mehr als verdoppelte Antriebsleistung, betrug doch die normale Leistung des Merlin ca. 1500 PS, während der

frisierte Griffon-Zwölfzylinder über 3000 PS lieferte.

Um diese gewaltige Leistung in Vortrieb umzusetzen, bedurfte es einer anderen Luftschraube, und so erhielt die Red Baron zwei gegenläufige Dreiblatt-Verstellpropeller. Gleichzeitig mußte der gesamte Rumpfbug verändert werden, um den Motor samt Getriebe aufnehmen zu können. Zur Luftversorgung erhielt der Mustang eine Lufthutze auf der Oberseite der Motorhaube. Der serienmäßige Lufteinlaß unter dem Spinner verschwand. Zur Verbesserung der Richtungsstabilität wurde im Rahmen dieses Umbaus auch das gesamte Seitenleitwerk vergrößert.

Der Umbau sollte sich lohnen. In der Folgezeit gewann die Red Baron fast immer bei den Rennen in Reno, Mojave und Miami oder wurde zumindest Zweite. Lediglich einmal ging der rote Renner mit den weißen Flächen und der Startnummer 5 leer aus, weil das Ladergetriebe versagte. Zuletzt gewann die Maschine jedoch unter verschiedenen Piloten alle vier Rennen der Unlimited Class. Die im Rennen erzielten Geschwindigkeiten ließen einen Angriff auf den damals bei 777,377 km/h stehenden Propeller-Rekord Greenamyers erfolgversprechend erscheinen, und so wurde die Red Baron im Sommer 1979 für das große Ereignis präpariert. Für den Rekordversuch wurde der Trockensee Mud Lake ausersehen, der in 1650 m Höhe südöstlich von Tonopah in Nevada liegt.

Die Versuchsflüge wurden am 9. August aufgenommen, wobei mit 770 km/h der bestehende Weltrekord bereits fast erreicht wurde. Am nächsten Tag sollte es ernst werden, doch der hochfrisierte Griffon, der für diesen Versuch noch einmal in seiner Leistung gesteigert worden war, streikte im ersten Durchgang. Es verlangte das ganze fliegerische Können Steve Hintons, den Rekordvogel noch mit Mühe in Tonopah sicher zu Boden zu bringen. Noch am gleichen Tag bauten die Mechaniker ein bereitstehendes Ersatztriebwerk ein, das am 11. August einige Stunden eingeflogen wurde. Als man am nächsten Tag erneut die Meßstrecke anging, traten im zweiten Durchgang Zündprobleme auf, die einen Rekord vereitelten. Ungünstige Wetterverhältnisse machten nach einem Kerzenwechsel zunächst weitere Versuche unmöglich. Am 13. August erfolgten erneut Versuchsflüge, die, inoffiziell gestoppt, die neue Rekordmarke von 785 km/h erbrachten. Da die Luft während dieser Testflüge recht turbulent gewesen und zudem die Spornrad-Verkleidung bei diesen Flügen offengeblieben war, erschienen unter optimalen Bedingungen 800 km/h erreichbar.

Die notwendigen Bilderbuch-Bedingungen stellten sich über Nacht ein, als ein heftiges Wüstengewitter die Temperatur von zuvor 43° C auf 27° sinken ließ. Am frühen Morgen wurde die Red Baron für einen neuen Rekordversuch vorbereitet und ging schließlich um 8.30 Uhr die Meßstrecke zum erstenmal an. Steve Hinton ging die viermal zu durchfliegende Meßstrecke im Tiefflug mit voller Motorleistung an. Der Ladedruckanzeiger stand bei 105 inches (265 cm). Das Mittel aus zwei Gegen- und zwei Rückenwind-Passagen ergab schließlich die neue Rekordgeschwindigkeit von 803,2 km/h. Auf einem Durchgang mit Rückenwind erreichte Hinton sogar 817 km/h. Mit dieser feinen Leistung vollendete sich ein weiteres Kapitel in der Geschichte der Propellerfliegerei und der

P-51 »Mustang«. Man darf gespannt sein, ob sich vielleicht in einigen Jahren noch einmal Techniker und Piloten finden, die es auch bei 803,2 km/h nicht bewenden lassen wollen.
Die Rekordmaschine ging übrigens während der Reno Air Races des Jahres 1979 zu Bruch.

Technische Daten der North American P-51D »Mustang«

	Serien-Ausführung	Red Baron-Version
Spannweite	11,29 m	10,10 m
Länge	9,81 m	
Höhe	4,10 m	
Leergewicht	3230 kg	
Max. Fluggewicht	5260 kg	
Gipfelhöhe	12770 m	
Höchstgeschwindigkeit in 7620 m Höhe	708 km/h	817 km/h (in Bodennähe)
Kampfreichweite	1528 km	
Reichweite (operational)	2091 km	
Max. Reichweite mit Außentanks	3346 km	
Triebwerk	Packard V-1650 V-12 (US-Lizenzversion des Rolls-Royce Merlin 61) zunächst mit 1520 PS, später V-1650-7 1590 PS	Rolls-Royce Griffon V12 36,7 Liter Hubraum mit über 3000 PS
Erstflug:	26. 10. 1940 (P-51A) 17. 11. 1943 (P-51D)	Bauj. 1944
Gebaute Stückzahl:	über 15 000 in 9 Versionen davon 8203 P-51D	
Rekordleistung:		803,2 km/h
Pilot		Steve Hinton
Ort		Mud Lake (Nevada)
Datum		14. 8. 1979

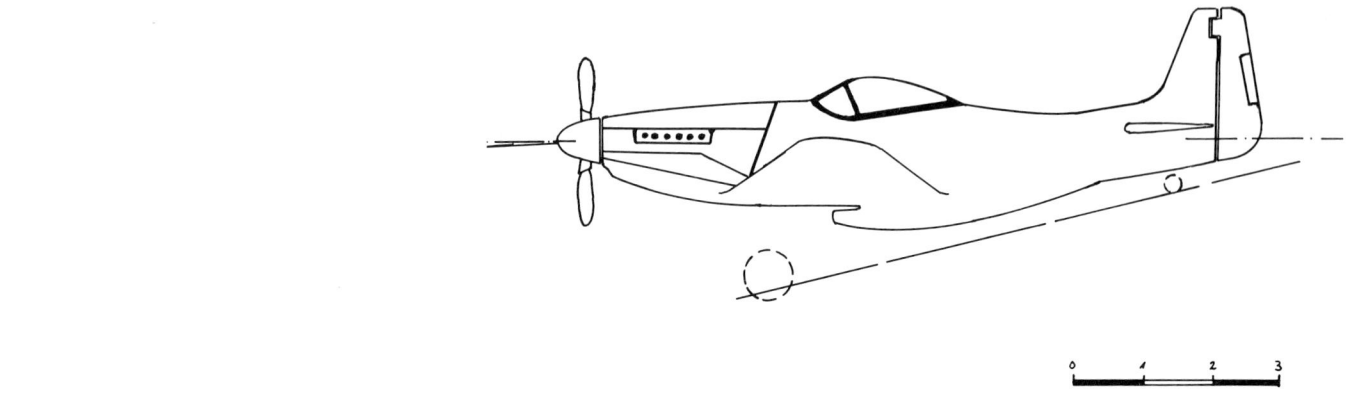

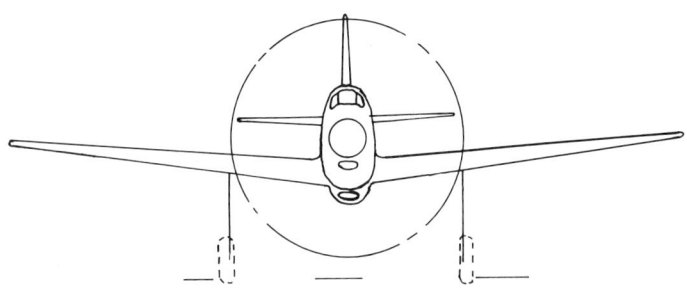

P-51 D (Standard-Ausführung)

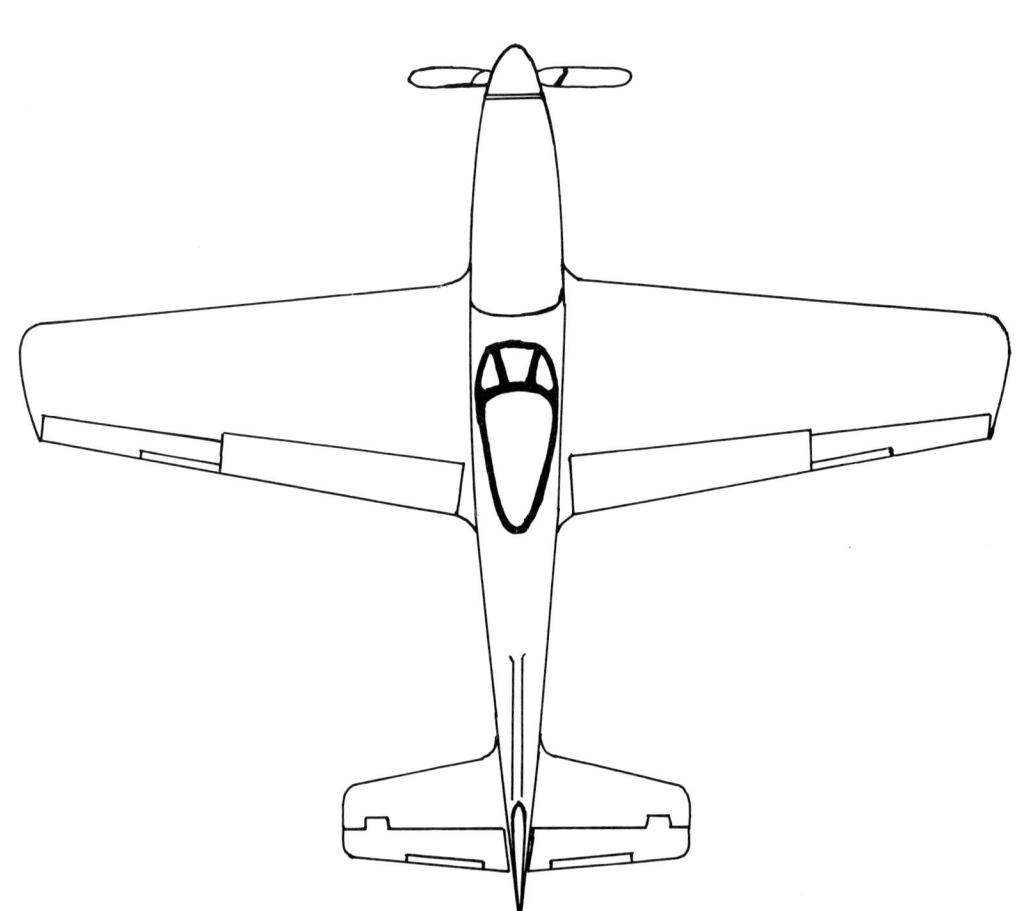

142

Bei Kriegsende war die Zeit der Propellerflugzeuge – wenigstens soweit es um die Erzielung von extrem hohen Fluggeschwindigkeiten ging – vorbei. Die technische Wende kündigte sich bereits in den frühen dreißiger Jahren an, als Frank Whittle in England und das Team von Ohain/Hahn bei Heinkel in Deutschland Versuche auf dem Gebiete der Turbo-Luftstrahltriebwerke unternahmen. Während Whittle, der seine Vorschläge bereits 1929 dem britischen Luftfahrtministerium unterbreitet hatte, zunächst keine Unterstützung fand, erkannte Ernst Heinkel die Möglichkeiten, die ein Turboantrieb bieten konnte, und förderte

die beiden Physiker, die er von der Universität Göttingen geholt hatte, nach Kräften, obwohl sich die Entwicklung länger hinzog als man ursprünglich erwartet hatte. So kam es, daß ein deutsches Versuchsflugzeug, die Heinkel He 178, als erstes Flugzeug der Erde am 27. August 1939 unter Erich Warsitz seinen erfolgreichen Jungfernflug absolvierte, während Whittles Triebwerk erst am 15. Mai 1941 in einer Gloster E. 28/41 in Cranwell durch den Testpiloten Gerry Sayer im Fluge erprobt werden konnte, nachdem man schließlich doch die Bedeutung des Strahlantriebes erkannt und Whittles Arbeiten gefördert hatte. Hatten

Das Entwicklungsteam vor dem Prototyp der Gloster Meteor. In Uniform: der Triebwerkskonstrukteur Frank Whittle.

sich die Briten durch das Zögern oder die mangelnde Einsicht ihres Luftfahrtministeriums praktisch selbst um die Ehre gebracht, als erste ein Strahlflugzeug erprobt zu haben, so wurden sie zumindest dadurch entschädigt, daß eine englische Maschine wenige Monate nach dem Kriege den ersten mit einem Jet aufgestellten Geschwindigkeits-Weltrekord flog und dieser Rekord mit einer Maschine gleichen Typs knapp ein Jahr später verbessert wurde.

Der erste Rekordträger mit Jet-Antrieb war eine Gloster Meteor IV, deren Vorläufermodelle noch vor Kriegsende zum Einsatz gekommen waren.

Nach der erfolgreichen Erprobung der E. 28/41 gab die Royal Air Force die Spezifikation für ein strahlgetriebenes Kampfflugzeug heraus, die die Bezeichnung F.9/40 trug. Ebenfalls bei Gloster wurde entsprechend dieser Spezifikation eine Serie von acht F.9/40 Prototypen-Zellen gebaut, die zur Erprobung der mittlerweile fertiggestellten oder in der Entwicklung stehenden englischen Strahltriebwerke dienen sollten. Eingebaut wurden bei Rover gebaute und von Whittle konstruierte Power Jets W2B-Triebwerke, die erste britische Axial-Strahlturbine Metropolitan Vikkers, deren Standerprobung im Dezember 1941 aufgenommen worden war und die am 13. November 1943 in die Flugerprobung ging, und das Halford-Triebwerk, das zum Vorläufer des De Havilland Goblin und des Rolls-Royce Trent, der ersten britischen Propellerturbine wurde.

Mit zwei Halford-Triebwerken ausgerüstet flog eine F.9/40 als Urversion der Gloster Meteor am 5. März 1943 zum erstenmal, während eine weitere F.9/40, in die im Juli 1942 zwei Halford Triebwerke eingebaut worden waren, erst im Juni 1943 flugbereit war.

Nach geringfügigen Änderungen entstand aus dem Urtyp F.9/40 die Gloster Meteor, F.1, die mit Rolls-Royce Welland Triebwerken ausgestattet war. Diese Strahlturbinen stellten eine Weiterentwicklung des Whittleschen Power Jets W2B-Triebwerkes dar, mit dem während der Flugerprobung der einmotorigen E. 28/41 bei versehentlichem Überschreiten der höchstzulässigen Turbinendrehzahl schon einmal unplanmäßig eine Höchstgeschwindigkeit von 760 km/h erreicht worden war.

Die Meteor F.1 war die erste in Serie gebaute Version und kam mit sieben Exemplaren im Juli 1944 bei der Squadron 616 zum aktiven Einsatz. Die Maschinen wurden zunächst gegen anfliegende V.1 Geschosse eingesetzt. Der erste Abschuß einer V.1 gelang am 14. August 1944. Insgesamt waren die Erfolge bei diesen Einsätzen jedoch nicht gerade berauschend. Die von W. G. Carter konstruierte Meteor wurde in einer langen Typenreihe weiterentwickelt. Vom Typ Meteor III, der im Januar 1945 erstmals zu den RAF-Einheiten kam, wurden insgesamt 280 Maschinen gebaut. Zum Kräftemessen mit der Me 262 kam es jedoch nicht mehr, da die meisten dieser deutschen Maschinen infolge Spritmangels nicht mehr eingesetzt werden konnten. Die Meteor F. III erhielten mit der zweiten Serie das neu entwickelte Rolls-Royce R.B.37 oder Derwent 1-Triebwerk, das nicht nur mehr Schub lieferte als die Welland-Triebwerke der ersten Serie sondern auch einen geringeren spezifischen Treibstoffverbrauch zeigte. Mit den leistungsfähigeren Triebwerken stieß die Meteor in Geschwindigkeitsbereiche vor, in denen sich Verdichtungserscheinungen störend bemerkbar machten. Insbesondere im Bereich der Triebwerksgondeln ergaben sich

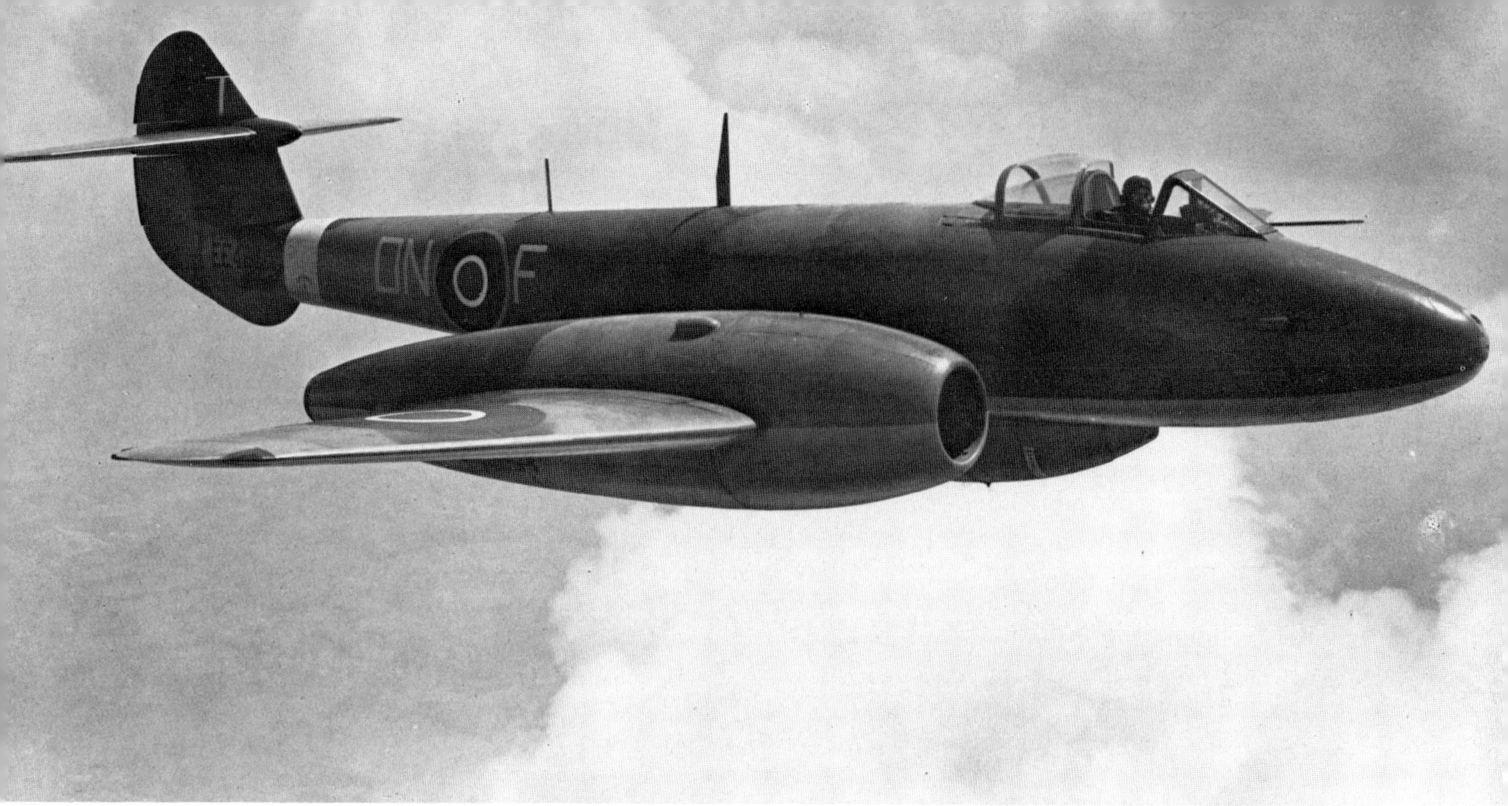

Den ersten Jet-Weltrekord stellte Group Captain Wilson am 7. November 1945 mit dieser Meteor Mk. IV-IVEE 454 auf. Hier bei einem Testflug mit offenem Cockpit.

Mit dieser aerodynamisch verfeinerten Meteor Mk. IV ohne Bewaffnung und Antennen sowie verspachtelten Waffenöffnungen und geglätteten Beplankungsstößen schraubte Group Captain Donaldson am 7. September 1946 den Rekord auf 991 km/h. Hier die Rekordmaschine IVEE 549 beim Rekordflug in unmittelbarer Bodennähe. Für den Rekordversuch wurde eine Metall-Cockpithaube mit kleinen Sichtfenstern verwendet.

Strömungsprobleme, weshalb die letzten 30 Mk. III-Maschinen längere Motorgondeln erhielten, die bei den Folgemustern beibehalten wurden. Das Nachfolgemuster Mk.IV wurde schließlich mit Derwent 5-Triebwerken ausgerüstet, die aus dem größeren Nene-Motor entwickelt worden waren und einen Standschub von je 1589 kp abgaben. Diese Triebwerke sowie die nun einsatztaugliche Druckkabine waren zwei der wesentlichen Kennzeichen der Version Mk. IV, ein drittes kam kurz nach Produktionsaufnahme hinzu, als eine Mk. IV bei der Flugerprobung durch Gloster-Testpilot Moss, beim Abfangen aus dem Sturzflug auseinanderbrach und die Gloster-Konstrukteure die Spannweite der Maschinen um 177,4 cm verkürzten, um eine höhere Strukturfestigkeit zu erzielen. Am 7. November 1945 unternahm Group Captain Wilson über Herne Bay einen erfolgreichen Weltrekordversuch mit einer Meteor Mk. IV und erreichte mit seiner Maschine, die das Kennzeichen IVEE 454 trug, im Tiefflug über die 3km-Meßstrecke 975,875 km/h. Da man in England über das US-Projekt P-80 recht gut orientiert war, glaubte man, daß dieser Rekord kaum langen Bestand haben werde. Aus diesem Grunde bildete die RAF im Sommer 1946 die in Tangmere stationierte High Speed Flight mit dem Ziel, den Meteor-Rekord zu verbessern. Wie bereits im ersten Rekordversuch wurden auch diesmal zwei Maschinen für Rekordversuche vorbereitet und zwar die EE 549 und die EE 550, während die Piloten auf serienmäßigen Meteor Mk. IV ein ausgedehntes Tiefflug-Programm unter Rekordbedingungen absolvierten. Die beiden Rekordmaschinen wurden um ihre Bewaffnung erleichtert und von ihren Antennenmasten befreit. Beplankungsstöße und Unebenheiten wurden aufgefüllt, die Waffen-

öffnungen verschlossen und überspachtelt. In den leeren Waffenräumen und im Magazinbehälter wurden Zusatztanks von zweimal 59,1 und einmal 195 Liter Inhalt installiert. Durch die Änderung der Triebwerke beim Übergang zur Version MK. IV war die Meteor von Natur aus schwanzlastig und trug im Bug normalerweise bis zu 500 kg Bleiballast. Der Ausbau der Bewaffnung im Bug machte weitere 255,6 kg Ballast im Bug notwendig und ließ das Gewicht der Rekordmaschinen schließlich 6390 kg erreichen. Neben aerodynamischen Verbesserungen suchte man auch durch Frisieren der Triebwerke die Leistung zu steigern, was auch gelang. So leisteten die modifizierten Derwent 5-Triebwerke der beiden Rekordmaschinen statt je 1589 kp kurzzeitig je 1907 kp. Bei den Flugversuchen mit Höchstgeschwindigkeit in Bodennähe zeigte sich, daß die Acrylglas-Cockpithauben im hinteren Bereich erweichten und sich verformten. So mußten für die Rekordversuche die serienmäßigen Muschelhauben durch Metallhauben mit eingesetzten kleinen Sichtscheiben ersetzt werden. Am 7. September 1946 unternahm Group Captain Donaldson am späten Nachmittag gegen 17.45 Uhr bei leichtem Nieselregen und kaltem Wetter einen Rekordversuch und erreichte im Schnitt aus vier Meßflügen 991 km/h, während Squadron Leader Waterton mit der EE 550 bei einem späteren Versuch 3 km/h langsamer war. Das Ziel, einen von der P.80 nicht einzuholenden Rekord aufzustellen, wurde allerdings nicht erreicht. Knapp neun Monate später ging der Rekord an die Shooting Star verloren, die allerdings nur zwölf km/h schneller sein sollte.

Die Meteor avancierte zum Standardjäger der RAF und wurde in zahlreichen weiter verbesserten Versionen unter anderem als Trainer,

146

gemischte Jäger/Aufklärer-Version, als unbewaffneter Höhenaufklärer und als doppelsitziger Nachtjäger gebaut. Mit der Meteor Mk. 8 wurde schließlich auch durch Einbau eines 76,2 cm langen Rumpfzwischenstückes im Bug das Problem der Schwanzlastigkeit gelöst, so daß durch das weiter vorn liegende Cockpit und die weiter vom Schwerpunkt nach vorn gerückten Waffen jeglicher Ballast in der Nase überflüssig wurde.

Die ursprüngliche Meteor war als zweistrahliger Jagdeinsitzer mit freitragendem Tiefdeckerflügel in zweiholmiger Schalenbauweise konzipiert. Die Querruder waren ebenfalls ganz aus Metall aufgebaut und besaßen einen Massenausgleich. Außerdem verfügte der trapezförmige Flügel über Spreizklappen und Luftbremsen. Letztere waren an der Ober- und Unterseite des Innenflügels angebracht, an den die Triebwerksgondeln angesetzt waren. Bei den beiden letzten Rekordmaschinen waren die Luftbremsen in eingefahrenem Zustand arretiert.

Der Rumpf der Meteor war ebenfalls in Schalenbauweise erstellt und nahm im Mittelteil, der mit dem Flächenmittelstück ein Teil bildete, zwei Tanks auf. Das Höhenleitwerk der Meteor lag über dem Rumpf und war wie der Flügel zweiholmig in Ganzmetall-Schalenbauweise erstellt. Das Leitwerk wurde von dem in einem Stück mit dem Rumpf gebauten Seitenleitwerk getragen. Seiten- und Höhenruder waren ebenfalls aus Metall konstruiert und sowohl aerodynamisch als auch durch Gewichte ausgeglichen. Höhen- und Seitenruder waren mit Trimmrudern versehen.

Die Meteor IV war der erste Rekordträger mit Bugradfahrwerk. Alle drei Fahrwerksbeine waren ölpneumatisch gefedert. Das lenkbare Bugrad wurde nach hinten eingezogen, während die Beine des Hauptfahrwerkes seitlich nach innen in das Flügelmittelstück eingezogen wurden. Dies geschah hydraulisch und konnte im Notfall auch mittels Handpumpe vollzogen werden. Um Platz zu sparen, wurden die mit pneumatischen Bremsen ausgestatteten Hauptfahrwerksbeine beim Einfahren unter Nutzung des Federweges verkürzt.

Die Maschine war relativ leicht zu fliegen und zeigte beim Auftreten der ersten Schockwellen eine Tendenz, die Nase leicht hochzunehmen, wodurch der Pilot rechtzeitig gewarnt wurde. Die Steuerung erfolgte allein mit der Kraft des Piloten.

Neben den erwähnten Rekordleistungen sind erwähnenswert: ein Rekordflug der EE 549 auf der Strecke Le Bourget (Paris) – Croydon (London) in 20 Minuten und elf Sekunden mit Squadron Leader Waterton im Cockpit (Schnitt 995,22 km/h) am 19. Januar 1947, ein

Technische Daten der Gloster Meteor Mk. IV:

Spannweite	11,33 m	
Rumpflänge	12,50 m	
Höhe	3,30 m	
Flächeninhalt	32,50 m²	
Leergewicht	4562 kg	
Fluggewicht	6800 kg (6390 kg)*	
Flächenbelastung	210 kg/m² (197 kg/m²)*	
Steigleistung	12192 m in 8 Minuten	
Triebwerke	2 Rolls Royce Derwent 5	
Standschub	je 1589 kp (1907 kp)*	
Rekordleistungen:	975,875 km/h	991 km/h
Pilot	Group. Cpt. Wilson	Group Cpt. Donaldson
Ort	Herne Bay	Little Houston
Datum	7. November 1945	7. September 1946

*) abweichende Daten der Rekordmaschine IVEE 549, die heute vor der RAF-Basis Innsworth (Gluocestershire) ausgestellt ist.

100 km Rundstreckenrekord vom 16. Februar 1948, bei dem nach einem Fehlversuch am 8. Februar bei Moreton ein Schnitt von 873,71 km/h erreicht wurde (Meteor VI-V.T. 103) und ein 1947 bei der Vorstellungsreise der Meteor aufgestellter Rekord mit 1013,88 km/h auf der Strecke Brüssel-Kopenhagen mit einer Gloster-Werksmaschine (G-AIDC).

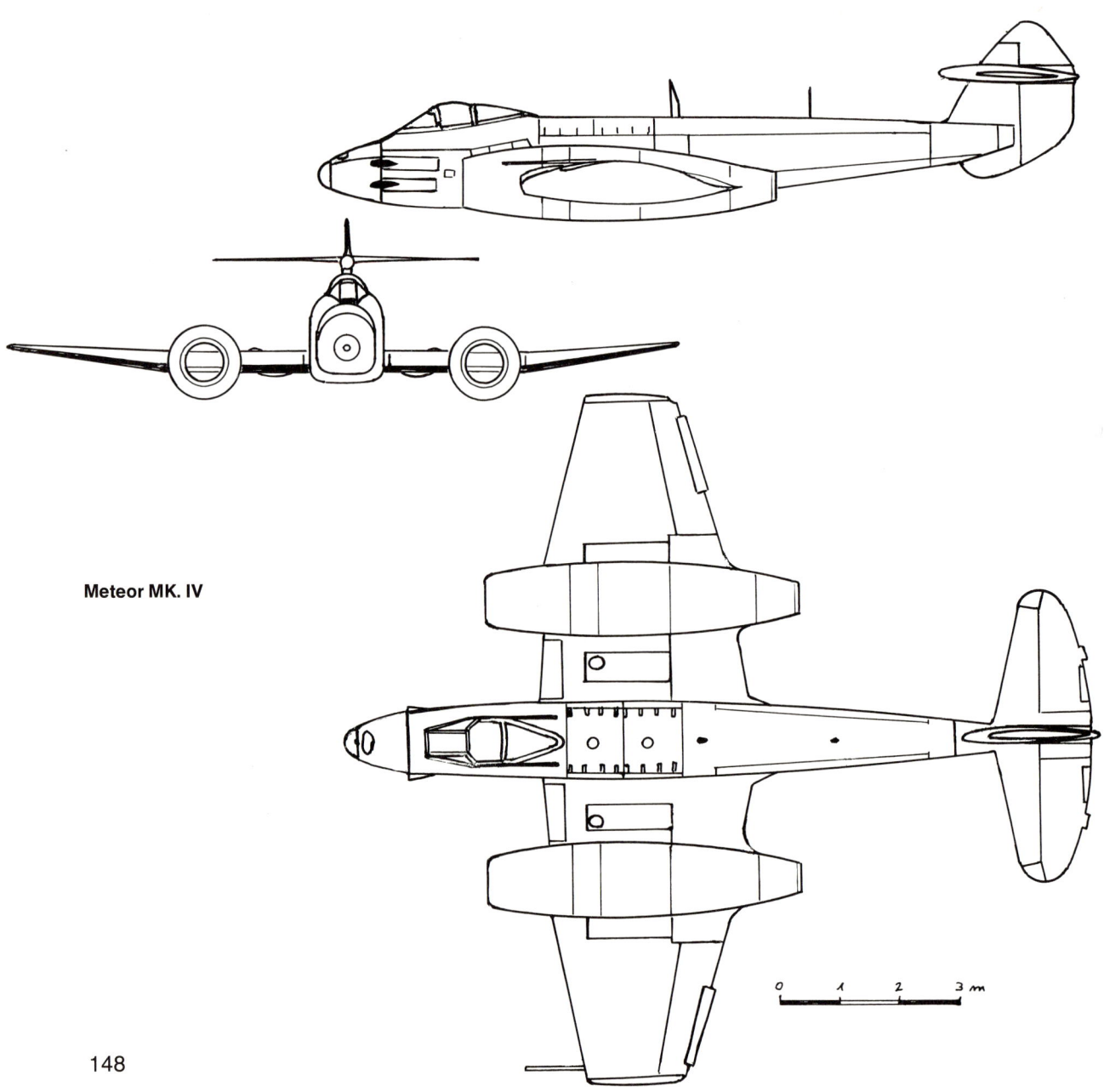

Meteor MK. IV

27   Lockheed P-80R »Racey«   (USA)   1947

Bei Kriegsbeginn liefen keineswegs nur in Deutschland und England Entwicklungsarbeiten an Strahlturbinen. In Italien versuchte man sich mit einem Strahlflugzeug, bei dem der Verdichter von einem Kolbenmotor angetrieben wurde, und auch in USA tastete man sich auf dieses neue Gebiet vor. Bei Lockheed arbeitete gegen Ende der dreißiger Jahre ein Ingenieur namens Nathan Price, der eine reiche Erfahrung im Kraftwerksturbinenbau besaß und von Lockheed mit der Entwicklung einer Gasturbine beauftragt wurde. Er konzipierte ein aus heutiger Sicht modernes Zwei-

wellen-Turbostrahltriebwerk mit einem hohen Verdichtungsverhältnis. Um dieses Triebwerk herum konstruierte eine Projektgruppe, der Phil Colman, Willis Hawkins, Gene Frost und Kelly Johnson angehörten, 1940 eine mit herkömmlichen Bauprinzipien weitgehend brechende, aus rostfreiem Stahl zu bauende Maschine, die als L-133 bezeichnet wurde. Die Maschine sollte eine projektierte Geschwindigkeit von 1000 km/h in einer Höhe von 15240 m (50000 ft) erreichen. Johnson und Price legten ihr ehrgeiziges Projekt der Army Air Force (AAF) vor, fanden aber keine Gegen-

Gegenüber der Serienausführung hatte die P-80 »Racey« eine leicht vorgezogene, angeschärfte Flügelnase, eine flachere und verkürzte Cockpithaube und vergrößerte sowie strömungsgünstiger gestaltete Lufteinläufe.

liebe für das mit vielen Risiken behaftete Projekt. Damit mußte Lockheed zunächst den Traum begraben, den ersten amerikanischen Strahljäger zu bauen. Möglicherweise bewahrte der geringe Enthusiasmus der AAF Johnson und Price vor einem schweren Rückschlag, da es überaus fraglich erscheint, daß die mit dem Projekt verbundenen technischen Probleme mit den damals zur Verfügung stehenden Mitteln zu bewältigen gewesen wären. Daß Price auf dem richtigen Wege war, sollte sich später zeigen, als das Triebwerk von Menasco gebaut wurde und sich bewährte. Die Price-Patente wurden schließlich von Curtiss-Wright aufgekauft.

Immerhin sollte Lockheed dennoch den Ruhm für sich verbuchen können, den ersten in Serie gebauten US-Jet-Fighter entwickelt zu haben, der allerdings zunächst mit einem englischen Triebwerk ausgestattet war und erst später ein US-Triebwerk erhalten sollte.

Am 17. Juni 1943 erfuhr Kelly Johnson in Eglin Field (Florida), wo eine neue Version der von ihm und dem damaligen Lockheed-Chefingenieur entwickelten zweimotorigen P-38 in der Flugerprobung stand, daß in den USA bereits ein Strahlflugzeug existierte und flog, die Bell Airacomet XP-59A. Die erste Maschine dieses Typs hatte am 1. Oktober 1942 mit zwei Whittle-Strahlturbinen ihren Jungfernflug absolviert. In der Flugerprobung erwies sich dieser Typ jedoch der propellergetriebenen P-38 von Lockheed unterlegen, die zu dieser Zeit zu den schnellsten US-Kampfflugzeugen zählte. Allerdings war Whittle in England längst nicht mehr konkurrenzlos. So hatte Major F. B. Halford für de Havilland eine neue Strahlturbine entwickelt, die als H-1 Goblin bekannt werden sollte. Ein solches Triebwerk sollte den Amerikanern in absehbarer Zeit zur Verfügung gestellt werden, und man versprach sich davon bessere Leistungen, als die Whittle-Triebwerke der Airacomet verliehen.

Col. M. S. Roth von der AAF, mit dem Johnson an jenem 17. Juni 1943 über Strahljäger sprach, erinnerte sich daran, daß Johnson bereits vor Jahren der AAF einen Vorschlag für ein schnelles Strahlflugzeug unterbreitet hatte, und fragte Johnson, ob er nicht um das neue De Havilland-Triebwerk eine Maschine herumkonstruieren wolle. Johnson ließ sich sofort die bereits vorhandenen Daten und Einbaumaße des Triebwerkes geben und flog umgehend nach Burbank in die Lockheed-Zentrale zurück, wo er am nächsten Tag dem Lockheed-Präsidenten Robert Gross und dem Chefingenieur des Unternehmens Hall Hibbard das neue Projekt, für das er auf dem Fluge nach Burbank bereits erste Daten fixiert hatte, vorstellte. Johnson wollte sich diese Chance auf keinen Fall entgehen lassen und trumpfte mit einer Entwicklungszeit von nur 180 Tagen auf, der halben Zeit, die normalerweise über die Entwicklung eines neuen Typs verstrich.

Mit einem Projektteam von fünf Ingenieuren arbeitete Johnson in nur knapp einer Woche seinen Vorschlag, das Projekt XP-80, aus und legte ihn mit umfangreichen Berechnungsunterlagen bei der Air Force in Wright Field vor. Der aerodynamisch sehr saubere Tiefdecker-Entwurf mit Trapezflügel beeindruckte die Air Force, die noch am gleichen Tage den Entwicklungsauftrag an Lockheed ausstellte (23. Juni 1943). Johnson stand mit seinem Angebot, innerhalb von 180 Tagen den Prototyp abzuliefern, im Wort.

Johnson und Hubbard zogen aus sämtlichen Abteilungen die besten Lockheed-Leute ab und richteten eine komplett ausgerüstete

150

Col. Boyd im Cockpit der Rekordmaschine, deren flache Haube nur eine minimale Kopffreiheit bot.

Die P-80R beim Rekordflug über der Piste in Muroc.

Werkstatt ein, um nicht von dem voll ausgelasteten Maschinenpark der Lockheed-Produktion abhängig zu sein. Als Werkhalle entstand in nur zehn Tagen nahe dem großen Lockheed Windkanal ein Provisorium aus riesigen Motorenkisten und Zeltplanen. Das kleine Team bestand aus nur 23 Ingenieuren und 105 Facharbeitern. Die Ingenieure W. P. Ralston und Don Palmer, der später zusammen mit Johnson auch das Lockheed-Projekt XF-104 Starfighter betreuen sollte, fungierten als Johnsons Assistenten. Unter strengster Geheimhaltung wurde das Projekt XP-80, der Bau des Prototyps, vorangetrieben. Die Maschine war eine relativ konventionelle Konstruktion, wenn man einmal von ihrem Antrieb absieht. Der Tiefdecker war in Schalenbauweise konzipiert, besaß einen Rumpf mit ovalem Querschnitt und vor der Flügelwurzel liegendem Muschelschalen-Cockpit. Die seitlich angeordneten Lufteinläufe des Triebwerkes waren in die Flügelübergänge integriert. Die Maschine hatte ein nach hinten einziehbares Bugrad und nach innen einzufahrende Hauptfahrwerksbeine. Etwa die äußere Hälfte der Flügelhinterkante nahmen die Querruder ein, während die innere Hälfte mit Spreizklappen für den Langsamflug ausgestattet war. Als Flügelprofil wählte Johnson ein neues mit Propellermaschinen noch nicht erprobtes, sich jedoch durch seine Windkanaldaten empfehlendes Laminarprofil, das sich auch in der Praxis bewähren sollte. Die kleine Entwicklungsmannschaft arbeitete täglich zehn Stunden und sechs Tage pro Woche.

Trotz Johnsons strengstem Verbot auch noch sonntags zu arbeiten, wurden auch sonntags noch zahlreiche Arbeitsstunden geleistet. Das Projekt litt unter zahlreichen Hindernissen. Zeitweilig fielen bis zu 30 Prozent der Be-

teiligten angesichts der kalten und zugigen »Halle« durch Krankheit aus. Zudem hatte man, selbst als die Maschine nahezu fertiggestellt war, nur Blaupausen des Goblin-Triebwerkes, das erst eine Woche vor der Fertigstellung der Zelle geliefert wurde und prompt Änderungen notwendig machte, in deren Folge das Gewicht der Maschine um 16 kg stieg und das der Ausschreibung zugrundegelegte Fluggewicht von 8600 lbs. (= 3900 kg) um knapp 3 kg überschritten wurde. Doch die AAF akzeptierte diese geringfügige Abweichung.

Anfang November 1943 wurde die inzwischen »Lulu-Belle« getaufte XP-80 bei Nacht und Nebel aus der improvisierten Werkhalle gerollt und per Tieflader zum Testgelände Muroc transportiert, wo am 139. Tag seit Arbeitsbeginn die Triebwerks-Testläufe begannen. Vier Tage später wurde die Maschine von der AAF als flugbereit abgenommen. Am Abend des gleichen Tages führte Guy Bristow, ein von de Havilland abgestellter Triebwerksingenieur, noch einen letzten Probelauf vor dem für den nächsten Morgen geplanten Erstflug durch. Als das Triebwerk seine volle Leistung erreichte, ließ der Unterdruck im Ansaugkanal die beiden seitlichen Luftführungen zusammenbrechen. Bevor Bristow das Triebwerk abstellen konnte, waren Metallteile hineingeraten und hatten das Kompressorgehäuse beschädigt. Das Triebwerk war nicht mehr brauchbar, ein neues mußte aus England eingeflogen werden. So fand der Erstflug nicht wie ursprünglich geplant am 16. November 1943, dem 144. Tag seit Projektaufnahme, sondern erst mit geringer Verspätung am 8. Januar 1944 unter Lockheed-Chef-Testpilot Milo Burcham statt. Nachdem die Maschine bei ihrem ersten Flug eine Überempfindlichkeit in den Querrudern gezeigt hatte, kam Bur-

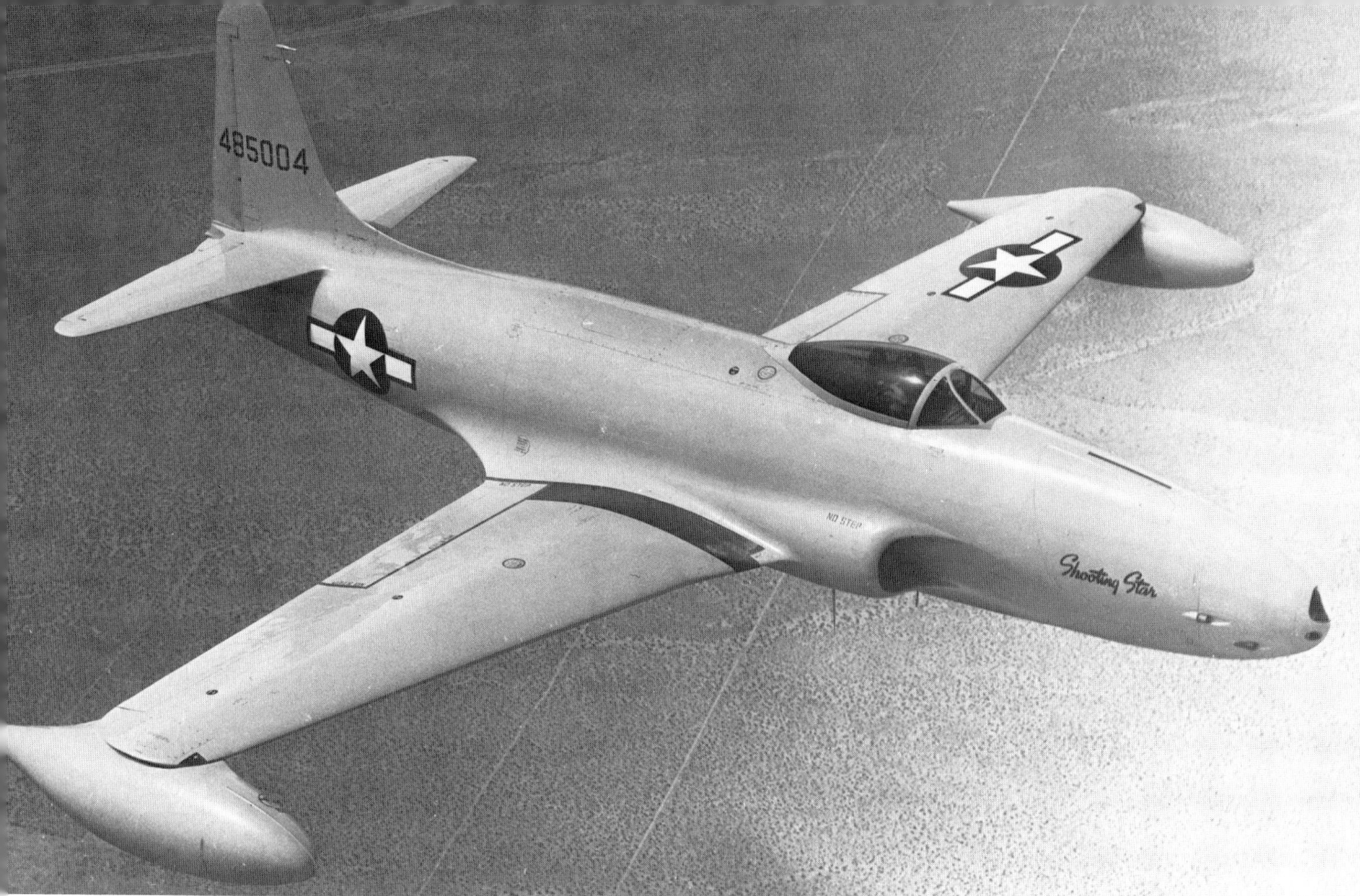

Zum Vergleich ein Foto der Serienausführung P-80 Shooting Star mit Tip Tanks.

cham beim zweiten Testflug schon weit besser mit der Maschine zurecht und beeindruckte die Air-Force-Vertreter nachhaltig.

Allerdings fiel ein Wermutstropfen in die Freude. Das englische Goblin-Triebwerk konnte nicht in den für eine Serienproduktion benötigten Stückzahlen geliefert werden. Man mußte notgedrungen auf das bei General Electric in Entwicklung stehende Whittle Triebwerk I-40 ausweichen, das allerdings größer war als das Goblin-Triebwerk. In neuer Rekordzeit von 132 Tagen schuf Johnson die benötigte größere Zelle, die als XP-80A am 10. Juni 1944, dem 139. Tag seit Entwicklungsbeginn, zum

erstenmal flog. Ihr General Electric Triebwerk lieferte einen Schub von 1737 kp, der die rund 1000 kp-Leistung des Goblin in den Schatten stellte und die Leistung der Maschine erheblich verbesserte.

Unmittelbar nach der Vorführung erhielt Lockheed zunächst einen Auftrag für 13 Vorserienmaschinen, die Großserienfertigung wurde angesichts der Bedrohung der Alliierten durch deutsche Strahljäger ebenfalls für einen geplanten Ausstoß von 30 Maschinen pro Tag vorbereitet. Je zwei Shooting Stars, wie die P-80 mittlerweile von Robert Gross getauft worden war, wurden nach Italien und England

153

entsandt, um der Air Force durch ihre Präsenz moralisch den Rücken zu stärken, aber das erhoffte Treffen mit deutschen Strahljägern kam nicht mehr zustande. Die Shooting Star wurde auch noch nach dem Kriege weitergebaut und bildete über Jahre das Rückgrat der USAF-Jagdwaffe. Die rund 900 km/h schnelle Maschine kam auch noch in Korea zum Einsatz, wo die mittlerweile in F-80 umbenannte Shooting Star 26356 Einsätze flog und 94 feindliche Maschinen abschoß.

Auch im Renneinsatz kam die Shooting Star zu Ehren. Bei den National Air Races des Jahres 1946 gewann Col. Leon Gray mit einer Fotoaufklärerversion FP-80A die Jet-Bendix Trophy, während Major Gus Lundquist mit einer P-80A-1 die Jet Thompson-Trophy gewann. Eine weitere P-80 mit der Seriennummer 485019 siegte mit einem Schnitt von 930 km/h im Weatherhead Speed Dash. Ein Weltrekord-

versuch mit dieser Maschine scheiterte an ungünstigen Wetterbedingungen. Im Januar 1946 hatte Col. William H. Council in vier Stunden 13 Minuten und 26 Sekunden einen neuen transkontinentalen Rekord auf der Strecke Long Beach–New York La Guardia aufgestellt, der nicht weniger als sieben Jahre unangetastet bleiben sollte.

Am 4. Juni 1947 holte schließlich eine von allem entbehrlichen Gewicht befreite F-80R mit Col. Albert Boyd im Cockpit erstmals nach 23 Jahren in Muroc den Geschwindigkeits-Weltrekord über die 3 km-Meßstrecke mit einer Geschwindigkeit von 1003,811 km/h wieder in die USA. Bei dieser Maschine war die Flügelnase etwas nach vorn gezogen und angeschärft. Außerdem hatte man die Lufteinlaufkanäle an den Rumpfflanken erweitert und strömungsgünstiger gestaltet. Die Cockpithaube war gegenüber dem Serienmodell flacher und kürzer.

Technische Daten der Lockheed P-18 »Shooting Star«:

Typ:	Prototyp XP-80 »Lulu-Belle«	Rekordausführung P-80R Racey
Spannweite	11,28 m	11,85 m
Rumpflänge	10,00 m	10,52 m
Höhe	3,05 m	3,45 m
Leergewicht	2854 kg	keine Angabe
Fluggewicht	3913,5 kg	keine Angabe
Triebwerk	De Havilland Halford H-13	General Electric Allison J-33 Model 400
Standschub	999 kp	2088 (+) kp
Höchstgeschwindigkeit	808 km/h in Meereshöhe	1003.811 km/h
Steigleistung	914 m/min.	–
Dienstgipfelhöhe	12500 m	–
Bewaffnung	6 MG Kal. 0,5''	keine
Rekordleistungen:	keine	1003.811 km/h
Pilot:	–	Col. Albert Boyd
Ort:	–	Muroc
Datum:	–	4. 6. 1947

Als Antrieb diente eine von der Allison Division der General Electric Company entwickelte J-33 Model 400 Strahlturbine, die beim Rekordflug eine Leistung von ca. 7500 PS abgab.

Bis zur Einstellung der Produktion im Jahre 1950 wurden insgesamt 1773 Maschinen der Versionen F-80 A, B und C von der Firma Lockheed gebaut.

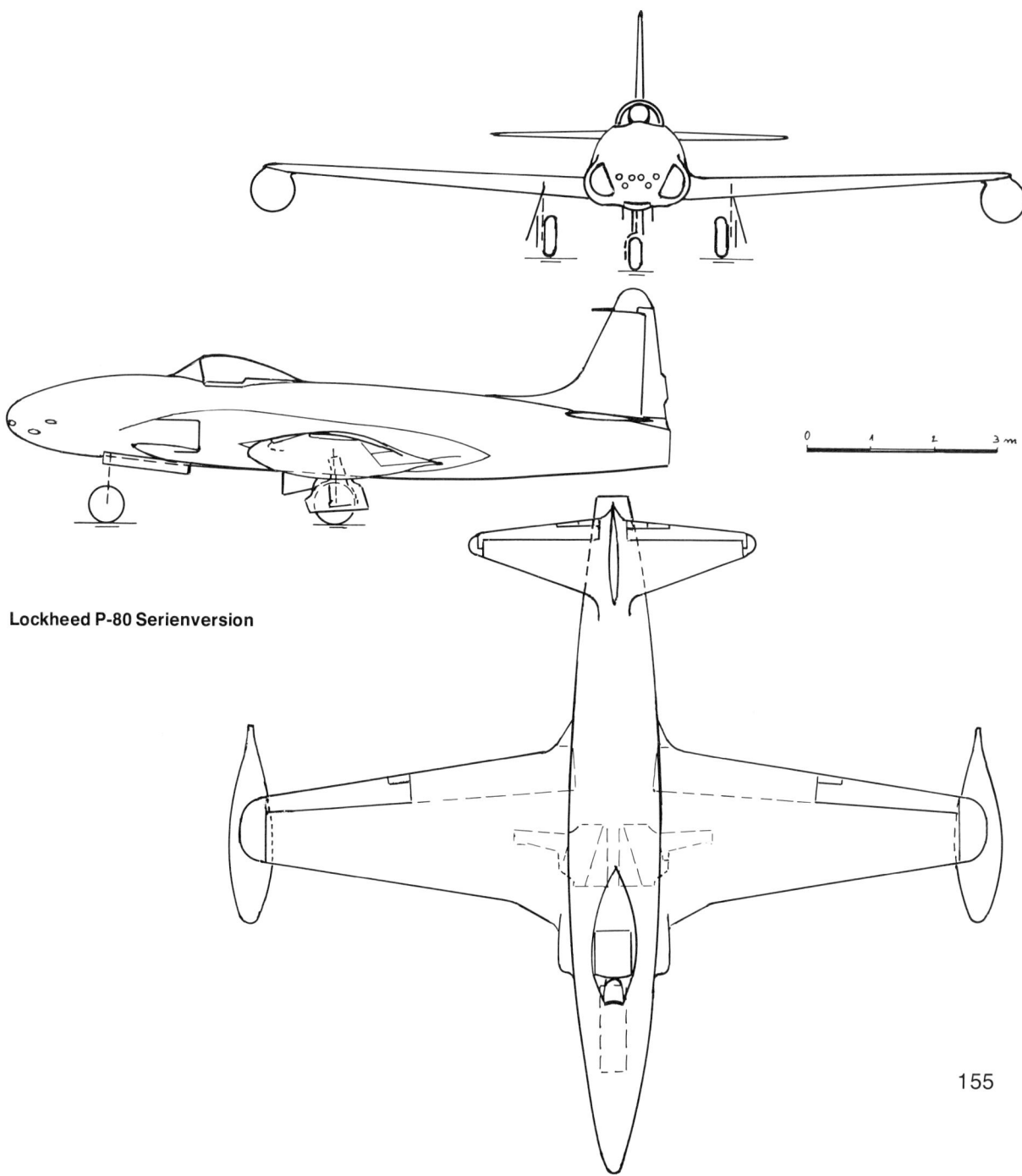

Lockheed P-80 Serienversion

155

Anfang 1945 entstand beim U.S. Navy Bureau of Aeronautics der Plan zum Bau eines Forschungsflugzeugs für den transsonischen Bereich (Mach 0,8 bis Mach 1,2). Die Maschine sollte speziell die damals noch weitgehend unerforschten Verdichtungserscheinungen im schallnahen Geschwindigkeitsbereich erforschen. Das Projekt sah ein eigenstartfähiges, von einer Strahlturbine angetriebenes Flugzeug vor. Mit der Entwicklung wurde schließlich die Douglas Aircraft Company Inc. El Segundo (Kalifornien) betraut.

Die Douglas-Ingenieure entwickelten einen Tiefdecker mit kurzen Trapezflügeln, die fast genau in der Rumpfmitte angesetzt waren. Die Stummelflügel waren etwa 9° gepfeilt und wiesen eine geringe Streckung von 4,15 auf. Sie waren ebenso wie die Ruder aus einer hochfesten Aluminium-Legierung (75S) gebaut. Die geringe Profildicke von zehn Prozent erforderte eine spezielle Fahrwerkskonstruktion mit sehr schmalen Felgen, Reifen und Bremsen, um das Fahrwerk nach innen in die Flächen einziehen zu können. Man verwendete schließlich durchbrochene Bendix-Felgen mit einer von Goodrich entwickelten achtlagigen Nylon-Bereifung, die einen Luftdruck von 13,4 kg/cm² erhielten. Das hinter dem Cockpit liegende Bugrad war ebenso bereift und wurde nach vorn eingezogen.

Der in Schalenbauweise erstellte Rumpf bestand aus einer sehr leichten Magnesium-Legierung und trug seitlich am Heck Sturzflugbremsen. Die Rumpfnase mit dem Cockpit konnte im Notfall abgesprengt werden, um ein sicheres Aussteigen in großen Höhen und bei hohen Geschwindigkeiten zu ermöglichen. Nachdem der abgesprengte Teil seine Geschwindigkeit verringert hatte, sollte der Pilot endgültig aussteigen. Das Cockpit war als Druckkabine ausgelegt. Außerdem sollte der Pilot einen Anti-g-Anzug tragen. Darüber hinaus hatten die Konstrukteure zum Schutz des Piloten ein spezielles Sauerstoff-Versorgungssystem für den Fall eines Versagens der Druckkabine, ein Heiz- und Kühlsystem zur Konstanthaltung der Kabinentemperatur und Polsterflächen zum Schutz gegen Verletzungen, falls die Maschine beim Flug im schallnahen Bereich harte Schlinger- und Stoßbewegungen ausführen sollte, vorgesehen.

Mit einem in den Flügeln untergebrachten Tankvolumen von 831 Litern war eine Gesamtflugzeit von rund einer Stunde möglich. Zusatztanks an den Flügelspitzen konnten die Flugzeit auf 1$\frac{1}{2}$ Stunden ausdehnen.

Da man mit der Maschine in technisches Neuland vorstieß, wurde das Forschungsflugzeug für eine Höchstbelastung von zwölf g ausgelegt. Das fliegende Labor trug 227 kg an Meßinstrumenten an Bord und war im Bereich von Flügeln, Leitwerken und Rumpf mit 400 Druckmeßstellen versehen.

Als Antrieb diente eine General Electric TG-

Die Douglas Skystreak D-558 I konnte zweimal den Geschwindigkeitsrekord verbessern. Die scharlachrote Maschine war für einen Bruchlastfaktor von 18 g ausgelegt. Hier der erste Prototyp der die militärische Zulassung 37970 trug und am 20. 8. 1947 Rekord flog. Die erste Skystreak wurde bereits 1949 außer Dienst gestellt und ist noch heute erhalten.

180 Strahlturbine mit einer Leistung von 1816 kp.

Nach einer eingehenden Werkserprobung durch den Douglas-Cheftestpiloten Gene May wurde die Maschine Anfang August 1947 an die Navy übergeben, die mit dem feuerrot gespritzten Flugzeug wenig später Rekordversuche unternahm. Am 20. August gelang es zunächst Commander Turner F. Caldwell, einem ehemaligen Jagdflieger, in Muroc den erst zweieinhalb Monate alten Weltrekord der Lockheed P-80R mit der Skystreak auf 1031,178 km/h zu verbessern. Nur vier Tage später, am 24. August, schaffte das Marine-Jagdas Major Marion E. Carl mit dem zweiten Skystreak-Prototyp (37971) sogar 1047,536 km/h. Dabei betrug die Kabinentemperatur trotz Kühlung fast 41° C. Infolge des Zeitunterschiedes zwischen USA und Europa wird dieser Rekord in der FAI-Liste unter dem 25. August geführt. Es ist bemerkenswert, daß die Rekordleistung ohne Verwendung von Spezialtreib-

Technische Daten der Douglas D-558 I Skystreak:

Spannweite	7,62 m	
Rumpflänge	10,71 m	
Höhe	3,70 m	
Flügelfläche	13,94 m²	
Flächenbelastung beim Start	317,64 kg/m²	
Flächenbelastung bei der Landung	273,66 kg/m²	
Fluggewicht	4426,5 kg	
Tankinhalt	871 Liter	
+ abwerfbare Flügelspitzentanks	379 Liter	
Flugdauer	1 Std. mit Zusatztanks 1¹/₂ Std.	
Höchstzulässiger Lastfaktor	12 g	
Bruchlastfaktor	18 g	
Höchstgeschwindigkeit	1050 km/h	
Dienstgipfelhöhe	12192 m	
Triebwerk	General Electric TG-180 (Allison)	
Standschub	1816 kp	
Rekordleistungen:	1031,178 km/h	1047,536 km/h
Pilot:	Turner F. Caldwell	Major M. E. Carl
Ort:	Muroc	Muroc
Datum:	20. 8. 1947	25. 8. 1947

stoffen, Wassereinspritzung oder sonstigen geschwindigkeitssteigernden Mitteln mit dem unveränderten Prototyp erreicht wurde. Die dritte Skystreak (37972), die ebenfalls noch existiert, wurde insgesamt sechs Jahre lang von der NACA bis 1953 zu Forschungszwecken geflogen.

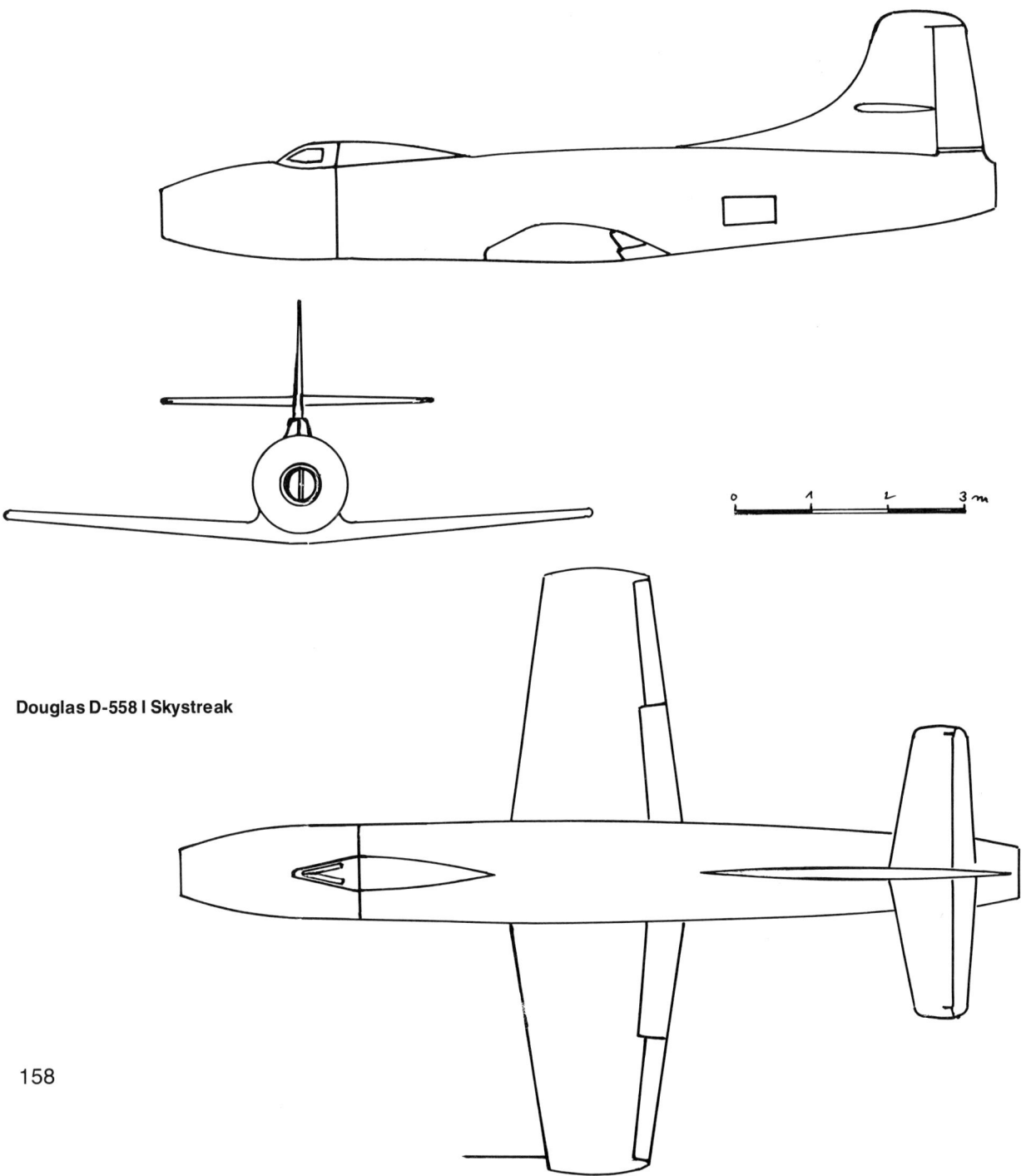

Douglas D-558 I Skystreak

158

29 North American F-86 Sabre Typ A und D
USA
1948/52/53

Die North American F-86 Sabre war der erste bei der USAF zum Einsatz gelangende Pfeilflügel-Jäger und wurde in über 6000 Exemplaren gebaut. Vorläufer der Einsatzversion war die XF-86, die am 1. Oktober 1947 zum erstenmal flog. Obwohl die Sabre eigentlich als Unterschall-Maschine konzipiert war, überschritt der North American Testpilot George Welch, der die XF-86 einflog und erprobte, wenige Monate nach dem Erstflug dieses Typs auf einem Routineflug Mach 1. Die F-86 wurde in

einer Reihe von Varianten gebaut und kam in Korea zum Fronteinsatz, wo sie sich recht erfolgreich schlug. Auf insgesamt je 14 MiG-Abschüsse kam nur jeweils ein Verlust einer Sabre, und alle 39 Jagdasse der gegen den Norden kämpfenden UN-Truppen flogen die F-86.

Die beiden Prototypen XF-86 waren ursprünglich mit der Allison J-35-GE-3 Strahlturbine ausgerüstet, wurden jedoch später auf das leistungsfähigere General Electric J47 umge-

Major Richard L. Johnson klettert nach dem erfolgreichen Weltrekordversuch aus dem Cockpit seiner F-86A. Dieses Bild zeigt deutlich die typische Nase der F-86A mit vorgezogener »Oberlippe« und die für den Rekordversuch abgedeckten Waffenmündungen am Bug. Am Heck ist die aufgefahrene seitliche Luftbremse erkennbar.

rüstet, mit dem am 25. April 1948 erstmalig die Schallmauer überwunden wurde. Erstes Serienmodell wurde die F-86A. Sie war als Tagjäger konzipiert und wurde am 20. Mai 1948 erstmals im Fluge erprobt. Die Baureihe A erhielt ebenfalls das General Electric J47-Triebwerk und zwar zunächst den Typ GE-1, während die Folgeserien die verbesserten Triebwerke J47-GE-3, -9 und -13 erhielten. Die Produktion des Typs A endete im Dezember 1950. Nachfolgemuster wurde die F-86D, eine Allwetterjäger-Variante, deren Prototyp YF-86D am 22. Dezember 1949 zum erstenmal flog. Äußerlich unterschied sich die F-86D deutlich durch die Radarnase von der stumpfnasigen A-Version mit ihrem zentralen Lufteinlauf, der bei der D-Version unter die Radarnase

verlegt wurde. Der Einbau des General Electric J47-GE-17 Triebwerkes mit Nachbrenner erforderte zudem eine Vergrößerung des Rumpfhecks. Während die F-86A lediglich über eine hydraulische Steuerhilfe verfügte und der Pilot einen Teil des Ruderdruckes mit eigener Kraft überwinden mußte, besaß die D-Version bereits eine volle Servosteuerung. Das Höhenleitwerk war zudem als Ganzes verstellbar. Bei der E-Version, die das General Electric J47-GE-13-Triebwerk erhielt, kam hingegen wieder ein Höhenleitwerk mit Ruder zum Einsatz, wobei allerdings die Dämpfungsfläche ebenfalls zur Steuerung herangezogen wurde. Höhenflosse und Höhenruder waren zu einem Steuersystem gekoppelt. Auch bei diesem Typ erfolgte die Steuerung voll-hydrau-

Großer Bahnhof nach dem Rekordflug der F-86D (FU-945), mit der Capt. Nash im November 1952 die Rekordgeschwindigkeit von 1151,883 km/h erreichte.

lisch, während an den Steuerorganen ein gewisser Ruderdruck simuliert wurde, ohne daß tatsächlich aerodynamische Kräfte zu überwinden waren, denn das Steuersystem war selbsthemmend ausgelegt, so daß die Luftkräfte die Steuerung nicht zu beeinflussen vermochten. Zur Unterstützung des Piloten verfügte die Steuerung zudem über einen Ruderdruckfühler, der die simulierten Ruderdrücke am Knüppel ansteigen ließ, wenn die Längssteuerung durch übermäßiges Anwachsen der Kräfte am Leitwerk bedroht war. Die E-Version war im übrigen der F-86A weitgehend verwandt und wurde ab Dezember 1950 bis April 1952 gebaut. Insgesamt wurde die F-86 in ihren Varianten in USA bis Dezember 1956 gebaut. Die Versionen A, E, F und H waren Tag-

jäger oder Jagdbomber, während die Typen F-86D, K und L Allwetter-Abfangjäger waren. Das Modell K wurde aus US-Teilen bei Fiat montiert und kam bei der NATO zum Einsatz. Außerdem existierten zwei TF-86F als zweisitzige Trainer mit einem um 1,6 m verlängerten Vorderrumpf und 20,3 cm nach vorn verschobenem Flügel. Die erste Maschine dieses Typs flog am 14. Dezember 1953 zum erstenmal, ging aber schon wenig später durch Unfall verloren, die zweite wurde im Sommer 1954 fertiggestellt und diente in Edwards als Verfolgungs- und Foto-Flugzeug.

Die F-86 konnte in ihrer langen Geschichte eine Reihe von Rekordleistungen verbuchen. Den Auftakt machte der USAF-Pilot Major Richard L. Johnson mit einer F-86A aus der

So wurde der Rekord von Cpt. Nash geflogen und vermessen. 1,2 offizielle Beobachter in T-28 Trainern, die darüber wachen, daß Nash auch beim Wenden unter 450 m bleibt; 3,4: Markierung der eigentlichen Meßstrecke, auf der Nash eine Flughöhe von 100 m nicht überschreiten durfte; 5,6 Bezugsgerüst in der Verlängerung der Endpunkte der 3 km-Strecke als Bezugspunkte für die Kamera-Teams; 7,8: Standbild und Filmkameras zur Aufzeichnung der Rekordversuche; 9: Zentrale Meßstation und Kommunikationszentrum.

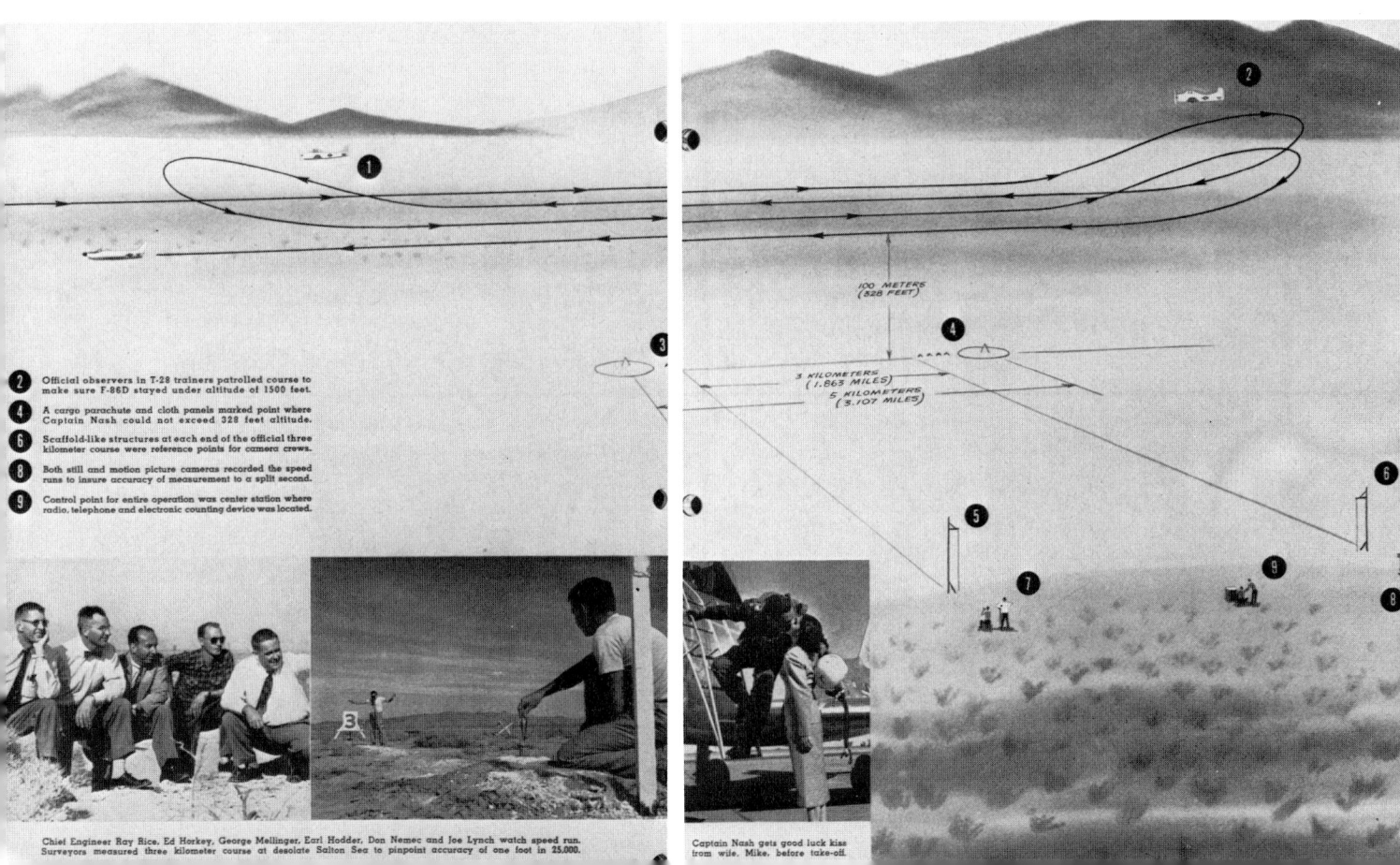

❷ Official observers in T-28 trainers patrolled course to make sure F-86D stayed under altitude of 1500 feet.

❹ A cargo parachute and cloth panels marked point where Captain Nash could not exceed 328 feet altitude.

❻ Scaffold-like structures at each end of the official three kilometer course were reference points for camera crews.

❽ Both still and motion picture cameras recorded the speed runs to insure accuracy of measurement to a split second.

❾ Control point for entire operation was center station where radio, telephone and electronic counting device was located.

100 METERS (328 FEET)
3 KILOMETERS (1.863 MILES)
5 KILOMETERS (3.107 MILES)

Chief Engineer Ray Rice, Ed Horkey, George Mellinger, Earl Hodder, Don Nemec and Joe Lynch watch speed run. Surveyors measured three kilometer course at desolate Salton Sea to pinpoint accuracy of one foot in 25,000.

Captain Nash gets good luck kiss from wife, Mike, before take-off.

ersten 33 Maschinen umfassenden Serie, als er mit der einsatzmäßig ausgerüsteten und voll bewaffneten Maschine (Seriennummer 47-617) über einer 3-km-Meßstrecke über dem Lake Muroc 1079,841 km/h erreichte.

Der Rekord wurde am 15. September 1948 nach dem zu dieser Zeit noch gültigen FAI-Reglement in weniger als 100 m Höhe erflogen. Am 19. November 1952 brach der USAF-Captain J. Slade Nash mit einer serienmäßigen F-86D, die wiederum volle Kampfzuladung aufwies, über dem Salton Sea in Kalifornien in nur knapp 30 m Höhe fliegend den alten Rekord der F-86A. Bei den vier Durchgängen gelang es Nash, die Höhe überaus exakt zu halten. Die größte Schwankung je Durchgang betrug nur 3 m. Alle vier Durchgänge zeigten nur eine Gesamt-Höhenschwankung von 6 m. Da der Salton-Sea rund 73 m unter Meeresniveau liegt, wurde der Rekord tatsächlich in einer Flughöhe von rund 40 – 45 m unter Meereshöhe erflogen. Die Lufttemperatur betrug bei diesem 1124,137 km/h-Rekordflug 24,4° C. An gleicher Stelle unternahm Lt.-Col. W. F. Barns von der USAF am 16. Juli 1953 (lt. US-Kalender 15. Juli) einen weiteren Weltrekordversuch und verbesserte bei einer Temperatur von 40° C die alte Rekordmarke von 1124,137 km/h auf 1151,883 km/h, wobei er laut Rekordliste ebenfalls eine F-86D einsetzte, die wiederum das volle Einsatzgewicht aufwies. Betrachtet man allerdings das Foto der Rekordmaschine (FU-145) genauer und vergleicht es mit der F-86D von Nash (FU-945) so stellt man einige Unterschiede fest, die später bei der F-86F auftauchen. So weist die FU-145 keine Vorflügel auf und besitzt bei etwa 60 Prozent der Spannweite auf der Flügeloberseite je einen kurzen Grenzschichtzaun. Möglicherweise wurden diese bei der

F-Version, die als Serienmaschine am 19. März 1952 erstmalig flog und bis zum 26. Mai 1954 geliefert wurde, üblichen Baumerkmale bei jüngeren Baumustern der D-Reihe bereits eingeführt. Vielleicht war die Rekordmaschine aber auch ein Versuchsmodell mit der Fläche der F-Version.

Neben den drei zitierten absoluten Geschwindigkeitsrekorden konnten F-86 Maschinen noch eine Reihe anderer Rekordleistungen verbuchen. So stellte Major Frank Everest in einer F-86E auf dem Flug von Dayton (Ohio) nach Washington (Columbia) mit einer Flugzeit von 33 Minuten und drei Sekunden am 11. Februar 1949 mit einer Durchschnittsgeschwindigkeit von 1142,63 km/h einen inoffiziellen Geschwindigkeitsweltrekord auf, der rund 60 km/h über dem damaligen absoluten Geschwindigkeitsrekord der F-86A lag. Eine F-86H stellte 1954 anläßlich der National Aircraft Show in Dayton (Ohio) mit 1044,948 km/h einen Weltrekord über einen 500 km-Rundkurs auf. Zeitweise hielt eine F-86F, die im Prinzip eine zur Aufnahme des General Electric J-47-GE-27 Triebwerkes modifizierte F-86E darstellte, mit 1094,09 km/h den Weltrekord über die 100-km-Distanz.

Technisch gesehen war die F-86 Sabre weitgehend noch als konventionell zu bezeichnen. Der Rumpf hatte einen ovalen Querschnitt und war in Schalenbauweise erstellt. Die Beplankung war glatt genietet. Die Haupttanks waren im Rumpf untergebracht. Am Rumpfheck waren seitlich auffahrende Luftbremsen angebracht. Die 35° C gepfeilten Tragflächen waren in Ganzmetallbauweise aufgebaut und besaßen zwei Leichtmetallholme. Ober- und Unterseitenbeplankung bildeten ein Sandwich aus je zwei formgefrästen Schalen, die durch extrudierte Hutprofile miteinander verbunden

Lt. Col. Barns beim Einflug in die Meßstrecke über dem Salton Sea.

Links: Barns passiert die Referenzlinie am Ende der 3 km-Meßstrecke, die durch ein Gerüst mit herabhängendem Pendel markiert wird. Rechts eine der Meßkameras. Rechts: Zeitmessungseinheit mit Anzeigenkontrolle durch Kamera.

Technische Daten der F-86 A und D:

	F-86 A	F-86 D
Spannweite	11,28 m	11,30 m
Rumpflänge	11,28 m	12,70 m
Höhe	4,57 m	4,57 m
Flügelpfeilung	35°	35°
Flügelfläche	ca. 25 m²	ca. 25 m²
Maximales Startgewicht	6405 kg	8172 kg
Flächenbelastung	ca. 256 kg/m²	ca. 327 kg/m²
Triebwerk	Axial-Strahlturbine General Electric Typ J-47-GE-1 (3/9/13)	Axial-Strahlturbine General Electric Typ J-47-GE-17
Trockenschub	2270 kp (Standschub)	2360 kp
Nachbrennerschub	–	3473 kp
normale Höchstgeschwindigkeit	1000 km/h	1046 km/h
Reichweite	531 km*	1610 km
Dienstgipfelhöhe	14630 m	über 13700 m
Rekordleistungen:	1079,841 km/h	1124,137 km/h
Pilot	Maj. R. L. Johnson	Capt. J. S. Nash
Ort	Muroc	Salton Sea
Datum	15. Sept. 1948	19. Nov. 1952
	–	1151,883 km/h
Pilot	–	Lt. Col. W. F. Barns
Ort	–	Salton Sea
Datum	–	16. Juli 1953

* Aktionsradius im Kampfeinsatz

Mit dieser Maschine erzielte Barns 1151,883 km/h. Im Vergleich mit der F-86D von Nash fällt auf, daß die FU-145 keine Nasenklappen besitzt und einen kurzen Grenzschichtzaun auf der Flächennase erkennen läßt.

wurden. Das Klappensystem umfaßte rund die halbe Spannweite einnehmende Querruder und zwischen Rumpf und Querruder angeordnete Spreizklappen. Die meisten Typen waren zudem mit Vorflügeln ausgestattet, die jedoch beim Typ F und der Version H fehlten. Das Höhenleitwerk war ebenfalls 35° gepfeilt und zeigte bis auf den Typ H eine leichte V-Form. Das freitragende Höhenleitwerk war als »all flying tail« ausgebildet also als Ganzes beweglich, bei einigen Typen gab es zusätzlich Höhenruderklappen. Beim Steuern wurden Leitwerk und Klappen automatisch gemeinsam bewegt, wodurch zugleich die Trimmung beeinflußt wurde. Das Dreibein-Fahrwerk war bei allen Typen einfach bereift. Das Hauptfahrwerk hatte eine Spurweite von ca. 2,5 m und wurde nach innen in die Flächen eingezogen, während das Bugrad nach hinten in den Rumpf einfuhr.

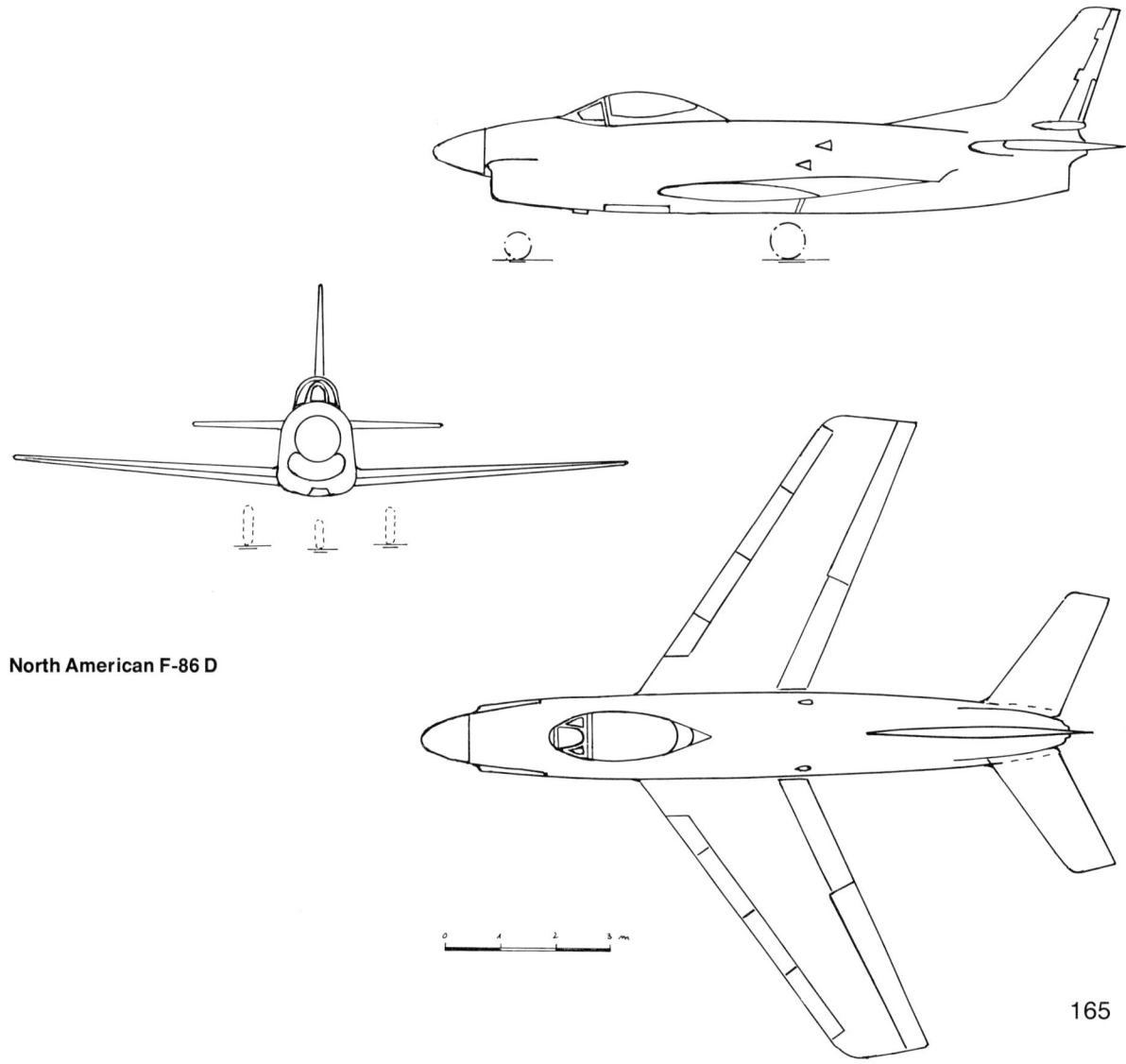

North American F-86 D

165

Der Hawker Hunter ist das Werk eines der prominentesten britischen Flugzeugkonstrukteure Sir Sydney Camm, der zunächst bei der Martinsyde Company arbeitete aber bereits 1923 zur H. G. Hawker Company stieß. Nach Ausscheiden des damaligen Hawker-Chefkonstrukteurs W. G. Carter trat Camm an seine Stelle und schuf in der Folgezeit eine Reihe höchst erfolgreicher Maschinen wie die Typen Hornet, Hart und Fury, die berühmte Hurricane, die Hawker Typhoon und Tempest bis zur letzten Camm-Konstruktion, der Hawker-Siddeley Harrier alias P. 1127.

Mit dem Projekt P. 1040 stieg die Firma Hawker und mit ihr Camm in die Entwicklung von Strahljägern ein. Camms großes Gespür für strömungsgünstige Formen zeigte sich bereits in diesem seinem ersten Jet-Entwurf, der auf das Jahr 1944 zurückgeht. Zugunsten einer aerodynamisch möglichst sauberen Zelle hatte Camm sowohl doppelte Lufteinläufe rechts und links des Rumpfes als auch sich gabelnde Schubrohre vorgesehen. Auf Grund von Querelen zwischen der RAF und der Royal Navy kam das Projekt allerdings nur sehr langsam voran, so daß der Erstflug des Prototyps erst im September 1947 stattfand. Die Flugerprobung verlief positiv. Schließlich erhielt die Royal Navy die Hawker Sea Hawk, die aus dem Projekt P. 1040 abgeleitet worden war und eine Spannweite von 11,89 bei einer Rumpflänge von 12,19 m aufwies. Die Royal Air Force schloß sich der Entscheidung der Navy nicht an, die diesen Typ ab März 1953 einsetzte, zu ihrem Standard-Abfangjäger machte und später auch Jagdbomber- und Erdkampf-Versionen erhielt. In einer langen Entwicklungsreihe schuf Camm schließlich ebenfalls von der P. 1040 ausgehend für die Royal Air Force den einsitzigen Strahljäger Hawker Hunter, dessen Prototyp am 20. Juli 1951 zu erstenmal flog und eines der erfolgreichsten britischen Flugzeuge wurde. Bei der Konstruktion des Hunter hielt Camm an den zweigeteilten Lufteinläufen fest, die überaus elegant und strömungsgünstig in die Flügelwurzeln integriert waren, ersetzte aber den beim Projekt P. 1040 wie auch noch bei der Sea Hawk sich gabelnden Auslaß durch ein gerades durchgehendes Schubrohr. Die Querelen zwischen Navy und Air Force und ernstzunehmende Mängel der »Swift«, die in Höhen von mehr als 20000 Fuß nicht zu behebende Steuer- und Stabilitätsprobleme zeigte, ließen Großbritannien bei Ausbruch des Korea-Krieges ohne modernen Strahljäger mit Pfeilflügel dastehen, der der MiG-15 Paroli hätte bieten können. So wurden als Lückenbüßer nicht weniger als 430 in Canada in Lizenz gebaute F-86 Sabre-Jäger angeschafft und noch vor dem Erstflug des Hunter 200 Maschinen dieses Typs mit

Rechts: Die Hawker-Hunter-Rekordmaschine mit Neville Duke im Cockpit.

Rolls Royce Avon Triebwerk buchstäblich vom Reißbrett bestellt. Zum Einsatz kam der Hawker Hunter aber dennoch erst ab 1954. Aber auch der Hunter blieb von Problemen nicht verschont. Einmal griff das britische Ministry of Supply während der Flugerprobung und dann noch einmal während der anlaufenden Serienfertigung ein und verlangte den Einbau von Sturzflugbremsen, die jedoch im Einsatz das Zielen nicht behindern durften. Schließlich fand man bei Hawker unter dem Rumpf die ideale Position für die Luftbremsen. Ein anderes Problem sollte sich als noch gravierender erweisen. Die Rolls-Royce Avon Strahlturbine besaß einen Kompressor, der im Einsatz zu Problemen Anlaß gab. Beim Schießen in großer Höhe setzte das Triebwerk aus, weil die Abgase der Bordkanonen angesaugt wurden und dem Triebwerk infolge zu geringen Durchsatzes buchstäblich die Luft wegblieb. In aller Eile wurde ein Abkommen zwischen Rolls-Royce und Armstrong Siddeley ausgehandelt, durch das Rolls-Royce die Nutzung der aerodynamischen Besonderheiten des Sapphire-Kompressors ermöglicht wurde. Im Verein mit Änderungen an der Zelle lösten die Änderungen am Kompressor das Triebwerksproblem. Parallel zu der bereits erwähnten ersten Bestellung von 200 Hunter-Maschinen mit Rolls-Royce Avon Triebwerken lief zu dieser Zeit bereits ein weiterer Auftrag des Ministry of Supply über weitere 200 Hunter F. Mk. 2 mit der Armstrong Siddeley Sapphire Turbine, deren Prototyp am 30. November 1952 erstmalig flog. Diese Serie wurde von der Armstrong Whithworth Aircraft Ltd., einer Schwesterfirma im Rahmen des Hawker Siddeley Konzerns, gefertigt. Die nächste Version des Hunter war die Ausführung Mk. 3 mit einer Rolls-Royce RA.7 Strahlturbine mit

Nachbrenner. Mit dieser Maschine, von der allerdings nur ein einziges Exemplar gebaut wurde, stellte Sqdr. Leader Neville Duke, Chef-Testpilot bei Hawker, am 7. September 1953 über Angmering-Littlehampton mit 1171 km/h über die 3-km-Meßstrecke einen neuen absoluten Geschwindigkeits-Weltrekord auf. Gleichzeitig gab es auch noch einen Weltrekord mit 1141,4 km/h über einen geschlossenen 100-km-Kurs. Der absolute Weltrekord hatte allerdings nur 18 Tage Bestand. Auf die erfolgreiche Mk. 3-Version folgte die Ausführung Mk. 4, die ebenfalls mit Rolls-Royce Avon-Treibwerken ausgestattet war und eine verbesserte Ausführung des Grundmusters Mk. 1 darstellte. Als Weiterentwicklung war eine Dünnflügel-Version unter der Projektbezeichnung P. 1083 geplant, die Mach 1.2 erreichen sollte. Dieses Projekt wurde allerdings im Juni 1953 kurz vor der Fertigstellung des Prototyps eingestellt.

Der Hawker Hunter erwies sich über Jahre als überaus zuverlässig und konnte auch gute Exporterfolge vorweisen. Technisch war der Mitteldecker mit seinen ca. 40° gepfeilten Tragflächen und dem gleichstark gepfeilten

Technische Daten der Hawker Hunter Mk. 3:

Spannweite	10,24 m
Rumpflänge	13,95 m
Flächenpfeilung	ca. 40°
Triebwerk	Rolls-Royce Avon RA.7
Schubleistung	4313 kp
Rekordleistung	1171 km/h
Pilot	Sqdr. Leader Neville Duke
Ort	Angmering-Littlehampton
Datum	7. Sept. 1953

leicht hochgesetzten Höhenleitwerk eine weitgehend konventionelle Konstruktion. Das einfach bereifte Dreibeinfahrwerk wurde hydraulisch eingezogen. Dabei klappten die Hauptfahrwerksbeine nach innen in die Flächenwurzel und das Bugrad von vorn ein.

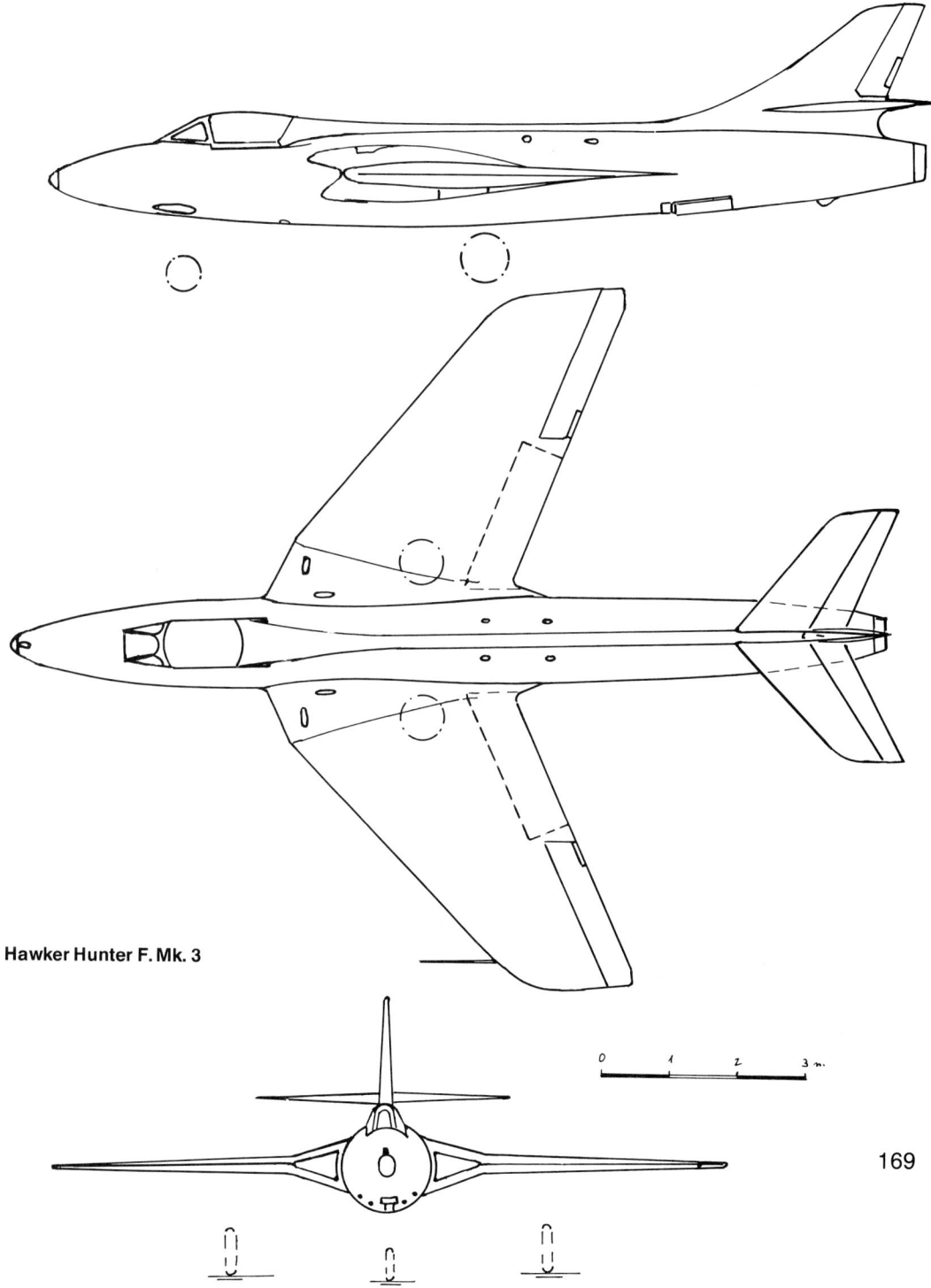

Hawker Hunter F. Mk. 3

Der Jagdeinsitzer »Swift« entstand bei der Supermarine Division der Vickers Armstrong Ltd. Die Firma Supermarine war 1912 gegründet worden und widmete sich insbesondere der Entwicklung von Seeflugzeugen. Höhepunkt dieser Entwicklungsarbeit waren die 1927, 1929 und 1931 erfolgreichen Supermarine Schneider-Trophy-Racer, die die begehrte Trophäe nach dreimaligem Gewinn endgültig nach England holten, und der Geschwindigkeits-Weltrekord der Supermarine S.6B, die am 29. September 1931 mit 655,8 km/h gestoppt wurde. Zu dieser Zeit gehörte Supermarine jedoch bereits zum Vickers-Konzern, der im November 1928 zur Muttergesellschaft wurde. Zehn Jahre später gingen beide Firmen in der Vickers-Armstrong Ltd. auf. Ein weiterer Glanzpunkt in der Supermarine-Story war die berühmte Supermarine Spitfire, deren Erstflug 1936 stattfand. Dieses überaus erfolgreiche Jagdflugzeug wurde in 29 Versionen und in einer Stückzahl von 21767 Exemplaren gebaut.

Nach dem Kriege widmete sich auch Supermarine dem Bau von Strahlflugzeugen, deren erster Typ »Attacker« traditionsgemäß ein Marinejäger war. Es folgte eine Pfeilflügelversion (Type 510), die jedoch nur als Forschungsobjekt diente und in der Type 535 einen Nachfolgetyp fand. Direkter Nachfolger dieses Zwischentyps wurde die Supermarine Swift, ein Überschall-Jagdeinsitzer, der von einer Rolls-Royce Avon Axial-Strahlturbine angetrieben wurde. Dem mit Nachbrenner ausgerüsteten Triebwerk wurde durch zwei seitliche halbkreisförmige Luftkanäle die notwendige Verbrennungsluft zugeführt. Der Rumpf war in Ganzmetall-Schalenbauweise aufgebaut und mit einem nach vorn einziehbaren Bugrad ausgestattet. Das Hauptfahrwerk besaß eine Spurweite von 4,64 m und wurde hydraulisch nach innen in den Flügel eingefahren. Die Tragflügel waren in einer freitragenden Schalenbauweise errichtet und zeigten bei 25 Prozent Profiltiefe eine Pfeilung von 40°. Die Flügelfläche betrug 28,43 m². Ursprünglich besaß die Swift einen Pfeilflügel mit konstanter Pfeilung, der ab der Version Mk. 2 einem Sichelflügel wich. Der Typ Mk. 4 erhielt außerdem im äußeren Drittel der Tragflächen je einen Grenzschichtzaun, der bis zur Querruder-Vorderkante reichte. Gegenüber früheren Baumustern war mit der Mk. 3, die als erste das mit Nachbrenner ausgestattete Rolls-Royce Avon RA.7R-Triebwerk erhalten hatte, auch der Rumpf der Maschine im Heckbereich verlängert worden, um das längere Abgasrohr dieses Triebwerkes unterzubringen.

Ebenso wie das Tragwerk waren auch die Leitwerke etwa 40° gepfeilt. Mit dem Typ Mk. 4 wurde anstelle des konventionellen Höhenleitwerks ein »all-moving tail« eingeführt. Die Spannweite des in Schalenbauweise erstellten Höhenleitwerkes betrug 3,93 m.

Nachfolgemuster der Rekordmaschine, die der Riß zeigt, war die Mk 5, ein Jagdaufklärer mit leicht veränderter Rumpfkontur zur Aufnahme der Kameraausrüstung und etwas vergrößertem Seitenleitwerk. Außerdem fehlt bei dieser Maschine der Grenzschichtzaun, der bei der Mk. 4 auf den Außenflügeln sitzt.

Bereits der Prototyp der »Swift« stellte am 10. Juli 1952 auf der 320 km langen Strecke London-Brüssel mit einer Flugzeit von 18 Minuten und 3,3 Sekunden und einer Schnittgeschwindigkeit von 1065,4 km/h einen vielbeachteten Rekord auf. Im Juli 1953 flog eine Swift Mk. 4 die Strecke London-Paris in 19 Minuten und 5,6 Sekunden und traf nach weiteren 19 Minuten und 14,3 Sekunden wieder in London ein. Bei diesen Streckenflügen wurden Durchschnittsgeschwindigkeiten von 1077 bzw. 1069 km/h erzielt, die nur knapp 100 km/h unter dem bestehenden Weltrekord lagen. So wurde eine Swift Mk. 4 für einen Weltrekordversuch vorbereitet und nach Libyen überführt, wo Michael J. Lithgow bei Castel Idris in der Nähe von Tripolis die Maschine viermal über eine 3 km-Meßstrecke jagte und den in englischem Besitz befindlichen Weltrekord um 13 km/h auf 1184 km/h verbesserte.

Der Rekord sollte allerdings nur acht Tage bestehen und am 3. Oktober 1953 an eine Douglas XF4D-1 Skyray verlorengehen.

Technische Daten der Vickers Armstrong Supermarine Swift Mk. 4:

Spannweite	9,86 m
Rumpflänge	12,63 m
Höhe	4,11 m
Flügelpfeilung bei 25 % t	40°
Flächeninhalt	28,43 m²
Fahrwerksspur	4,64 m
Radstand	4,52 m
Triebwerk	Rolls-Royce Avon R.A.7R mit Nachbrenner
Schubleistung	4313 kp
Rekordleistung:	1184 km/h
Pilot	Michael J. Lithgow
Ort	Castel Idris bei Tripolis, Libyen
Datum	25. 9. 1953

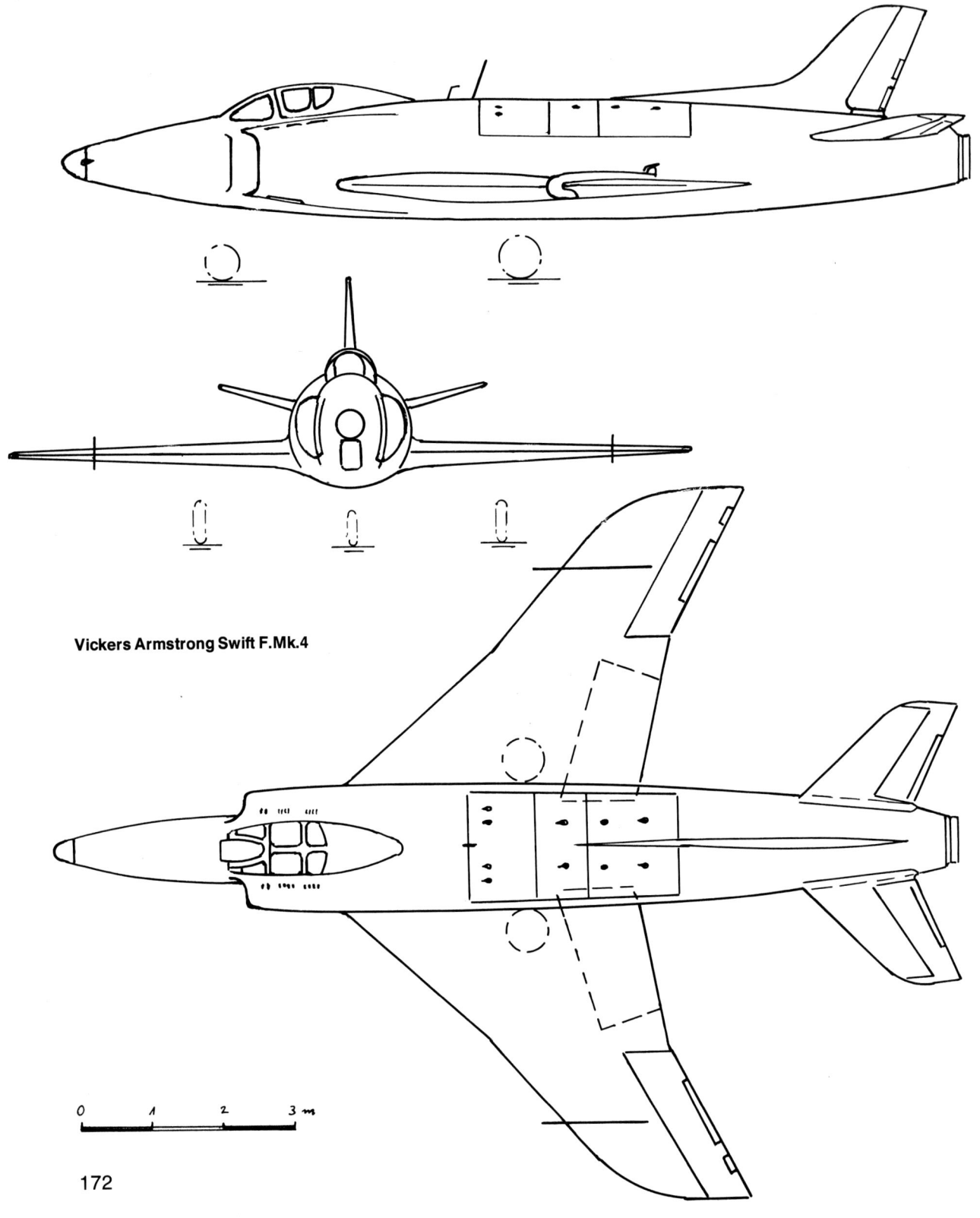

Vickers Armstrong Swift F.Mk.4

0   1   2   3 m

172

Innerhalb von nur drei Monaten des Jahres 1953 wechselte der Geschwindigkeitsweltrekord nicht weniger als viermal den Besitzer, so daß die Rekorde nur sehr kurzlebig waren. Nur 26 Tage bestand die von Lt. Comdr. J. Verdin mit einer Douglas XF4D-1 aufgestellte Rekordmarke, die am 3. Oktober 1953 über dem Salton Sea in Kalifornien mit einer Durchschnittsgeschwindigkeit von 1211,746 km/h aus vier Versuchen erreicht worden war. Die XF4D-1 war ein schwanzloser einsitziger Abfangjäger mit Deltaflügel, der zum Einsatz auf Flugzeugträgern bestimmt war. Ursprünglich sollte die Zelle um Westinghouse J40-WE-8 Triebwerke mit Nachbrenner konstruiert werden, deren Herstellung sich jedoch verzögerte, so daß der Prototyp XF4D-1, der am 23. Januar 1951 seinen Erstflug absolvierte, zunächst mit zwei Allison Strahlturbinen des Typs J35 ausgerüstet werden mußte und erst im Sommer auf die vorgesehenen Triebwerke umgerüstet werden konnte. Die späteren Serienmaschinen vom Typ F4D erhielten schließlich Pratt & Whitney-Triebwerke des Typs J57-P-8B mit Nachbrenner, die einen Schub von 4763 kp lieferten.

Die Triebwerke waren nebeneinanderliegend im Rumpf angeordnet und erhielten ihre Verbrennungsluft durch seitliche, in die Flügelwurzel integrierte Lufteinläufe. Das Tragwerk besaß hochklappbare Außenflügel und zeigte eine Pfeilung von 50°. Die Fläche war im äußeren Bereich mit Nasenklappen ausgerüstet und verfügte zudem über Sturzflugbremsen im hinteren Bereich der Flächenwurzel. Zur Vergrößerung der Reichweite konnte die Maschine mit unter der Fläche aufgehängten Falltanks ausgerüstet werden.

Der Prototyp der Skyray absolvierte im Herbst 1953 an Bord des Flugzeugträgers Coral Sea seine Trägererprobung und wurde danach mit dem Westinghouse J40-WE-8 Nachbrennertriebwerk ausgerüstet nach Salton Sea in Kalifornien verlegt, wo Rekordversuche mit

Die Douglas Skyray kam mehrfach zu Weltrekordehren. Der bullige Delta-Abfangjäger stellte mit Lt. Cmdr. J. Verdin Weltrekorde über 3 und über 100 km auf.

dem allen damaligen Maschinen der US-Navy überlegenen Flugzeug durchgeführt wurden. Am 3. Oktober 1953 gelang es, den bestehenden Geschwindigkeits-Weltrekord der Vickers Armstrong Supermarine Swift um 27 km/h zu verbessern. Zwei Wochen später griff man mit derselben Maschine auf der Edwards Air Force Base auch den Geschwindigkeitsrekord über 100 km auf einem durch zwölf Pylone markierten Rundkurs an und erreichte dabei die neue Weltrekordgeschwindigkeit von 1171,788 km/h über diese Distanz. Die Skyray blieb bis 1956 in Produktion.

Technische Daten der Douglas XF4D-1 Skyray:

Spannweite	10,21 m	
Rumpflänge	13,92 m	
Höhe	3,96 m	
Leergewicht	ca. 7000 kg	
Triebwerk	Westinghouse J40-W-8 mit Nachbrenner	
Schubleistung	5266 kp	
Dienstgipfelhöhe	16 000 m	
Rekordleistungen:	1211,746 km/h über 3km-Meßstrecke	1171,788 km/h über 100 km
Pilot	Lt. Cmdr. J. Verdin	Lt. Cmdr. J. Verdin
Ort	Salton Sea (Kalif.)	Edwards AFB
Datum	3. 10. 1953	16. 10. 1953

Major Edward N. LeFaivre stellte mit der F4D-1 Skyray fünf Steigzeitrekorde für Steighöhen von 3000, 6000, 9000, 12000 und 15000 Meter auf. Dabei kam ein 7264 kp Pratt & Whitney J-57-P8 Triebwerk mit Nachbrenner zum Einsatz.

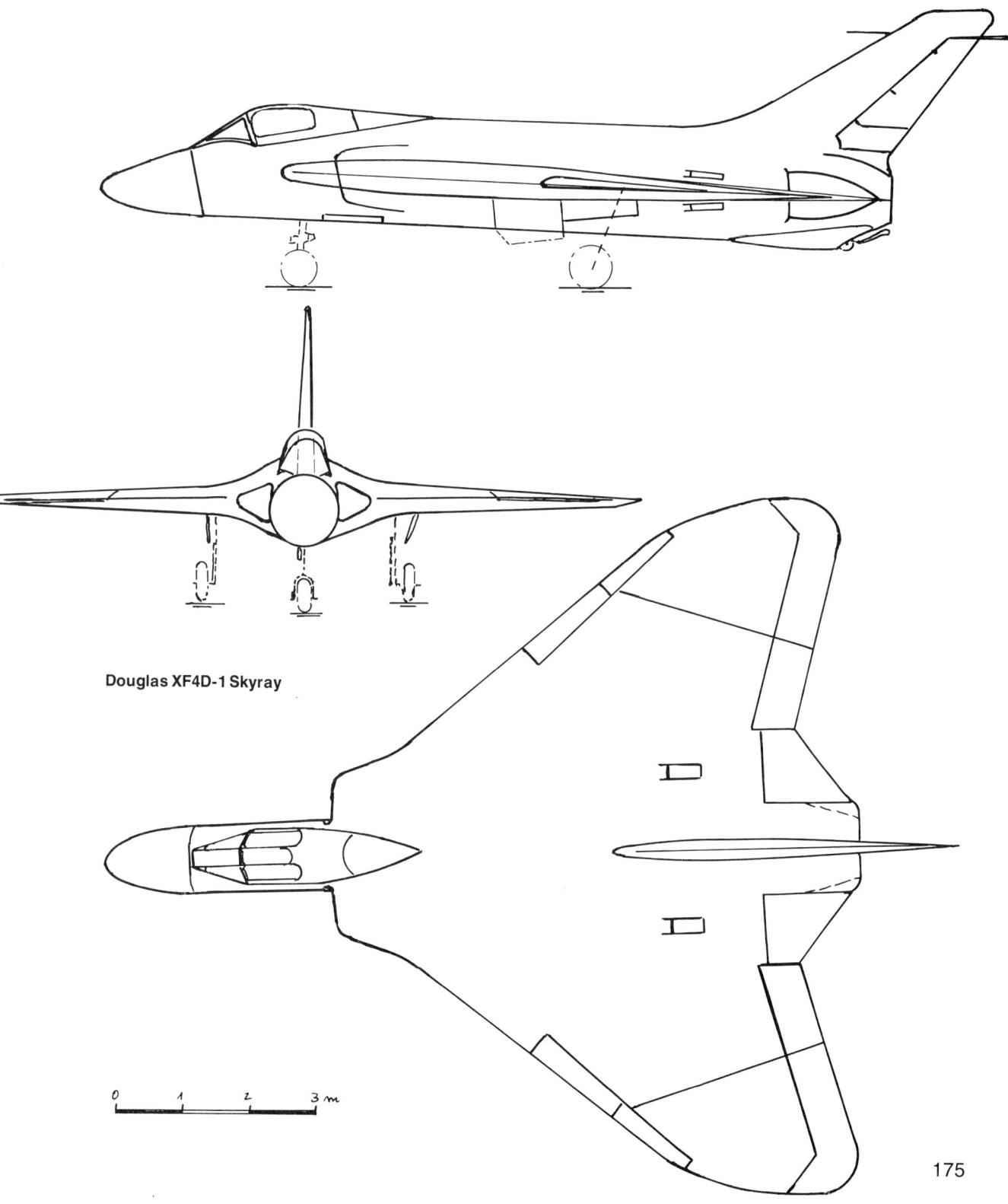

Douglas XF4D-1 Skyray

0   1   2   3 m

175

33 North American YF-100A und F-100C Super Sabre USA 1953/55

Die Entwicklungsgeschichte der F-100 Super Sabre, des ersten echten US-Überschalljägers, der programmatisch als Century Fighter bezeichnet wurde, begann bereits am 3. Februar 1949, als man versuchte, die F-86 Sabre so zu verbessern, daß sie im Horizontalflug Überschallgeschwindigkeit erreichte. Der erste Entwurf sah eine aerodynamisch verbesserte F-86D mit einer 45°-Pfeilung von Tragflächen und Leitwerken vor. Hierdurch sowie durch eine aerodynamisch günstigere Gestaltung des Rumpfes glaubte man den Überschall-Widerstand der Zelle gegenüber bereits existierenden Pfeilflügel-Jägern halbieren zu können. Bis zur Erteilung eines Entwicklungsauftrages durch die US Air Force entfernte sich das Projekt immer weiter vom Ausgangsmuster F-86. Insgesamt wurden acht Entwurfsmodelle in Windkanälen untersucht und 200000 Mannstunden in die aerodynamische Entwicklung investiert. Insgesamt verschlang die Entwicklung des Prototyps nicht weniger als 3,5 Millionen Ingenieurstunden. Im August 1952 akzeptierte die Air Force die Attrappe der F-100A, die eine Reihe neuesten Erkenntnissen entsprechender aerodynamischer Verbesserungen zeigte. Hierzu gehörten Verfeinerungen am Rumpf, eine verlängerte, sich nahtlos in die Rumpfkontur einfügende Muschelhaube und ein tiefgelegtes Höhenleitwerk, das zum erstenmal bei einem US-Jäger Anwendung finden sollte. Die Super Sabre

bedeutete in mehrfacher Hinsicht einen technischen Umbruch. Sie war die erste Maschine bei der in der Entwurfsphase bereits in großem Umfang der Einsatz von Titan vorgesehen wurde. Der Serienbau der F-100 sollte North American zum größten amerikanischen Titan-Verarbeiter machen. 1954 verarbeitete die Firma rund 80 Prozent der gesamten US-Produktion an Titanblech.

Die für den Überschallflug sehr dünn gehaltenen Tragflächen mit ihren messerscharfen Nasenkanten verlangten ebenfalls nach neuen konstruktiven Lösungen, die den hohen Anforderungen an die Strukturfestigkeit eines Überschalljägers entsprachen. Aus diesem Grunde wurden große Teile der Flächen aus dem Vollen herausgearbeitet, indem man zunächst aus bis zu 37 mm starken Platten Verstärkungsholme und Rippen herausfräste, um anschließend die Platte von der anderen Seite dem Flügelprofil entsprechend ebenfalls spanabhebend zu formen. Diese Technik brachte nicht nur hinsichtlich der Festigkeit Vorteile sondern vereinfachte auch die Montage der F-100. War zum Beispiel der tragende Flügelkasten bei der F-86 aus nicht weniger als 462 Einzelteilen aufgebaut und mit 16084 Schrauben, Nieten und anderen Befestigungselementen zusammengefügt, so bestand die Fläche der F-100A nur aus 36 Einzelteilen, die mit nur 264 Befestigungselementen vereinigt wurden. Die bei der Fertigung der F-100 einzuhaltenden Toleranzen waren so gering, daß sich bereits die normalen täglichen Temperaturschwankungen auf Material und Werkzeuge so stark auswirkten, daß eine Temperaturregelung in den Werkhallen unerläßlich wurde.

Die Fläche der F-100 zeigte wie das als Ganzes bewegliche Höhenleitwerk eine Pfeilung von 45° und war mit automatischen Vorflügeln ausgestattet. Wegen der im Überschallflug auftretenden hohen Ruderdrücke war die F-100 mit einem hydraulischen, selbsthemmenden Steuersystem ausgestattet, so daß die Luftkräfte die Steuerung nicht beeinflussen konnten. Ab Baureihe D erhielt die Super Sabre einen speziell für den Überschallflug entwickelten Autopiloten (Minneapolis Honeywell).

Gegenüber dem Prototyp YF-100A hatten die Serienmaschinen der Baureihe F-100A und die Folgemuster ein Seitenleitwerk mit von sieben auf dreinhalb Prozent verringerter Profildicke.

Das Cockpit der F-100 bot dem Piloten eine ausgezeichnete Bodensicht. Es wuchs nahezu organisch aus der ultraflachen Rumpfkontur und ging in einem flachen Bogen in einen ins Seitenleitwerk laufenden Rückenkiel über. Große Aufmerksamkeit widmete man der Arbeitserleichterung für den Piloten durch günstige Platzierung von Instrumenten und Bedienungsorganen sowie durch ein automatisch geregeltes System zur Klimatisierung und Druckkontrolle der Druckkabine.

Zur Verkürzung der Landerollstrecke war die F-100 mit einem Bremsfallschirm und Bremsen mit Anti-Blockiereinrichtung ausgestattet. Bereits bei ihrem Jungfernflug mit Cheftestpilot George Welch im Cockpit durchbrach die YF-100 im Horizontalflug die Schallmauer und flog auch auf ihrem zweiten Flug am gleichen Tag (25. Mai 1953) Überschall. Innerhalb der nächsten zwei Monate wurde die Werkserprobung mit weiteren 64 Flügen abgeschlossen.

Die YF-100 rollt nach einer Landung mit Bremsfallschirm von der Piste. Mit der gleichen Maschine flog Pete Everest mit 1215,298 km/h einen neuen Geschwindigkeits-Weltrekord.

Die Maschine ging dann in die zweite Phase ihrer Erprobung durch die USAF, in der in 39 Flügen eine Flugzeit von 19 Stunden und 42 Minuten erreicht wurde und sich die Maschine als allen bisherigen US-Jägern als überlegen erwies. Nur eine Woche nach Abschluß der Flugerprobung der YF-100A wurde am 25. September 1953 die erste F-100A-Serienmaschine drei Wochen vor dem Zeitplan aus der Werkshalle gerollt und einen Monat später von der USAF übernommen.

Am 29. Oktober 1953 unternahm Lt. Col. F. K. Everest, Chef der Flugerprobung im Research and Development Command auf der Edwards Air Force Base in einer YF-100A nach einem Fehlversuch über eine 3 km lange Meßstrecke in Bodennähe einen erfolgreichen Weltrekordversuch über eine 15 km Meßstrecke. Die mit einem Vorserien-Pratt & Whitney XJ57-P-7 Triebwerk, das einen Höchstschub von 5993 kp lieferte, ausgerüstete Maschine erreichte eine Durchschnittsgeschwindigkeit von 1215,298 km/h und stellte damit den ersten Überschall-Weltrekord auf. Bei einem der vier Meßdurchgänge erreichte Everest sogar 1235 km/h. Während die F-100 A in der Flugerprobung stand, wurde bei North American bereits eine verbesserte Version vorbereitet, die am 30. Dezember 1953 von der Air Force die Bezeichnung F-100C erhielt. Die Produktion dieses Typs wurde am 25. März 1954 aufgenommen. Die erste Maschine dieses Typs wurde am 19. Oktober 1954 fertiggestellt und startete am 17. Januar 1955 mit Testpilot White zu ihrem Jungfernflug. Obwohl die F-100C eine direkte Weiterentwicklung des Luftüberlegenheits-Jägers F-100A war, erforderte ihre Entwicklung des Typs C, der ebenfalls mit einem Pratt & Whitney J-57 Nachbrenner-Triebwerk der 4540 kp-Schub-

klasse ausgerüstet war, weitere 287 000 Ingenieurstunden. Die F-100C unterschied sich von ihrem Vorläufermodell hauptsächlich durch den Einbau eines Luftbetankungssystems, Vorrichtungen zum Transport von Falltanks und Bomben unter den Tragflächen und durch eine verbesserte elektronische Bombenzieleinrichtung. Durch die Luftbetankung war die F-100C in der Lage, Langstreckenbomber zu eskortieren oder als Jagdbomber gegen weit entfernte Ziele eingesetzt zu werden. Die Langstreckenqualitäten der F-100C wurden am 19. September 1956 durch das Projekt Mobile Baker demonstriert, als einige F-100C Maschinen mit 1703 Liter fassenden Tanks und Luftbetankung von der Foster Air Force Base in Texas nach Landstuhl flogen. Am 13. Mai 1957 starteten sechs F-100C in London und flogen zur Demonstration ihrer Eignung zu Langstreckeneinsätzen nonstop über den Nordatlantik. Drei Maschinen landeten in Jamestown, Virginia, während die drei übrigen nach 14stündigem Flug auf dem International Airport von Los Angeles landeten und damit einen Dauerweltrekord aufstellten. Bereits am 20. August 1955 hatte der USAF Colonel Horace A. Hanes, der Nachfolger von Pete Everest als Leiter der Flugerprobung in Edwards, in einer Höhe von über 10 000 m mit einer F-100C über der Mojave Wüste bei Palm Springs in Kalifornien auf einer 18 km langen Meßstrecke Everests F-100A-Weltrekord auf die neue Bestmarke von 1323,312 km/h gesteigert. Für diese Leistung wurde er mit der Thompson-Trophy ausgezeichnet. Von der F-100 wurden neben der F-100A und F-100C zwei weitere Versionen gebaut. Die F-100D (Erstflug 24. 1. 1954) unterschied sich äußerlich durch Grenzschichtzäune auf den Flügeln und einem breiteren

Pete Everest mit der YF-100 nach der Übernahme der Maschine durch die USAF bei einem Testflug in Edwards. Die Maschine trägt nun das Air Force Kennzeichen FW 754.

Links: Peter Everest bei seinem Rekordflug über dem Salton Sea. Rechts: Einflug in die Meßstrecke.

Mit dieser F-100C verbesserte Colonel Horace Hanes den Rekord der YF-100A von 1215,298 km/h auf 1323,312 km/h, wobei Hanes erstmalig nach neuem FAI-Reglement in großer Höhe über eine 15 – 25 km lange Meßstrecke flog.

Hanes besteigt die F-100C, unter deren Rumpf die hosenförmige Luftbremse zu erkennen ist.

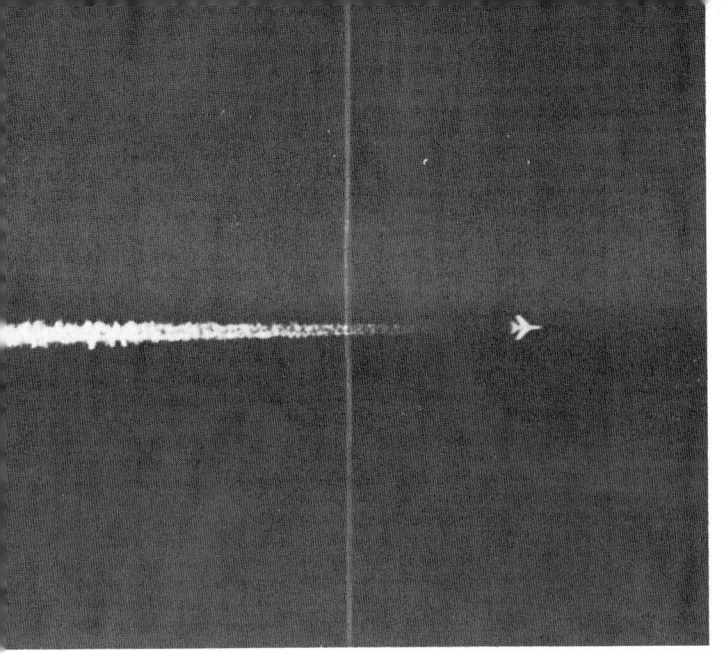

So erfaßten die Meßkameras die in großer Höhe fliegende F-100C von Colonel Hanes, die gerade die Zielmarkierung einer der beiden Meßkameras überflogen hat.

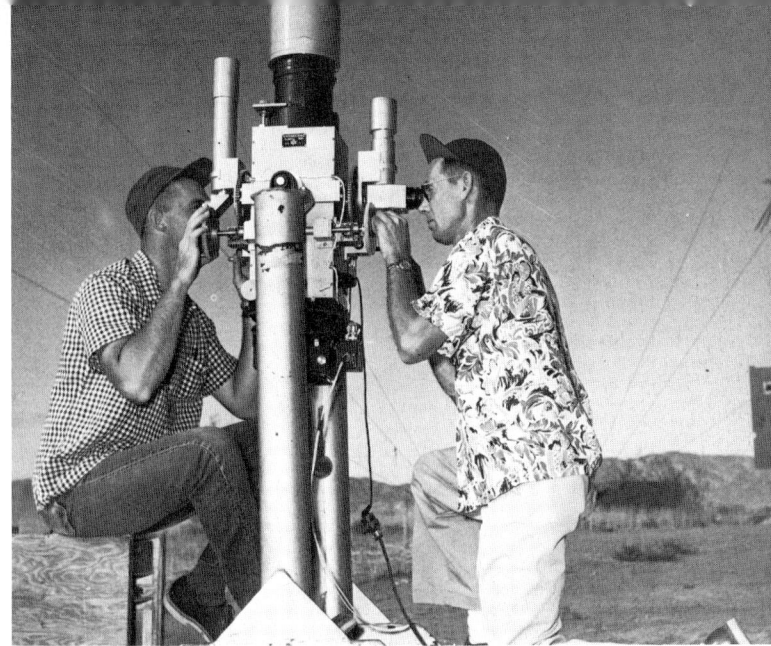

Mit einem 1m-Teleobjektiv wurde die F-100C bei den Meßflügen eingefangen, um das Überfliegen der Endpunkte der Meßstrecke genau zu erfassen.

Entlüftungs- und Wärmeauslaß an der Hinterkante des Seitenleitwerkes. Außerdem verfügte dieses Muster über einen Autopiloten und Radareinrichtungen. Mit Hilfe einer 59 Tonnen Schub abgebenden Starthilfsrakete konnte die F-100D wie auch das Nachfolgemuster F mit null Meter Rollstrecke starten. Der erste Start mit der Astrodyne Startrakete gelang am 30. Mai 1958. Die F-100F war eine zweisitzige Version der F-100D mit hintereinander angeordneten Sitzen und einem um 91 cm verlängerten Rumpf. Die Maschine konnte sowohl im Horizontalflug als auch im Steigflug Überschallgeschwindigkeiten erreichen. Sie war mit einem Pratt & Whitney Nachbrennertriebwerk vom Typ J57-P-21A ausgerüstet, das über eine Schubleistung von 7711 kp verfügte. Ihre Höchstgeschwindigkeit lag bei 1323 km/h, ihre Dienstgipfelhöhe bei 15 240 m und ihre Reichweite bei 2415 km. Die Typen D und F wurden als Jagdbomber eingesetzt und

konnten auch Kernwaffen transportieren. Die zweisitzige F-100D diente auch als Trainer.

Technische Daten der North American YF-100A und F-100C:

Typ	YF-100A	F-100C
Spannweite	11,16 m	11,82 m
Rumpflänge	14,33 m	14,36 m
Höhe	4,57 m	4,72 m
Leergewicht	8233 kg	8749 kg
Startgewicht	12 967 kg	14 807 kg
Flächeninhalt	ca. 34 m²	35,77 m²
Triebwerk	Pratt & Whitney XJ57-P-7 mit Nachbrenner	Pratt & Whitney J57-P-21 mit Nachbrenner
Schubleistung	max. 5993 kp	max. 7264 kp
Rekordleistung:	1215,298 km/h	1323,312 km/h
Pilot	Lt. Col. F. K. Everest	Col. Horace A. Hanes
Ort	Salton Sea	Palmdale
Datum	29. 10. 1953	20. 8. 1955

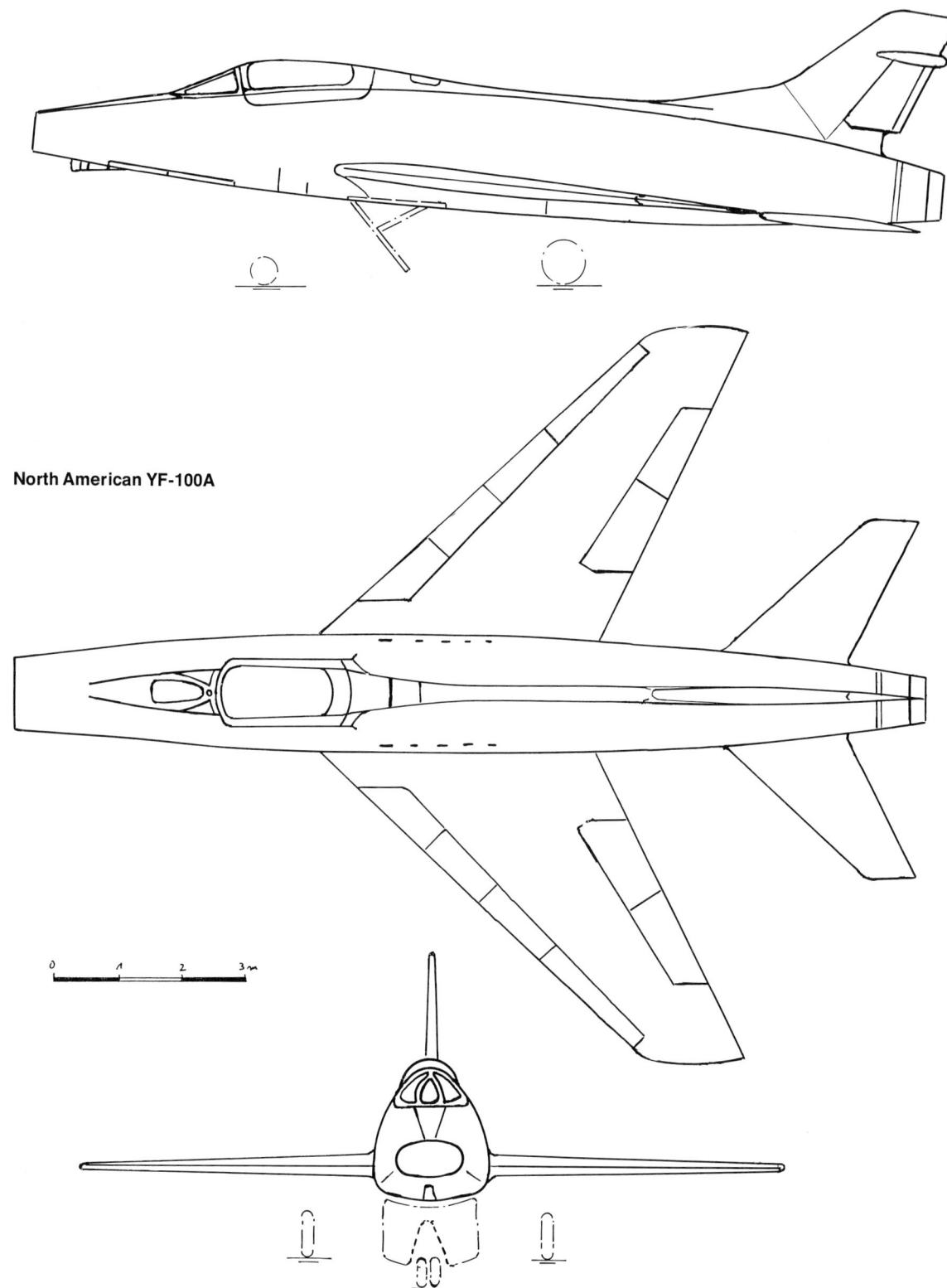

North American YF-100A

0   1   2   3 m

182

Die Geschichte der Fairey Delta F.D.2, des ersten Flugzeuges, daß die 1000 Meilen/Stunde Barriere überwand und das als erstes in der Lage war, bei einem Flug um den Äquator der Sonne davonzufliegen, reicht in ihren Anfängen bis in das Jahr 1949 zurück. In dieser Zeit entwickelte die 1916 gegründete und 1960 in der Firma Westland Aircraft Ltd. aufgehende Fairey Aviation Company Ltd. in Zusammenarbeit mit dem Ministry of Supply eine Studie für ein Forschungsflugzeug zur Untersuchung des transonischen Bereiches. Es folgte eine Spezifikation der geforderten Grunddaten und die Erteilung eines unter strikter Geheimhaltung abzuwickelnden Auftrages zum Bau von zwei Maschinen, die über den transonischen Bereich hinaus weiter in den Überschallbereich vorstoßen sollten. Bei der Konstruktion wurde zudem großer Wert darauf gelegt, daß die beiden Forschungsflugzeuge weitgehend entsprechend den für Einsatztypen geltenden Richtlinien gebaut wurden.

Die Fairey-Ingenieure entschieden sich für einen Delta-Flügler, der allerdings wegen der bei der Landung im Langsamflug notwendigen hohen Anstellwinkel einige Probleme aufwarf, da die Sicht für den Piloten in diesem Flugzustand minimal war. Man löste das Problem, indem man den gesamten Rumpfbug für die Landung um 10° nach unten schwenkte. Diese damals revolutionäre Lösung ist uns heute von Überschall-Verkehrsflugzeugen wie der Concorde, in deren Entwicklung die F.D.2 eine gewisse Rolle spielen sollte, und der sowjetischen TU-144 wohl vertraut. Die hydraulische Nasenabsenkung vermittelte

Schneller als die Sonne flog die Fairey Delta F. D. 2, die erstmals die 1000 Meilen/Stunde Marke überbot und theoretisch bei einem Flug längs dem Äquator der Sonne davonfliegen konnte. Hier die Rekordmaschine vor der Lackierung.

dem Piloten trotz des hohen Anstellwinkels im Landeanflug eine Sicht wie bei einer konventionellen Maschine. Damit waren allerdings noch nicht alle Probleme ausgeräumt. Man erwartete ein Landegewicht in der Größenordnung von etwa sechs Tonnen und eine Landegeschwindigkeit, die nach Ansicht der Experten sehr wohl bei 225 km/h liegen konnte, so daß das Abbremsen der aufsetzenden Maschine Schwierigkeiten bereiten würde, zumal die extrem dünnen Flächen ein sehr kompaktes Fahrwerk erforderten und keine voluminösen Bremsen zuließen. Aus diesem Grunde wurde die F.D.2 mit drei Bremsfallschirmen ausgerüstet, die in einem zylindrischen Behälter in der Wurzel des Seitenleitwerkes verstaut waren. Außerdem verwendete man ein Bremssystem mit Blockierschutz (Dunlop Maxaret).

Der in Schalenbauweise erstellte Rumpf der F.D.2 hatten einen kreisförmigen Querschnitt und war so schlank wie eben möglich gehalten. Daraus resultierte auch ein überaus enges Cockpit. Als Triebwerk wurde eine Rolls-Royce Avon RA.28R Strahlturbine mit Nachbrenner eingebaut. Letzterer war konstruktiv sehr einfach gehalten, konnte nur ein- oder ausgeschaltet werden und verfügte über eine entsprechend den beiden Betriebszuständen in zwei Positionen verstellbare Schubdüse. Durch den Nachbrenner stieg die Schubleistung von einem Nennschub in der Größenordnung von 4500 kp auf eine Nachbrennerleistung von ca. 5675 kp. Unmittelbar vor der einem Augenlid ähnelnden verstellbaren Schubdüse saßen vier fächerförmige Luftbremsklappen.

Die Tragfläche des Deltaflüglers besaß eine nicht spitz zulaufende sondern gerundete und in einem Winkel von 60° gepfeilte Nasenkante.

Ihr Einstellwinkel betrug +1,5°. Die Profildicke lag bei ca. fünf Prozent. Trotzdem nahmen die Flächen nicht nur vier Tankzellen auf sondern boten auch dem Hauptfahrwerk Platz, das unter Drehung um 90° nach vorn eingezogen wurde. Haupt- und Bugfahrwerk, das doppelt bereift war und nach hinten in den Rumpfbug eingezogen wurde, waren mit Hochdruckreifen versehen. Die Tragfläche hatte einen Flächeninhalt von ca. 33,45 m², so daß sich die Flächenbelastung auf 180–200 kg/m² belaufen haben dürfte. Der dünne Flügel bot keinen Platz für die Aufnahme der Querruderhörner, so daß diese mit langgestreckten Verkleidungen versehen werden mußten, die sich als schmale Wülste von der bis auf die leicht gewölbten Abdeckungen der Fahrwerksschächte glatten Flügelunterseite abhoben. Jedes der beiden Querruder hatte einen Flächeninhalt von ca. 1,5 m² und besaß einen Hornausgleich. Die inneren Flügelhälften wurden von den beiden je ca. 1,86 m² großen Höhenruderklappen eingenommen.

Wie die Tragflächen zeigte die Vorderkante des Seitenleitwerkes ebenfalls eine Pfeilung von 60°. Es hatte ebenfalls eine sehr geringe Profildicke um fünf Prozent und umfaßte eine Fläche von ca. 3,7 m², wovon etwa ein Viertel auf das Ruder entfielen. Die F.D.2 erhielt ein doppelt ausgelegtes hydraulisches Steuersystem mit »artificial feel«, das dem Piloten einen natürlichen Ruderdruck simulierte.

Die halbkreisförmigen Lufteinläufe für das Triebwerk lagen zu beiden Seiten des Rumpfes in der Flügelwurzel, um einen möglichst kurzen Weg zum Triebwerk zu erreichen. Die Einläufe zeigten eine scharfe nach vorn gezogene Oberkante und eine etwas stumpfere gerundete, zurückliegende Unterkante.

Die erste F.D.2 absolvierte am 6. Oktober 1954

Nach ihrem Rekordflug erhielt die F. D. 2 eine Ganzlackierung. Sie besaß eine absenkbare Nase und einen zylindrischen Behälter an der Wurzel des Seitenleitwerkes zur Aufnahme des Bremsfallschirmes.

mit Peter Twiss, dem späteren Rekordpiloten im Cockpit, ihren 25minütigen Jungfernflug. Die Flugerprobung verlief zunächst völlig störungsfrei, so daß man Ende 1954 unmittelbar vor der Aufnahme der Hochgeschwindigkeitstests stand. Ein Triebwerkversagen infolge Treibstoffmangels führte jedoch zu einer unvorhergesehenen Notlandung mit eingefahrenem Fahrwerk und verursachte eine achtmonatige Verzögerung in der Flugerprobung. Erst im August 1955 war die F.D.2 wieder flugbereit. Die zweite Maschine absolvierte erst am 15. Februar 1956 ihren Erstflug, bei dem Peter Twiss auf Anhieb Überschallgeschwindigkeit erreichte. Für die erste F.D.2 hatte die Überschallphase bereits im Oktober 1955 begonnen. Die Maschine erreichte selbst im Steigflug relativ mühelos Überschallgeschwindigkeit, und es zeichnete sich ab, daß

die Maschine sehr wohl in der Lage war, den bestehenden Geschwindigkeitsrekord der F-100C erheblich zu verbessern und erstmals eine Geschwindigkeit mit vierstelliger Meilenzahl zu erreichen. Der von Hanes aufgestellte Rekord der F-100 war erstmals nach dem neuen FAI-Reglement in frei gewählter Höhe erzielt worden. Laut FAI-Vorschrift durfte die Maschine bei Rekordversuchen nach diesem Reglement während des Meßfluges nur eine Höhentoleranz von maximal 100 Meter aufweisen. Für die wahlweise fünf oder siebeneinhalb Kilometer langen Anflugstrecken von Erreichen der eigentlichen Meßbahn, war eine größte Höhenabweichung von zehn Prozent der gewählten Anflugstrecke also 500 oder 750 m erlaubt. Die Meßstrecke mußte innerhalb von 30 Minuten je einmal in entgegengesetzter Richtung durchflogen werden, wobei

Diese Unterseiten-Ansicht zeigt die Verkleidungen der Querruderhörner und die flachen Auswölbungen der Fahrwerksabdeckungen.

zwischen dem ersten und zweiten Durchgang wiederum keine größere Höhendifferenz als 100 m bestehen durfte. Eine Landung zwischen beiden Meßflügen war nicht erlaubt. Da die FAI-Vorschrift nur eine Meßungenauigkeit in der Größenordnung von 0,25 Prozent zuließ, waren umfangreiche und aufwendige Vorbereitungen notwendig, bevor Peter Twiss im März 1953 auf einer 15,56 km langen Meßstrecke zwischen den Orten Ford und Chichester an der Südküste Englands auf Rekordjagd gehen konnte.

Insgesamt wurden acht Rekordversuche unternommen, die ersten beiden erfolgten am 8. März, vier weitere am 9. März und weitere zwei am 10. März 1956. Der letzte Versuch erbrachte die besten Ergebnisse. In einer Höhe von 38000 Fuß (9144 m), die mit einer Abweichung von weniger als 30 m eingehalten

wurde, erreichte Twiss mit der ersten F.D.2, die das Kennzeichen WG 774 trug, beim Durch-

Technische Daten der Fairey Delta F.D.2:

Spannweite	8,17 m
Rumpflänge	15,73 m
Höhe	3,35 m
Fahrwerksspur	2,33 m
Flügelfläche	ca. 33,45 m²
Fluggewicht	ca. 6000 kg
Flächenbelastung	ca. 180 kg/m²
Einstellwinkel	+ 1,5°
Anstellwinkel in Rollposition	6,5°
Triebwerk	Rolls-Royce Avon RA.28R mit Nachbrenner
Schubleistung	5675 kp mit Nachbrenner
Rekordleistung	1822 km/h
Pilot	L. P. Twiss
Ort	Ford-Chichester
Datum	10. 3. 1956

186

fliegen der Meßstrecke in West-Ost-Richtung 1798 km/h und beim Meßflug in Gegenrichtung sogar 1846 km/h. Der Durchschnitt aus beiden Versuchen ergab eine Rekordgeschwindigkeit von 1822 km/h, die den bestehenden Rekord um rund 500 km/h verbesserte. Dieser Leistungssprung von 500 km/h bzw. rund 38 Prozent war sowohl absolut als auch prozentual die größte bis dahin erzielte Steigerung. Prozentual ist auch bis heute keine größere Verbesserung des Geschwindigkeitsrekordes erreicht worden. Lediglich Col. R. Stephens erreichte absolut gesehen mit seiner YF 12A im Jahre 1965 mit einer Verbesserung des bestehenden Rekordes der E 166 um 650,51 km/h (siehe S. 206) eine größere Steigerung.

Die Rekordmaschine wurde zwischen April 1961 und Juli 1963 in das Forschungsflugzeug BAC 221 umgebaut. Sie erhielt einen schlanken Deltaflügel mit geschwungener Vorderkante. Außerdem wurde der Rumpf um 1,83 m verlängert. Diese Maschine diente der Grundlagenforschung bei der Entwicklung des Überschall-Verkehrsflugzeuges Concorde.

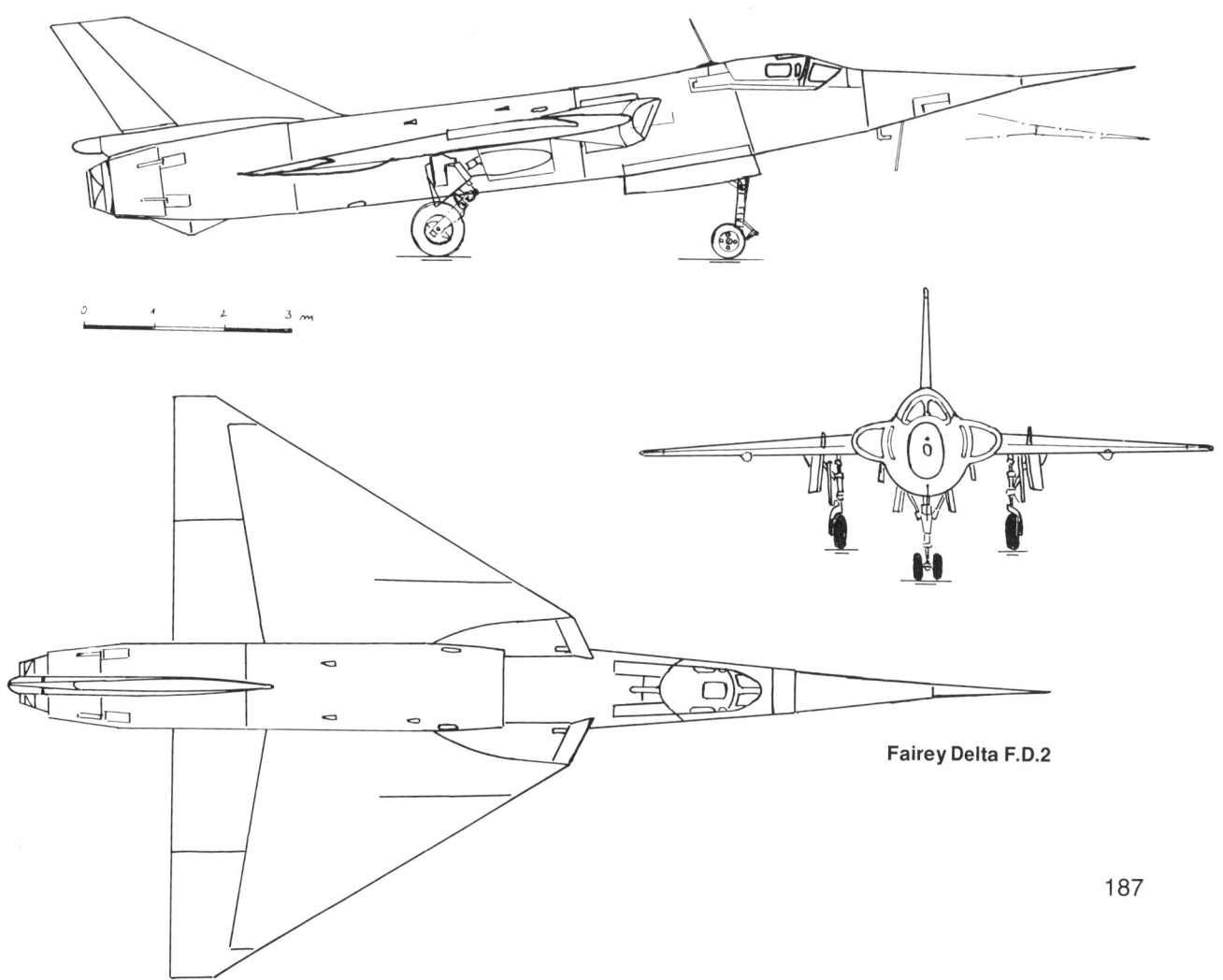

Fairey Delta F.D.2

Die F-101, ein zweistrahliger Jäger, entstand durch Weiterentwicklung der XF-88 und XF-88A, die als Langstrecken-Fighter, entwickelt worden waren und 1949/50 zur Diskussion standen. Mitte August wurde der Entwicklungsauftrag jedoch gestoppt, da die Maschine anscheinend nicht mehr in das taktische Konzept der US-Air Force passte. Außerdem spielten Kürzungen im Rüstungsetat bei dieser Entscheidung eine Rolle. Ende 1951 wurde das Projekt jedoch wieder aktuell, und McDonnell erhielt einen Auftrag zur Fertigung der Nachbrenner-Version XF-88A, die nach einigen Änderungen und Verbesserungen nun als F-101 in Produktion ging.

Die einsitzige Grundversion F-101A war mit zwei Pratt & Whitney J57-P-13 Strahlturbinen ausgerüstet, die je 5310 kp Standschub ohne bzw. 6575 kp mit Nachbrenner abgaben. Ursprünglich war die F-101 als Langstrecken-Jagdschutz für die B-36 gedacht, doch die Ablösung der B-36 durch die B-52 machte diese Rolle überflüssig, worauf die F-101 Aufgaben als Abfangjäger und Jagdbomber beim Taktischen Luft-Kommando zum Einsatz kam.

Die erste F-101A absolvierte am 29. September 1954 ihren Jungfernflug, bei dem Mach 1 auf Anhieb überschritten wurde. Im Mai 1957 wurden die ersten Serienmaschinen ausgeliefert. Die einsitzige F-101A besaß in den Flügelwurzeln angeordnete Triebwerke über deren Auslaß der Rumpf spornförmig nach hinten

hochgezogen war. Fläche und Leitwerke waren stark gepfeilt (ca. 35°). Das Höhenleitwerk saß im oberen Viertel des Seitenleitwerkes.

Die F-101 war für einen Geschwindigkeitsbereich bis Mach 1.7 ausgelegt und wurde von der USAF mehrfach zu Rekordversuchen eingesetzt. Am 12. Dezember 1957 war die Operation Firewall erfolgreich, in der die Air Force den bestehenden Geschwindigkeitsrekord der britischen Fairey Delta zu brechen versuchte. Major Adrian Drew erreichte an diesem Tag in 11887 m Höhe über Edwards mit einem F-101A Jagdbomber die neue Rekordgeschwindigkeit von 1943,5 km/h, die als Bestmarke allerdings nur wenig mehr als fünf Monate Bestand haben sollte. Im gleichen Jahr flog eine RF-101A, die Langstrecken-Auf-

Rechte Seite
Oben: Unternehmen Fire Wall war die Code-Bezeichnung für den Weltrekordversuch mit der F-101A Voodoo. Hier schwebt die erfolgreiche Maschine nach geglücktem Rekordversuch in Edwards zur Landung an. Am Heck sind die Luftbremsen ausgefahren.

Mitte: Beim Unternehmen Sun Run flogen drei RF-101A nonstop von Los Angeles nach New York und zurück. Die schnellste Maschine benötigte für die Marathonstrecke nur sechs Stunden und 46 Minuten.

Unten: Bei der Operation Sun Run wurden die Maschinen in der Luft von einer Boeing KC 135 aufgetankt.

Zur Aufnahme eines Radar-Beobachters erhielt die F-101B ein zweisitziges Cockpit. Dieser Typ diente als Abfangjäger.

klärerversion der Voodoo im Rahmen der Operation Sun Run in nur sechs Stunden und 46 Minuten von Los Angeles nach New York und wieder zurück nach Los Angeles. Die Jagdbomber-Ausführung F-101A und die Aufklärer-Version stimmten in Zelle und Triebwerksausrüstung weitgehend überein. Beide Maschinen wurden auch gleichzeitig in Dienst gestellt. Sie waren in der Luft auftankbar.

Am 27. März 1957 flog der zweisitzige Abfangjäger F-101B zum erstenmal, der jedoch erst am 24. Juli 1961 in Dienst gestellt wurde. Dieser Typ besaß Pratt & Whitney J 57-P-55 Triebwerke mit Nachbrenner. Eine weitere Version der F-101 war die F-101C, ein einsitziger Jagdbomber, der im wesentlichen eine für den Tiefflugeinsatz verstärkte F-101A darstellte. Dieser Typ verfügte über Aufhängungen für Atomwaffen unter dem Rumpf, die zwischen zwei 1705-Liter Falltanks angeordnet waren. Die C-Version erreichte in 12200 m Höhe eine Höchstgeschwindigkeit von Mach 1,85 und verfügte in 11000 m Höhe über eine Reisege-

schwindigkeit von 958 km/h. Die beiden Falltanks verliehen diesem Typ eine Reichweite von 4500 km. Die Dienstgipfelhöhe betrug 15850 m, die Steigleistung 4270 m/min. Aus der F-101C entstand durch Verlängerung der Rumpfnase zur Aufnahme von Kameras der Langstrecken-Foto-Aufklärer RF-101C. Dieser Typ wurde bis Ende April 1959 gebaut. Insge-

Technische Daten der McDonnell F-101A »Voodoo«:

Spannweite	12,09 km
Rumpflänge	20,05 m
Höhe	5,49 m
maximales Fluggewicht	22 225 kg
Triebwerke:	2 Pratt & Whitney J 57-P-13 mit je 5310 kp-Standschub ohne Nachbrenner bzw. je 6575 kp mit Nachbrenner
Flügelpfeilung	ca. 35°
Rekordleistung	1943,5 km/h
Pilot	Major Adrian E. Drew
Ort	Edwards Air Force Base (Kalifornien)
Datum	12. 12. 1957

samt baute McDonnell 807 Voodoos, wovon 327 Exemplare auf die einsitzigen Typen F-101A, F-101C, RF-101A und RF-101C ent- fielen. 480 Voodoos gehörten somit zu der doppelsitzigen Abfangjäger-Version mit dem 20,55 m langen Rumpf.

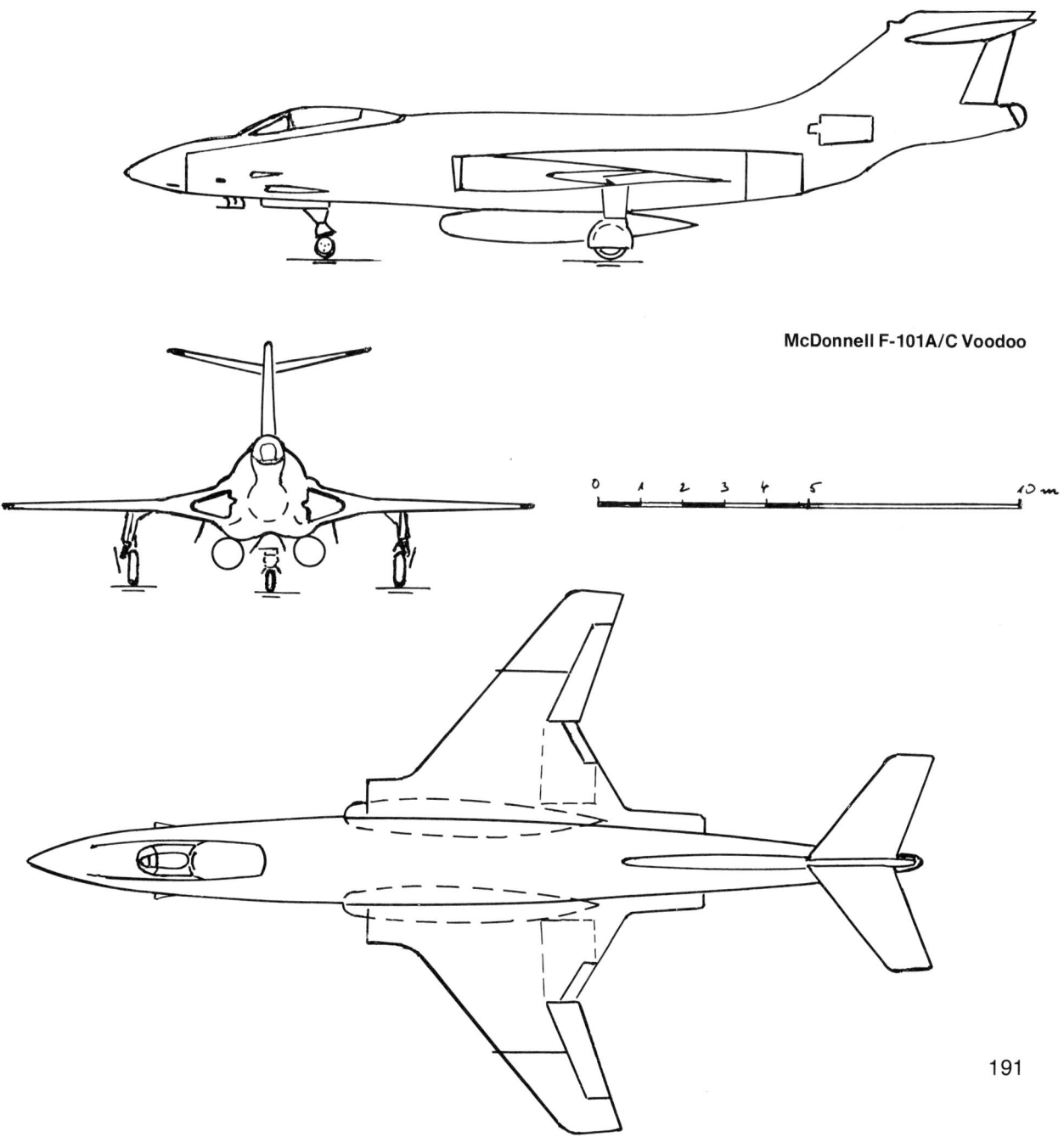

McDonnell F-101A/C Voodoo

Wenn hierzulande die Typenbezeichnungen F-104 oder Starfighter genannt werden, so verbinden sich damit meist negative Assoziationen wie die Absturzserie und ihre Hintergründe, die jahrelang Schlagzeilen machten. Darüber gerät oft in Vergessenheit, daß dieser Typ sowohl leistungsmäßig als auch konstruktiv zur Zeit seiner Entstehung in positivem Sinne neue Maßstäbe setzte. Seit dem Erstflug des Prototyps XF-104 am 28. Februar 1954 kann der Starfighter mit mehr als 20 Versionen auf eine Einsatzzeit von mehr als 20 Jahren zurückblicken. Daß die revolutionierende Konstruktion des damaligen Lockheed-Vizepräsidenten Clarence L. (»Kelly«) Johnson ausgangs der 50er Jahre tatsächlich neue Maßstäbe setzte, erhellt nicht nur die Tatsache, daß die F-104 der erste echte Mach-2+Jäger der USA war sondern 1958 sowohl den absoluten Geschwindigkeitsrekord mit 2259,538 km/h als auch den absoluten Höhenweltrekord mit 27811 m für Lockheed eroberte und diesem Werk erstmals in der Geschichte der modernen Luftfahrt die drei wichtigsten Flugrekorde der FAI in einer Hand bescherte, nachdem Lockheed bereits den Entfernungsrekord seit 1946 mit einer P.2.V-1, die über 18081,99 km von Perth nach Columbus geflogen war, erobert hatte. Darüber hinaus sollte sich die F-104 mehr als anderthalb Jahrzehnte nach ihrer Entstehung jedem anderen Jagdflugzeug als zumindest ebenbürtig erweisen.

Das Konzept eines völlig neuartigen Jagdflugzeuges wurde bei Lockheed in einem unter der Leitung von Kelly Johnson stehenden Entwicklungsteam bereits seit 1950 entwickelt. Johnson hatte bereits in diesem Stadium ein Flugzeug mit extrem dünnem, geradem Flügel konzipiert, das schneller und wendiger sein sollte als die bisherigen Jägertypen. Auch in der USAF mehrten sich angesichts der Korea-Erfahrungen mit den russischen MiG-Jägern die Stimmen, die ein schnelleres, wendigeres Flugzeug forderten, das zudem leichter und weniger kompliziert in der Bedienung sein sollte. Aus tausenden von Projektstudien schälte sich schließlich der Vorentwurf L-246 heraus, der im Dezember 1952 der Air Force zur Begutachtung vorgelegt werden konnte. Bereits im März 1953 erteilte die US-Luftwaffe den Auftrag zum Bau von zwei Prototypen, die die Bezeichnung XF-104 erhielten. Inzwischen hatte Lockheed die Entwicklung weiter vorangetrieben. Das Resultat war ein in jeder Hinsicht unkonventionelles Flugzeug mit langgestrecktem, spindelförmigem Rumpf und erstaunlich kurzen mit negativer V-Form angesetzten geraden Stummelflügeln.

Die Flügel wie auch das als Ganzes bewegliche Höhenleitwerk besitzen beinahe messerscharfe Vorderkanten, deren Radius nur 0,4 mm beträgt. Der im Hinblick auf die angestrebten Geschwindigkeiten im Mach 2-Bereich gewählte Stummelflügel mit nur 3,4 Prozent Dicke ist

Die F-104A brach weitgehend mit konventionellen Konstruktionsprinzipien für Überschalljäger. An die Stelle des bisher dominierenden Pfeilflügels traten messerscharfe kurze Trapezflügel.

Mit dieser F-104 gelang es erstmals, mit ein und derselben Maschine den Höhen- und Geschwindigkeitsweltrekord zu brechen. Nach dem Geschwindigkeitsrekord war infolge der Reibungshitze die Lackierung der Maschine abgeblättert.

beinahe im letzten Drittel des langgestreckten Rumpfes angesetzt. Der zweiholmige Ganzmetallflügel mit symmetrischem Profil besitzt über die volle Spannweite durchgehende Nasenklappen. Die Klappen an der Hinterkante sind dagegen geteilt und wirken außen als Querruder, innen als Landeklappen. Die messerscharfe Vorderkante soll sich auch noch in anderer Hinsicht als überaus vorteilhaft erweisen. Sie setzt kein Eis an, so daß auf eine aufwendige Enteisungsanlage verzichtet werden konnte. Umfangreiche Windkanalversuche führten zu der charakteristischen Leitwerks-Konfiguration mit als Ganzes beweglicher Höhenflosse, die wie der Querbalken eines T auf dem Seitenleitwerk liegt und so gleichsam als Endscheibe auf dem Seitenleitwerk sitzt, wodurch die widerstandsträchtige Wirbelbildung an der Oberkante des Seitenleitwerkes verringert wird. Gleichzeitig erlaubt dies eine Verkleinerung der Seitenleitwerksfläche. Stummelflügel und das gedrungene Seitenleitwerk ließen im Windkanal in Schiebefluglagen eine starke positive V-Form-Wirkung entstehen. Um diese auf das wünschenswerte Maß zu reduzieren gab Johnson dem Starfighter eine negative V-Form der Tragflächen von 10°.

Zum Erstflug starteten die beiden XF-104-Prototypen, die leer nur 5220 kg wogen und somit nur etwa halb so schwer waren wie die Konkurrenzmuster dieser Zeit, mit Curtiss-Wright J65-Triebwerken, die mit Nachbrenner in Meereshöhe zwar nur 4770 kp Standschub lieferten, aber dank des geringen Zellengewichtes immer noch ein außerordentlich günstiges Schub/Gewichtsverhältnis erlaubten, am 28. Februar 1954. Im anschließenden Erprobungsprogramm wurden Geschwindigkeiten bis Mach 1.6 erflogen und die bis dahin im Einsatz befindlichen US-Jäger immerhin um ca. Mach 0.3 übertroffen. Das zur Verfügung stehende Triebwerk erlaubte es offensichtlich nicht, das aerodynamische Potential der F-104 voll auszuschöpfen. Trotzdem erwies sich das Flugzeug als ein glücklicher Wurf, denn das Konstruktionsziel wurde hinsichtlich der angestrebten Geschwindigkeits- und der berechneten günstigen Widerstandswerte um zwei bis drei Prozent übertroffen. Günstig beurteilt wurde auch die relativ niedrige Landegeschwindigkeit, die nur fünf Prozent höher lag als bei herkömmlichen Jagdmaschinen.

Nach Abschluß der Flugerprobung der beiden Prototypen erteilte die US-Luftwaffe am 14. Oktober 1955 ihren ersten Auftrag in Höhe von 100 Millionen Dollar zur Lieferung von Serienmaschinen der Baureihe F-104A. Diese Version erfuhr noch während der Aufnahme der Serienfertigung einige entscheidende Verbesserungen, deren wichtigste der Einsatz des neuen General Electric J79-Triebwerkes war. Es lieferte ohne Nachbrennereinsatz etwa genausoviel Schub wie das Curtiss-Wright-Triebwerk der beiden Prototypen mit Nachbrenner. Der Standschub mit Nachbrenner lag in Meereshöhe bei 6820 kp also rund 45 Prozent höher als die Antriebsleistung der beiden Prototypen, so daß nun auch die projektierte Geschwindigkeit von Mach 2 erreicht wurde. Die zweite wichtige Änderung gegenüber den Prototypen war die Verwendung von Triebwerkszapfluft zur Grenzschichtabsaugung, wodurch der Auftrieb erhöht und die Landegeschwindigkeit verringert werden konnten.

Die ersten Starfighter wurden am 6. Dezember 1956 vom Luftverteidigungskommando der USA übernommen. Einsatzbereit war die erste F-104A-Staffel am 20. Februar 1958. Sie war auf der Hamilton Air Force Base stationiert.

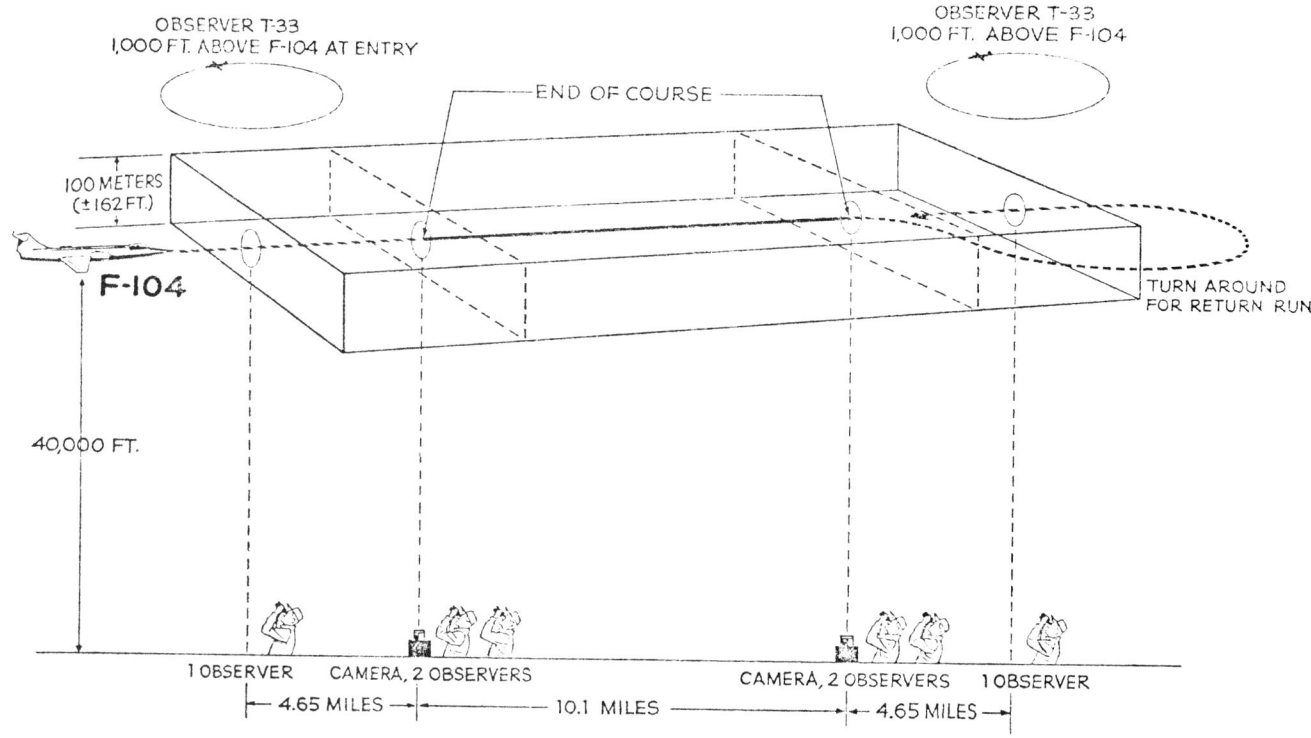

OBSERVER T-33
1,000 FT. ABOVE F-104 AT ENTRY

OBSERVER T-33
1,000 FT. ABOVE F-104

END OF COURSE

100 METERS
(±162 FT.)

F-104

40,000 FT.

TURN AROUND
FOR RETURN RUN

1 OBSERVER   CAMERA, 2 OBSERVERS   CAMERA, 2 OBSERVERS   1 OBSERVER

⊢— 4.65 MILES —⊣ ⊢——————— 10.1 MILES ———————⊣ ⊢— 4.65 MILES —⊣

So wurde entsprechend dem neuen FAI-Reglement der Rekord der F-104A über einem 15 – 25 km langen Meßkurs aufgestellt. Die Maschine flog in einer Höhe von 40.000 Fuß (12192 m), wobei diese Höhe auf 100 m exakt einzuhalten war. Die eigentliche Meßstrecke war 16,25 km lang, davor lag jeweils eine Einflugzone von je 7,5 km Länge, in der die Flughöhe ebenfalls mit maximal 100 m Abweichung einzuhalten war.

Die erhöhte Antriebsleistung der F-104A ließ nun auch einen Angriff auf den Geschwindigkeitsrekord über eine gerade 15 – 25-km-Meßstrecke erfolgversprechend erscheinen. So begann man im Frühjahr 1958 mit einer speziell für diesen Zweck vorbereiteten und um die Bewaffnung erleichterten F-104A die Vorbereitungen für eine Reihe von Rekordversuchen, die neben der absoluten Geschwindigkeit auch auf die Kategorien Höhe und Steigzeit ausgerichtet waren.

Am 7. Mai 1958 holte Major H. C. Johnson über Palmdale (Kalifornien) zunächst den Höhenweltrekord in die USA zurück, der in diesem Jahre damit zum dritten Male den Besitzer wechselte. Am 18. April hatte Lt.-Commander G. C. Watkins mit einer Grumman F.11 F-FI mit 23.449 m den Rekord einer britischen Can-

berra gebrochen, um ihn zwei Wochen später an R. Carpentier zu verlieren, der in einer zweistrahligen Trident über Istres 24217 m erreicht hatte. Johnson schraubte den Rekord nun auf 27811 m. Captain W. Irwin holte neun Tage später, am 16. Mai 1958 in Edwards auch den Geschwindigkeitsrekord mit 2259,538 km/h, indem er den bisherigen Rekordhalter um stolze 300 km/h überbot. Ein beredtes Zeugnis der Leistungsfähigkeit der F-104A boten die im Rahmen dieser Versuche erflogenen Steigzeit-Weltrekorde. Von insgesamt sieben Rekordleistungen seien nur zwei zitiert: Steigzeit auf 3000 m: 41,8 Sekunden, Steigzeit auf 25000 m: 266,03 Sekunden.

Von den zahlreichen Folgemustern der F-104A sollte am 14. Dezember 1959 eine F-104C unter Captain Joe B. Jordan zu Rekordehren kommen. Sie stieg über dem Air Force Testflugplatz in Edwards auf 31513 m. Die Serienmaschinen der C-Version waren mit dem rund 7000 kp Schub abgebenden J79-GE-7 Triebwerk ausgestattet und erreichten Mach 2.2. Diese Version war außerdem mit einer Luftbetankungseinrichtung versehen. Zu den schnellsten Starfightern, die in der Folgezeit gebaut werden sollten, zählten die Mach 2.4 schnellen von Canadair gebauten Muster CL-901, CL-958, CL-984 und CL-1010. Bis in Höhen von 40 km stieß die für die NASA als Trainer für das X-15-Programm gebaute NF-104A vor, die mit einem in die Wurzel des Seitenleitwerkes fest eingebauten Rocketdyne AR-2 Raketenmotor mit 2720 kp ausgestattet war, der das Flugzeug über den Einsatzbereich der luftatmenden Strahlturbine hinauszutragen vermochte. Neben einer auf 7,78 m vergrößerten Spannweite unterschied ein Rückstoßdüsen-Steuersystem diese Version von der Grundausführung. Am 15. November 1963 erreichte Major Robert W. Smith mit diesem Baumuster 36228 m und stellte damit einen inoffiziellen Höhenweltrekord mit Bodenstart auf.

Darryl Greenamyer, der schnellste Kolbenmotor-Pilot aller Zeiten, stellte 1976 einen für Renn- und Rekordzwecke hergerichteten privaten Starfighter fertig. Die Maschine besteht aus Einzelteilen verschiedener Starfighter-Baumuster und wird von Greenamyer als F-104 A-G bezeichnet. Auf ihren Einsatzzweck als Renn- und Rekordflugzeug zugeschnitten ist die Maschine bis auf die festigkeitsmäßig unerläßlichen Teile abgemagert. Das Triebwerk wurde von General Electric leihweise zur Verfügung gestellt.

Am 3. Oktober 1976 unternahm Greenamyer mit dieser Maschine einen Rekordversuch nach dem alten FAI-Reglement und erreichte über dem Mud Lake in Nevada in einer Höhe von ca. 30 m über Grund fliegend eine Geschwindigkeit von ca. 1650 km/h. Er war damit rund 50 Prozent schneller als Everest mit der YF-100A Super Sabre, der als letzter nach dem alten Reglement fliegend im Oktober 1953 die Rekordgeschwindigkeit von 1215,298 km/h erreicht hatte. Eine fehlerhafte Zeitnahme machte allerdings eine Bestätigung der fliegerisch herausragenden Leistung Greenamyers unmöglich.

Nach Scheitern dieses Versuches wurde die Maschine in Van Nuys umgerüstet, um mit einem speziellen Treibstoff-Versorgungssystem für Steigzeit-Rekordversuche eingesetzt zu werden. Ein Datum für diese Versuche stand bei Redaktionsschluß noch nicht fest.

Technische Daten der F-104A

Spannweite	6,69 m
Länge	16,69 m
Höhe	4,11 m
Leergewicht	5698 kg
Abfluggewicht ohne Außenlasten	8565 kg
Abhebegeschwindigkeit	324 km/h
Landegeschwindigkeit	269 km/h
Gipfelhöhe	17600 m

Erstflug:
Prototyp XF-104 am 28. Februar 1954
Serienmaschine F-104A am 17. Februar 1956

Triebwerk J79-GE-3A mit 6820 kp Schub
(mit Nachbrenner in Meereshöhe)
Weltrekorde:
Geschwindigkeit: 16. Mai 1958 in Edwards 2259,538 km/h
Höhe: 7. Mai 1958 über Palmdale 27811 m und
14. Dezember 1959 über Edwards 31513 m (mit F-104C).

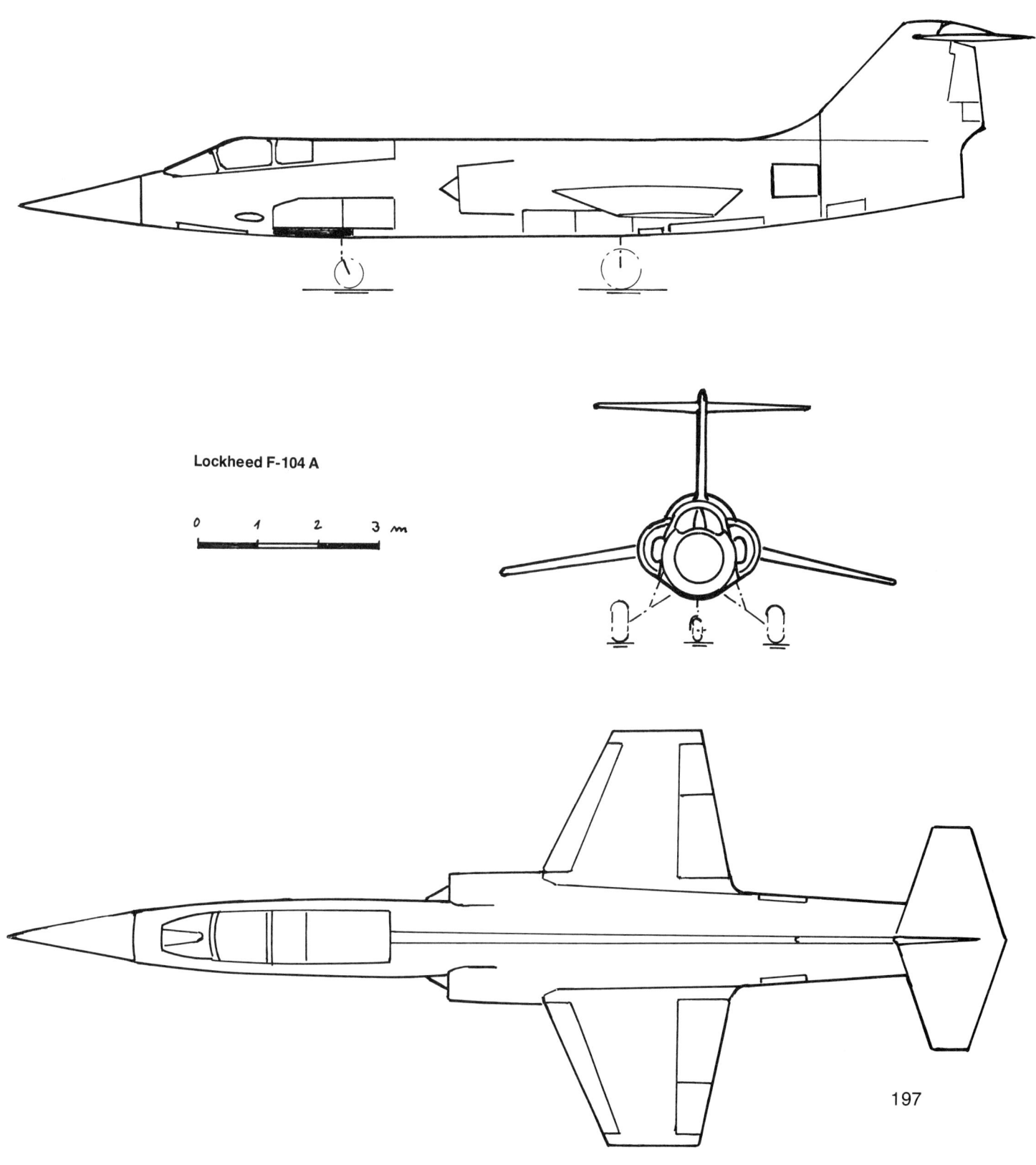

Lockheed F-104 A

0   1   2   3 m

197

53 Jahre sollten vergehen, bis das erste russische Flugzeug den Weg in die Liste der Geschwindigkeitsrekordhalter auf gerader Strecke fand. Erster Rekordträger aus der UdSSR war eine Maschine mit der zunächst recht mysteriösen Typenbezeichnung E 66. Nach gängiger Deutung steht das »E« für das weiche kyrillische E (gesprochen »je«) und kürzt das russische Wort »Jedinitsa« ab, das soviel wie »Einzelmuster« bedeutet. Das Konstruktionsbüro Mikojan-Gurewitsch verwendet den Kennbuchstaben E in Verbindung mit einer Typennummer für Rekordflugzeuge, andere sowjetische Hersteller hängen bei ihren Rekordmustern der normalen Typenbezeichnung ein »E« an, wie dies beispielsweise bei der durch mehrere internationale Rekorde bekanntgewordenen Tu-104E geschah.

Das Team Mikojan-Gurewitsch, dessen Initialen in der Typenbezeichnung MiG wiederkehren, glänzte durch eine Reihe von Pionierleistungen in der sowjetischen Luftfahrtgeschichte. Mit ihrer I-61 schufen Mikojan und Gurewitsch im Oktober 1939 das Projekt eines neuen Jägers, der in 6000 m Höhe eine Geschwindigkeit von ca. 650 km/h erreichen sollte. Daraus ging die Serienversion MiG-1 hervor, die den modernen russischen Jagdflugzeugbau begründete. Ihr folgte die verbesserte Ausführung MiG-3, die mit noch leistungsfähigeren Motoren ausgestattet zur MiG-5 wurde. Der nächste wichtige Schritt war die I-300,

deren erster Prototyp mit deutschen Beutetriebwerken am 24. April 1946 erstmals flog. Aus der I-300 wurde die Serienmaschine MiG-9, der erste einsatzfähige sowjetische Strahljäger. Als nächster großer Wurf des MiG-Gespanns wäre die MiG-15 zu nennen, deren Entwicklung im März 1946 begann und deren Prototyp am 2. Juni 1947 mit einem 2200 kp-Rolls-Royce Nene-Triebwerk zum erstenmal flog. Mit einem sowjetischen Nachbau des Nene-Triebwerkes und je zwei Grenzschichtzäunen auf den nun 2° negative V-Form zeigenden Flächen kam die MiG-15 Ende 1948 zur Truppe und gab in Korea den F-86 Piloten im Kurvenkampf einige Probleme auf. Ihr Nachfolgemuster, die MiG-17, war wiederum ein großer Erfolg. Sie war das erste sowjetische Flugzeug, das im Horizontalflug Überschallgeschwindigkeit erreichte, und kam 1953 zur Truppe. Die MiG-19 war der erste echte sowjetische Überschalljäger und erreichte gegen Ende ihrer Entwicklung eine Geschwindigkeit von Mach 1,33 in 10000 m Höhe. Trotzdem war dieser Typ nicht ganz so erfolgreich wie seine unmittelbaren Vorläufer und brachte es in der UdSSR nur auf rund 850 produzierte Maschinen (gegenüber 16500 MiG-15). Der erste Prototyp der MiG-19 war 1953 zum erstenmal geflogen, die Auslieferung an die Luftstreitkräfte hatte Anfang 1955 begonnen. Zu dieser Zeit lief jedoch schon eine Ausschreibung für einen leichten einsitzigen Ab-

Mit der E-66 brachen die Sowjets erstmalig den Geschwindigkeits-Weltrekord. Hier die Variante E-66A mit zusätzlichem Raketenmotor, die zum Angriff auf den Höhenrekord mit Erfolg eingesetzt wurde.

fangjäger, an der sich das Konstruktionsbüro Mikojan-Gurewitsch beteiligte und mit der MiG-21 einen echten Volltreffer landen konnte. Die konstruktive Marschrichtung hatte das Zentrale Institut für Hydro- und Aerodynamik (ZAGI) gewiesen, das aufgrund eingehender aerodynamischer Studien einen Deltaflügler mit gepfeiltem Höhenleitwerk vorgeschlagen hatte. Mikojan griff diese Linie auf, baute zugleich aber auch eine Erprobungsmaschine mit konventionellem stark gepfeiltem Flügel, die sich jedoch dem vom ZAGI vorgeschlagenen Entwurf in der Flugerprobung als unterlegen erweisen sollte. Aus letzterem ging die MiG-21 hervor, deren Grundmuster (Fishbed-C) im letzten Quartal des Jahres 1959 erstmals zur Truppe kommen sollte. In den folgenden Jahren wurde die MiG-21 zum Standardjäger des Ostblocks. Das Grundmuster erfuhr zahlreiche Verbesserungen.

Der Rumpf der MiG-21 hatte einen kreisrunden Querschnitt und war in Ganzmetall-Schalenbauweise errichtet. Das Triebwerk wurde durch einen Ringspalt im Rumpfbug mit Luft versorgt. Der Nasenkonus bot Raum für den Einbau einer Radarantenne.

Das Tragwerk war in Mitteldecker-Konfiguration ausgelegt und hatte einen deltaförmigen Grundriß, der annähernd einem gleichschenkligen Dreieck entsprach. Die Spitzen der freitragenden Fläche waren gerade abgeschnitten und trugen an den Enden je einen kleinen Grenzschichtzaun.

Das Höhenleitwerk lag geringfügig höher als die Tragfläche, wies wie diese eine leichte negative V-Form auf und war wie die Fläche stark gepfeilt (ca. 60°). Das Höhenruder besaß keine Dämpfungsfläche und wurde als Ganzes bewegt. Auf Trimmruder wurde verzichtet. Die Ruderbetätigung erfolgte hydraulisch, wobei je nach Höhe und Geschwindigkeit zwei Übersetzungsverhältnisse zur Wahl standen.

Das Seitenruder wurde ebenfalls hydraulisch betätigt. In die Wurzel des Seitenleitwerkes war ein zylindrischer Behälter zur Aufnahme eines Bremsfallschirmes eingebaut. Die Seitenflosse wurde bei späteren Modellen in ihrer Tiefe vergrößert und wuchs aus der für die

199

MiG-21 charakteristischen Rückenflosse empor, die sich vom Cockpit ausgehend über die Rumpfoberseite zog.

An Auftriebshilfen besaß die MiG-21 große Landeklappen an der Flügelhinterkante.

Das Dreibein-Fahrwerk war jeweils einfach mit Hochdruckreifen bereift (Reifendruck ca. 8kp/cm²). Alle drei Räder waren mit pneumatischen Bremsen ausgerüstet, die aus Druckflaschen gespeist werden. Das Bugrad war nicht steuerbar und wurde nach vorn in den Rumpf eingezogen. Die Steuerung erfolgte über eine differenzierte Bremsung des Hauptfahrwerkes, das unter Drehung nach innen in den Rumpf eingefahren wurde. Zu seiner Aufnahme war der Rumpf im vorderen Bereich der Fläche leicht ausgewölbt. Das Rekordflugzeug E-66, mit dem der Versuchspilot des Mikojan-Konstruktionsbüros Oberst Georgii Mossolow am 31. Oktober 1959 über Jukowski-Petrowskol mit 2388 km/h einen neuen Geschwindigkeitsrekord über eine 15/25 km-Meßstrecke in großer Höhe aufstellte, wird allgemein als Vorserienmaschine der MiG-21 angesehen und war mit einem TRD R-37F (alias Tumansky)-Nachbrenner-Triebwerk ausgerüstet, das einen Schub von 5960 kp lieferte. Mossolows Rekord sollte allerdings nur sechs Wochen Bestand haben. Die gleiche Maschine stellte jedoch mit Konstantin Kokkinaki am 16. September 1960 einen weiteren Geschwindigkeitsrekord über einen 100 km langen geschlossenen Rundkurs auf, als eine Durchschnittsgeschwindigkeit von 2148 km/h (Mach 2.02) erreicht wurde. Auf einer Teilstrecke des Kurses wurde sogar eine Geschwindigkeit von 2499 km/h gemessen, was einer Machzahl von 2,35 entspricht. Experten halten die E-66 für ein Vorläufermodell der MiG-21F, die unser 2-Seiten-Riß zeigt.

Im Rahmen der Weiterentwicklung der MiG-21 bemühte man sich wesentlich um eine Verringerung des Widerstandes, was auch in einer weiteren Rekordversion mit der Bezeichnung E-66A seinen Niederschlag fand. Diese Maschine zeigte gegenüber der E-66 ein günstiger geformtes Cockpit, dessen strömungsgünstige Verkleidung weit in den Rückenwulst der Maschine auslief. Diese Änderung wurde später bei der MiG-21PF übernommen. Als zusätzliche Schubquelle erhielt die E-66A eine 3000 kp abgebende Flüssigkeitsrakete, die an der Rumpfunterseite der Maschine vor der Heckflosse mit leichter Neigung nach unten eingebaut war. In der FAI-Dokumentation trägt der Raketenmotor die Typenbezeichnung ZhRD Mk. U2. In anderen Quellen wird die Bezeichnung GDR Mk. 12 angegeben. Georgii Mossolow erreichte mit der E-66A, die 1961 auf dem Flugtag in Tushino vorgestellt wurde, am 28. April 1961 die Rekordhöhe von 34714 m. Als weitere Rekordversion ist noch die E-33 zu nennen, die im Wesentlichen der MiG-21 UTI (Mongol) entspricht, eine aus der MiG-21F abgeleitete Trainerversion darstellt und das Triebwerk TDR Mk R37F mit einem Nachbrennerschub von 6280 kp besitzt. Mit diesem Zweisitzer stellte die Pilotin Natalia Prokanowa am 22. Mai 1965 einen neuen Höhenrekord für Frauen mit einer Gipfelhöhe von 24336 m auf. Am 23. Juni 1965 erzielte die Pilotin Lydia Zaitsewa mit einer konstant eingehaltenen Höhe von 19020 m einen weiteren Weltrekord. Schließlich folgten am 6. und 7. Juni 1974 mehrere Steigleistungsrekorde durch S. Sawitskaja, die in der E-33 in 59,1 Sekunden 3000 m, in 80,4 Sekunden 6000 m, in 106,7 Sekunden 9000 m und schließlich in 155,1 Sekunden 12000 m Höhe erreichte. Zahlreiche Weltrekorde sammelte schließlich auch die

200

E-76, eine serienmäßige MiG-21 PF. Die Serie begann am 16. September 1966 mit einem Geschwindigkeitsrekord für Frauen über einem geschlossenen 500-km-Kurs mit einem Schnitt von 2062 km/h. Am 11. Oktober 1966 folgte ein weiterer Rekord über 2000 km mit einer Durchschnittsgeschwindigkeit von 900,27 km/h, die von Jevgenia Martowa erflogen wurde. Die gleiche Pilotin verbuchte mit 2128,7 km/h einen weiteren Frauenrekord über eine geschlossene Strecke von 100 km, während die bereits erwähnte Lydia Zaitsewa mit der gleichen Maschine am 28. März die Rekordserie abschloß, als sie über eine geschlossene 1000-km-Distanz eine Durchschnittsgeschwindigkeit von 1298,16 km/h erreichte.

Anstelle der E-66, von der keine Rißzeichnung erhältlich war, zeigt unsere Zeichnung die Weiterentwicklung MIG-21 F

Technische Daten der Mikojan-Gurewitsch E-66:

Spannweite	7,62 m
Rumpflänge	16,75 m
Höhe	4,11 m
Leergewicht	ca. 5500 kg
Startgewicht max.	ca. 8500 kg
Flügelfläche	ca. 23,00 m²
Flächenbelastung	ca. 370 kg/m²
Triebwerk	TRD R-37F (Tumansky) mit Nachbrenner
Schubleistung	5960 kp
Höchstgeschwindigkeit	Mach 2,35
Rekordleistung	2388 km/h
Pilot	Oberst Georgii Mossolow
Ort	Jukowski-Petrowskol (UdSSR)
Datum	31. Oktober 1959

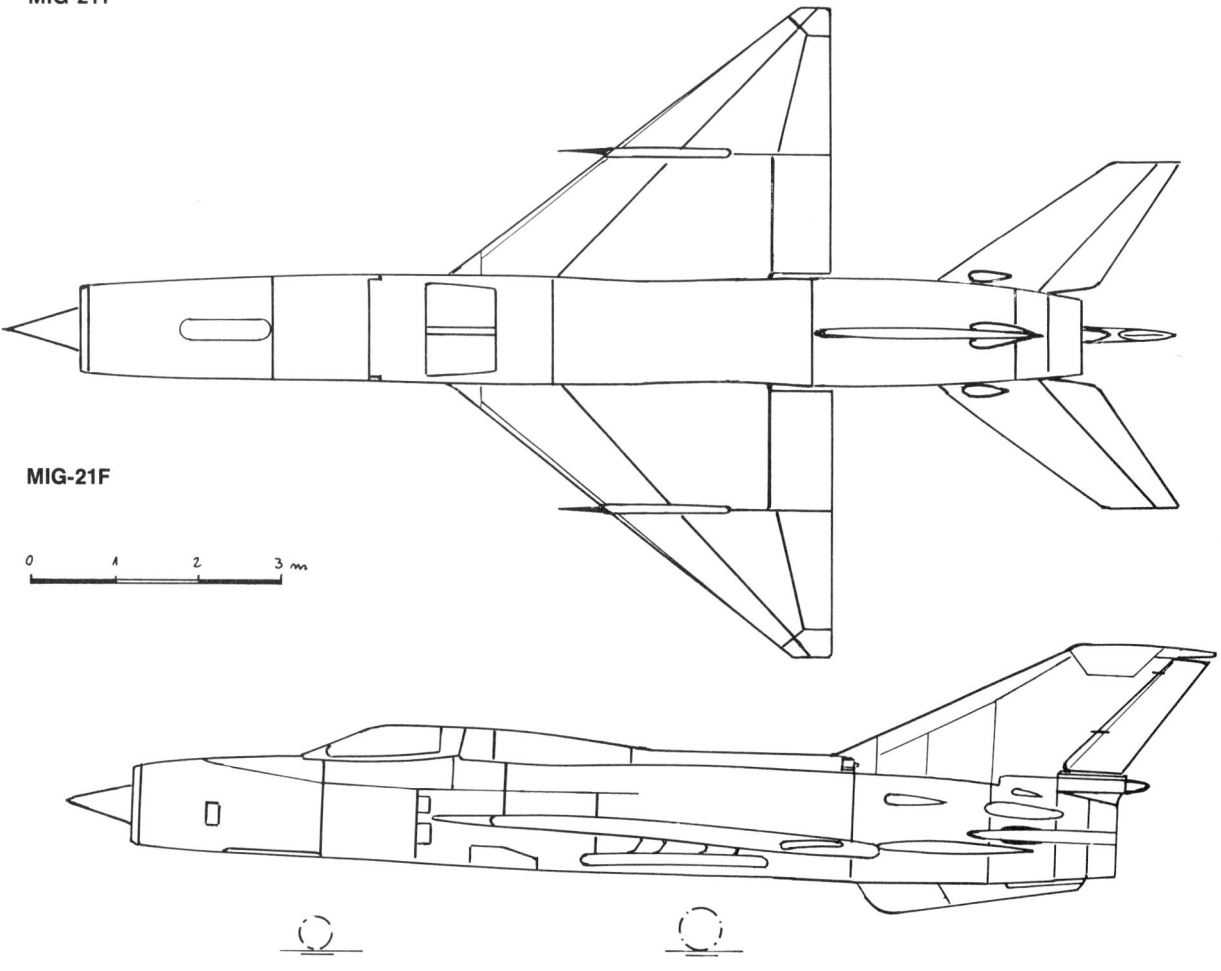

MIG-21F

0   1   2   3 m

Bei Kriegsende zeichnete sich in den strategischen Überlegungen der US-Luftwaffe das Bedürfnis nach einer zuverlässigen Abwehr gegen die Bedrohung durch Langstrecken-Bomber ab, die möglicherweise Kernwaffen an Bord trugen. Es galt, solche Maschinen möglichst frühzeitig abzufangen. Bei Convair trug man sich mit ähnlichen Gedanken. Bereits 1945 begann man dort, Projektstudien zu entwickeln, die einem Abfangjäger mit einem überragenden Leistungsniveau galten. Das erste Resultat war die XF-92A, ein Deltajäger, der am 18. September 1948 zum erstenmal flog. Ein Jahr später erläuterte die USAF der amerikanischen Luftfahrtindustrie die Problematik, die das Abfangen moderner Langstreckenbomber darstellte, und bat die Industrie um aktive Unterstützung bei der Lösung dieser brennenden Sicherheitsfrage. Hieraus kristallisierte sich eine Ausschreibung für ein Luftüberlegenheits-Waffensystem heraus, das die Bezeichnung F-102 tragen und in einem Konstruktionswettbewerb entwickelt werden sollte. Nach den Wünschen der Air Force sollte die Maschine Mach 2 fliegen und mit einem vollautomatischen Waffensystem ausgestattet sein. Als Sieger gingen die Firmen Convair (Zellenentwicklung, Montage, Flugerprobung und Lieferung des kompletten Waffensystems) und die Firma Hughes Aircraft Co. (Feuerleitsystem und gesamte Bewaffnung) aus diesem Wettbewerb hervor. Zu diesem Zeitpunkt zeichnete es sich jedoch deutlich ab, daß weder den gesetzten Zielen entsprechende Triebwerke noch entsprechend hoch entwickelte elektronische Feuerleit- und Waffensysteme zur Verfügung standen, wohl aber bereits ein fortgeschrittenes Entwicklungsstadium erreicht hatten. So kam es zunächst zu einer Interims-Lösung, der YF-102, die als Prototyp am 24. Oktober 1953 zum erstenmal flog. Diese Maschine war ein Deltaflügler mit Elevons, also Rudern, die zugleich als Höhenruder (gleichsinnig ausschlagend) und als Querruder (gegensinnig ausschlagend) dienten. Die Seitenflosse hatte ebenfalls einen dreieckigen Grundriß. Der Rumpf war weitgehend konventionell aufgebaut und mit zwei seitlichen Lufteinläufen neben dem Cockpit ausgestattet. Im wesentlichen entsprach die Rumpfform der einer Zigarre. Als Antrieb diente eine Pratt & Whitney J-57 Strahlturbine, die allerdings ein Erreichen der projektierten Geschwindigkeit von Mach 2 nicht erlaubte. Noch während der Bauzeit der YF-102 mach-

Rechte Seite
Oben: Die Convair F-106A Delta Dart schwebt zur Landung an.

Mitte: Dieses Flugbild zeigt eine F-106A mit Luftbetankungsvorrichtung vor dem Cockpit. Auch die Grenzschichtzäune auf der Fläche sind hier gut zu erkennen.

Unten: Eine F-106A mit Überschall-Außentanks.

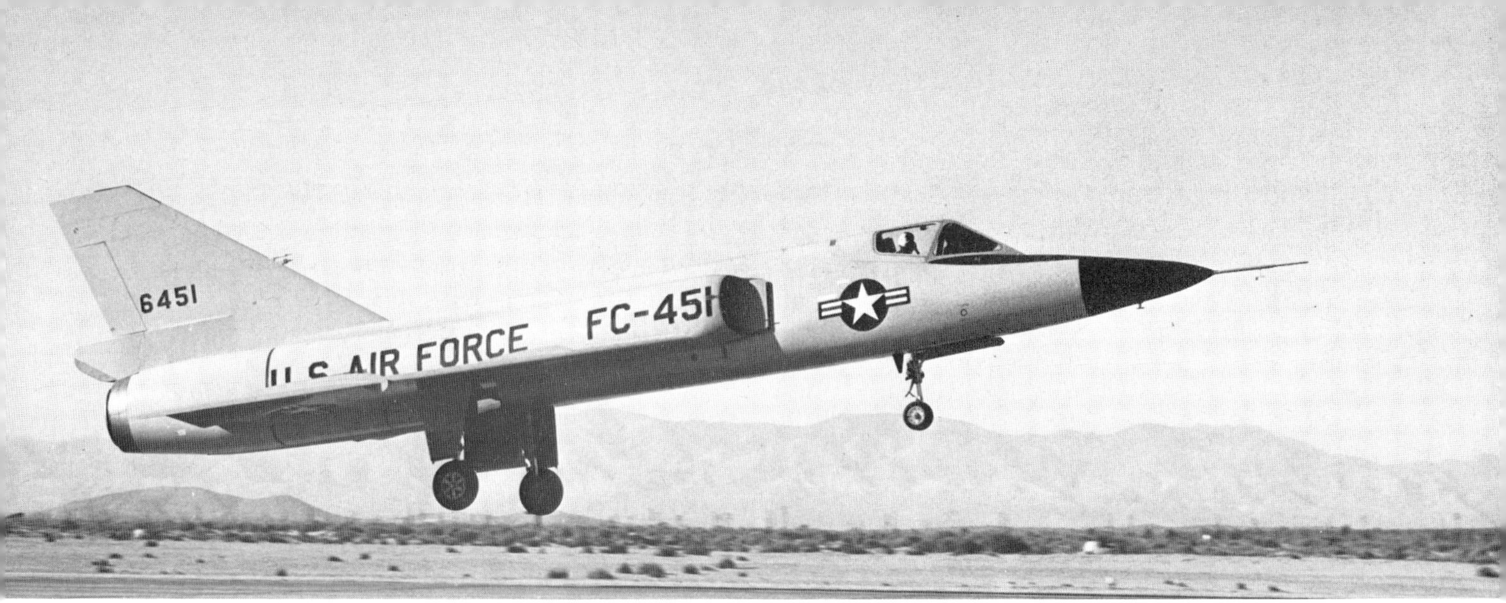
6451
FC-451
U.S. AIR FORCE

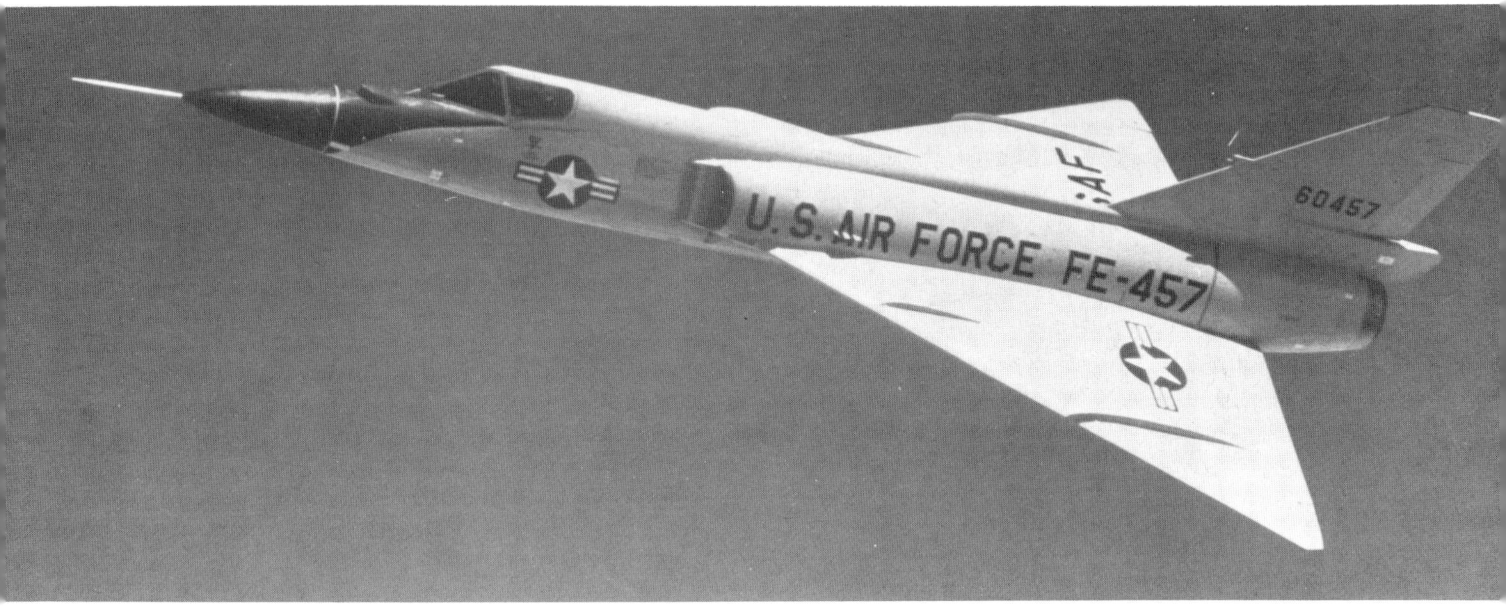
U.S. AIR FORCE FE-457
60457

60454
FE-454 U.S. AIR FORCE

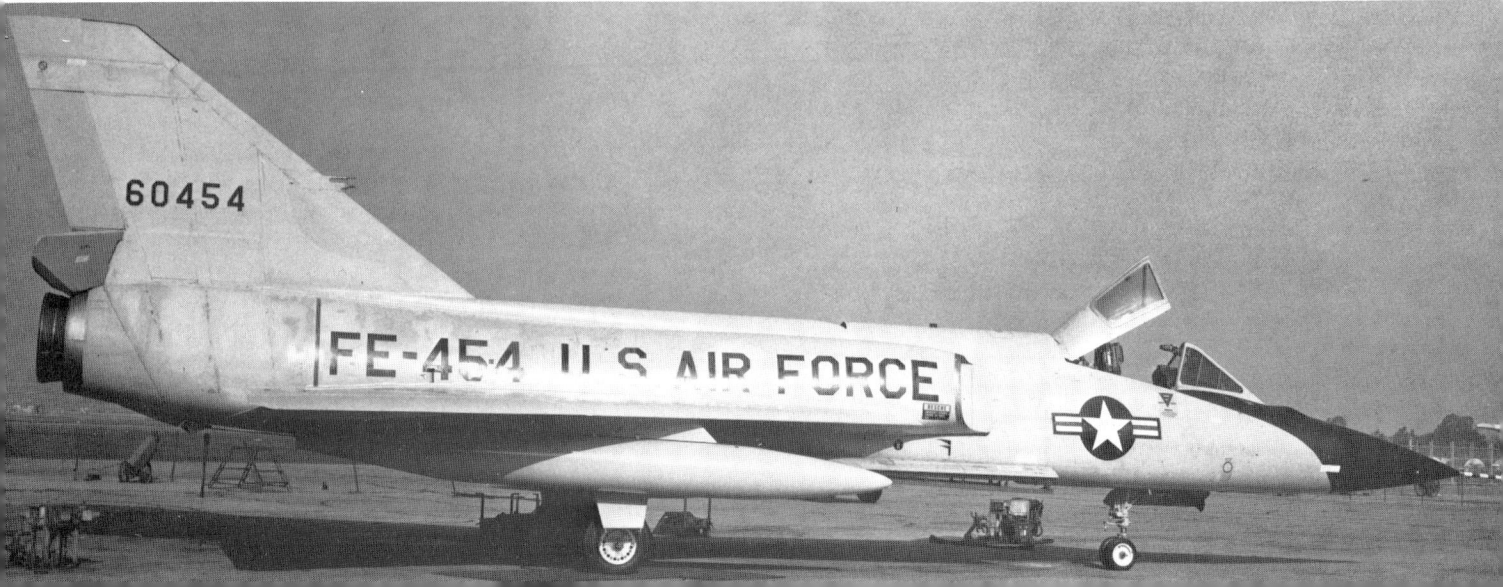

ten die Aerodynamiker der NACA (National Advisory Committee for Aeronautics) mit der sogenannten Flächenregel eine überaus bedeutsame Entdeckung. Sie fanden heraus, daß der Widerstandszuwachs beim Überschallflug um so geringer ist, wenn der Gesamtquerschnitt von Rumpf und Flächen annähernd dem Querschnitt eines Stromlinienkörpers entspricht. Die Convair-Konstrukteure wandten diese neuesten Erkenntnisse auf die F-102 an und zogen den Rumpf der Maschine im Bereich der Flächen ein. Gleichzeitig wurde der Rumpf verlängert und abgeflacht. Außerdem wurden aerodynamische Übergänge zwischen Heck und Seitenflosse vorgesehen. Weitere Verbesserungen umfaßten die günstigere Gestaltung des Cockpits, heruntergezogene Nasenkanten der Deltafläche und ein verringertes Fluggewicht. Mit diesen Verbesserungen ausgestattet ging die Maschine als F-102A in der Rekordzeit von nur zehn Monaten in Serie. Der Erstflug dieses Typs erfolgte am 20. Dezember 1954, und schon am nächsten Tag erreichte die erste Maschine im Steigflug Überschallgeschwindigkeit. Im Juni 1956 kamen die ersten Serienmaschinen zur Air Force. Zu dieser Zeit stand bereits ein weiter verbessertes Nachfolgemuster der F-102A Delta Dagger, die F-106 Delta Dart, in Entwicklung, die am 26. Dezember 1956 zum erstenmal flog und ihrem Vorläufermuster äußerlich sehr ähnlich war aber dennoch einige unverkennbare Abweichungen erkennen ließ. Die strömungsgünstige Wespentaille war jetzt noch ausgeprägter, die Lufteinläufe waren bis zum Flügelansatz zurückgezogen und aus dem dreieckigen Seitenleitwerk war eine etwas größere trapezförmige Flosse geworden. Als Antrieb stand nun endlich die Pratt & Whitney J-75 Strahlturbine zur Verfügung, die rund 50 Prozent mehr

Schub als das Vorläufer-Triebwerk lieferte und im Verein mit der verbesserten Aerodynamik zu einer Verdopplung der Geschwindigkeit beitrug. Außerdem erfuhren die elektronische Ausrüstung und die Bewaffnung entscheidende Verbesserungen.

Technische Neuerungen wurden auch bei der Produktion der F-102 und F-106 eingeführt. So war die F-102 die erste Maschine, bei der ein neues Hochdruck-Schmiedeverfahren zur Herstellung von hochbeanspruchten Teilen wie Flügelholmen zur Anwendung kam. Dieses Verfahren erbrachte einen Festigkeitsgewinn bei gleichzeitig verringertem Gewicht. Gleichfalls neu war die Anwendung des Convair-Scotchweld-Verfahrens beim Bau der Tragflächen der F-102 und F-106. Hierbei wurde vor dem Nieten der Flächen ein heißhärtender Kleber zwischen die Kontaktflächen gebracht und das Fertigteil anschließend in einem Ofen erwärmt, wodurch der Kleber aushärtete. Auf diese Weise wurde eine Fläche mit flüssigkeitsdichten Treibstoffkammern erzielt.

Die F-106A kam während des Jahres 1959 erst-

Technische Daten der Convair F-106A Delta Dart:

Spannweite	11,67 m
Rumpflänge	21,56 m
Höhe	6,18 m
Maximales Startgewicht	über 15890 kg
Triebwerk	Pratt & Whitney J-75-9
Schubleistung	10669 kp
Höchstgeschwindigkeit	Mach 2 +
Dienstgipfelhöhe	über 18300 m
Reichweite	über 2400 km
Flügelfläche	62,80 m²
Flächenbelastung	ca. 260 kg/m²
Rekordleistung	2455,763 km/h
Pilot:	Major Joseph W. Rogers
Ort	Edwards Air Force Base
Datum	15. Dezember 1959

mals zur Auslieferung an die Air Force, nachdem am 9. April 1958 eine weitere Version, die zweisitzige F-106B, ihren Erstflug absolviert hatte. Insgesamt wurden über 1000 Maschinen der Typen F-102, F-106A und F-106B an die US Air Force geliefert. Am 15. Dezember 1959 stellte Major Joseph W. Rogers über der Edwards Air Force Base in Kalifornien mit einer serienmäßigen F-106A bei normalem Einsatzgewicht in einer Flughöhe von 40000 Fuß (12192 m) mit 2455,736 km/h (was in dieser Höhe Mach 2.3 entspricht) einen neuen absoluten Geschwindigkeits-Weltrekord auf, der fast zwei Jahre Bestand haben sollte.

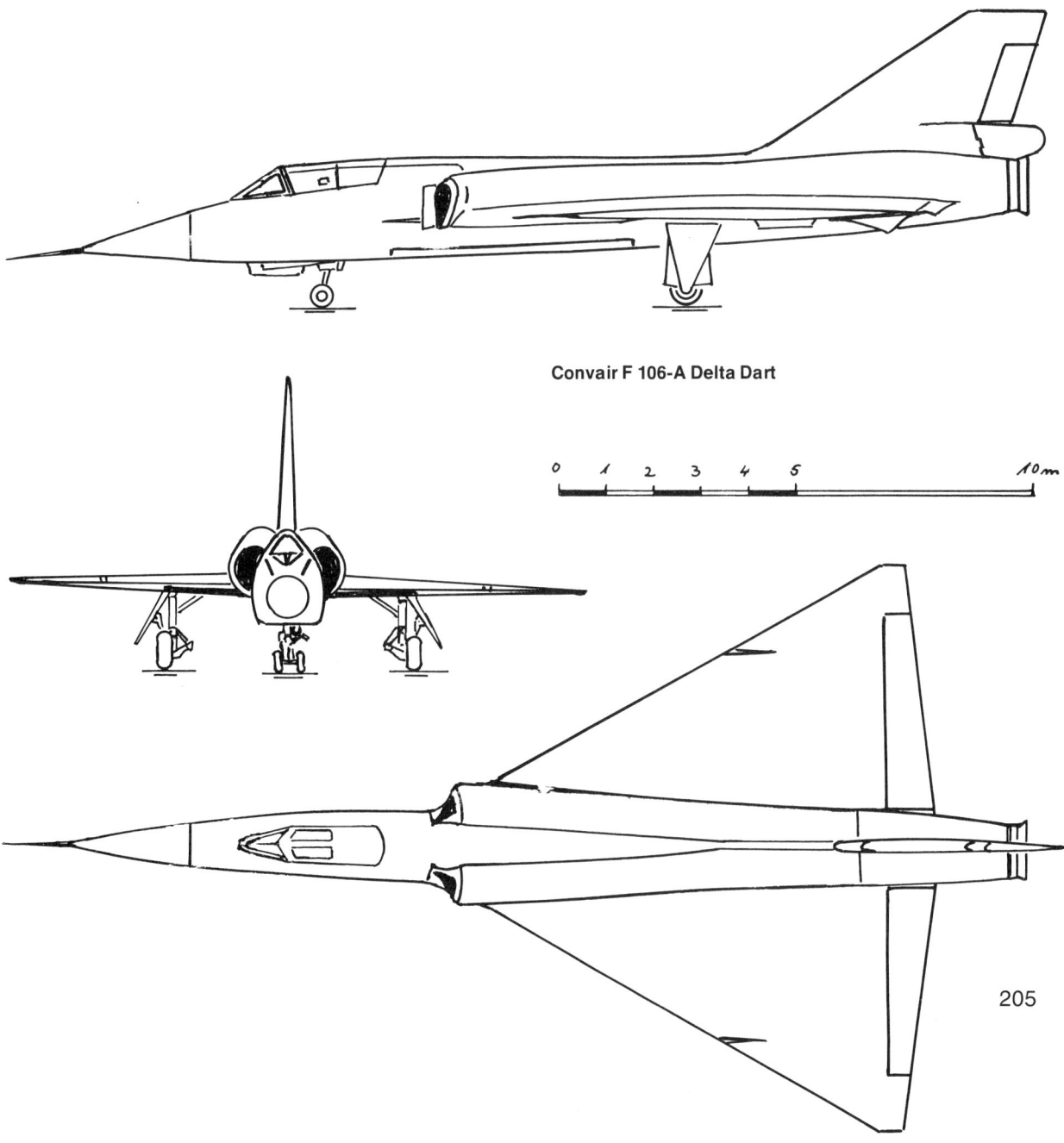

Convair F 106-A Delta Dart

0 1 2 3 4 5 10 m

205

Bereits 1957 hatte McDonnell schon einmal den absoluten Geschwindigkeits-Weltrekord mit der F-101 Voodoo errungen. Zu dieser Zeit stand bereits die F4H Phantom II als Nachfolgetyp der F3H Demon als zweisitziger Allwetter-Abfangjäger mit Mach 2+ Geschwindigkeit in Entwicklung. Der Prototyp dieser zweistrahligen auch als Jagdbomber und Aufklärer einzusetzenden Typs flog am 27. Mai 1958 unter der Bezeichnung XF4H-1 zum erstenmal. Es folgte eine kleine Vorserie von 23 Maschinen, die an die US-Navy ausgeliefert wurden, bevor 1961 die eigentliche Serienfertigung einsetzte.

Die noch heute – 18 Jahre nach dem Erstflug des Prototyps – in verschiedenen Versionen unter anderem auch bei der Bundesluftwaffe im Einsatz stehende Phantom ist ein freitragender Tiefdecker mit zweisitzigem Tandem-Cockpit. Die Tragfläche weist eine starke Pfeilung von 45° auf und besitzt eine Sägezahn-Nase. Die Außenflügel zeigen eine starke V-Form und lassen sich nach oben klappen, um auf Flugzeugträgern Platz zu sparen. Die Querruder schlagen nur nach unten aus. Die Fläche der Phantom verfügt zudem auf der Oberseite über Spoiler sowie über Vorflügel und Auftriebsklappen. Die Flächenbeplankung ist aus 6,35 cm starkem Aluminium-Vollmaterial gefräst und verfügt über integrierte Versteifungen. Das als ganzes bewegliche Höhenleitwerk weist eine charakteristische negative V-Form

von 23° auf. Es ist freitragend in Normalbauweise mit Rippen und Stringern aus Stahl und Titanbeplankung aufgebaut. Die Leitwerksnasen sind in Stahl-Wabenbauweise erstellt. Der Rumpf der Phantom ist in drei Sektionen (Bug, Mittelstück und Heckteil) in Ganzmetall-Halbschalenbauweise aufgebaut. Der hohen Beanspruchung entsprechend bestehen das gesamte Heck sowie der Rumpfboden aus Titan und Stahl. Die zweiköpfige Besatzung ist hintereinander sitzend in einem Tandem-Cockpit mit zwei getrennten Vollsichthauben, die nach hinten aufklappen, untergebracht. Zur Verkürzung der Landerollstrecke sind im Heck des Rumpfes Bremsschirme vorgesehen. Das Hauptfahrwerk ist jeweils einfach bereift und fährt nach innen in die Flächen ein. Das Bugrad ist doppelt bereift. Die ersten 40 F4H-1-Maschinen waren mit je zwei General Electric J79-GE-2A Strahlturbinen ausgerüstet, während die Folgemuster* die leistungsstärkeren J79-GE-8-Triebwerke erhielten. Den Erfordernissen des breiten Geschwindigkeitsspektrums der Phantom entsprechend sind die seitlichen Lufteinläufe verstellbar. Der günstigste Einlaufquerschnitt wird durch Luftwerte-Computer eingestellt. Das Gesamt-Tankvolumen wird mit 12115 Litern angegeben, wovon 7115 Liter in den Flächentanks, weitere 2270 Liter in einem Außentank unter dem Rumpf und zweimal 1365 Liter in Falltanks unter den Flächen transportiert werden. Die Maschine ist zur

Luftbetankung geeignet und kann sogar bei Überschallgeschwindigkeit von einer zweiten Phantom Treibstoff im Fluge übernehmen. Die elfte Serien-F4H wurde für Versuche als Erdkampfflugzeug umgerüstet und erhielt in dieser Ausführung die Bezeichnung F4H-1F. Diese Maschine ist auch als F4A bekannt geworden. Im Rahmen der Flugerprobung glückte ein Flug mit einer Bombenlast von nicht weniger als 22 an Außenträgern transportierten 227 kg-Bomben. Die Phantom wurde in zahlreichen Versionen gebaut und kam sowohl in Vietnam als auch im Nahost-Konflikt erfolgreich zum Einsatz. Darüberhinaus konnten mehrere Phantom-Maschinen mit aufsehenerregenden Rekorden aufwarten. Am 6. Dezember 1959 stellte Cdr. L. Flint zunächst mit 30040 m einen allerdings nur kurzlebigen Höhenweltrekord auf, der bereits acht Tage später von einer F-104C überboten werden sollte. Am 5. September 1960 folgte ein Geschwindigkeitsrekord über 500 km durch Lt. Col. T. H. Miller vom U.S. Marine Corps, der auf einem Rundkurs eine Durchschnittsgeschwindigkeit von 1958,21 km/h erreichte. Zwanzig Tage später folgte ein weiterer Rundstreckenrekord über 100 km, als Cdr. John F. Davis auf einer F4H ei-

nen Schnitt von 2237,32 km/h erflog. Im August 1961 unternahmen schließlich die beiden Piloten Lt. Hunt Hardisty und Lt. E. De Esch in

Technische Daten der McDonnell F4H Phantom II:

Spannweite	11,70 m
Spannweite mit angeklappten Flügelspitzen	8,39 m
Länge	17,76 m
Höhe	4,96 m
Flügelpfeilung	45°
Fahrwerksspur	5,45 m
Radstand	7,08 m
Startgewicht	26000 kg
Triebwerke:	2 General Electric J 79-Ge-8 mit Nachbrenner
Schubleistung:	2 x 7500 kp
Höchstgeschwindigkeiten	M 2.6 (auf Testflügen erreicht)
Maximale Gipfelhöhe	30040 m (Rekordflug am 6. Dezember 1959)
normale Dienstgipfelhöhe	17300 m
Rekordleistung:	2585,425 km/h
Pilot	Lt. Col. Robert B. Robinson
Ort:	Edwards Air Force Base
Datum	22. November 1961

*) Spätere Versionen erhielten General Electric J79-GE-17 Triebwerke mit einer Leistung von je 8120 kp. Mit diesen Triebwerken sind auch die Bundeswehr-Versionen F-4F und RF-4E ausgestattet.

Mit der Phantom »Skyburner« stellte Lt. Col. Robinson in Edwards einen neuen Geschwindigkeitsweltrekord auf. Dieses Foto zeigt recht gut die von Luftwertrechnern verstellbaren Lufteinläufe.

einer F4H-1 den mörderischen Versuch, die letzte nach altem Reglement über eine 3 km-Meßstrecke und mit einer Maximal-Flughöhe von 100 m mit der YF-100A aufgestellte alte Bestmarke von 1215,298 km/h zu verbessern. Der Versuch gelang und schraubte den Weltrekord nach diesem Reglement auf 1452,87 km/h. Am 22. November 1961 ging man schließlich daran, den absoluten Weltrekord der Convair F-106A zu brechen. Über der Edwards Air Force Base erzielte Lt. Col. Robert B. Robinson in einer Phantom die neue Rekordgeschwindigkeit von 2585,425 km/h, wobei die

Maschine diesmal gemäß dem neuen Reglement in großer Höhe über eine 15/25 km Meßstrecke flog. Im gleichen Jahr hatte bereits eine F4H-1 auf einem Langstreckenflug quer über den amerikanischen Kontinent mit drei Betankungen in der Luft auf der 3936,3 km langen Strecke zwischen Ontario (Kalifornien) und Brooklyn (New York) in zwei Stunden und 47 Minuten einen Langstrecken-Geschwindigkeitsrekord aufgestellt. Auf diesem Fluge am 24. Mai 1961 erreichte die schnellste von insgesamt drei einsatzmäßig ausgerüsteten Maschinen einen Schnitt von 1414,24 km/h.

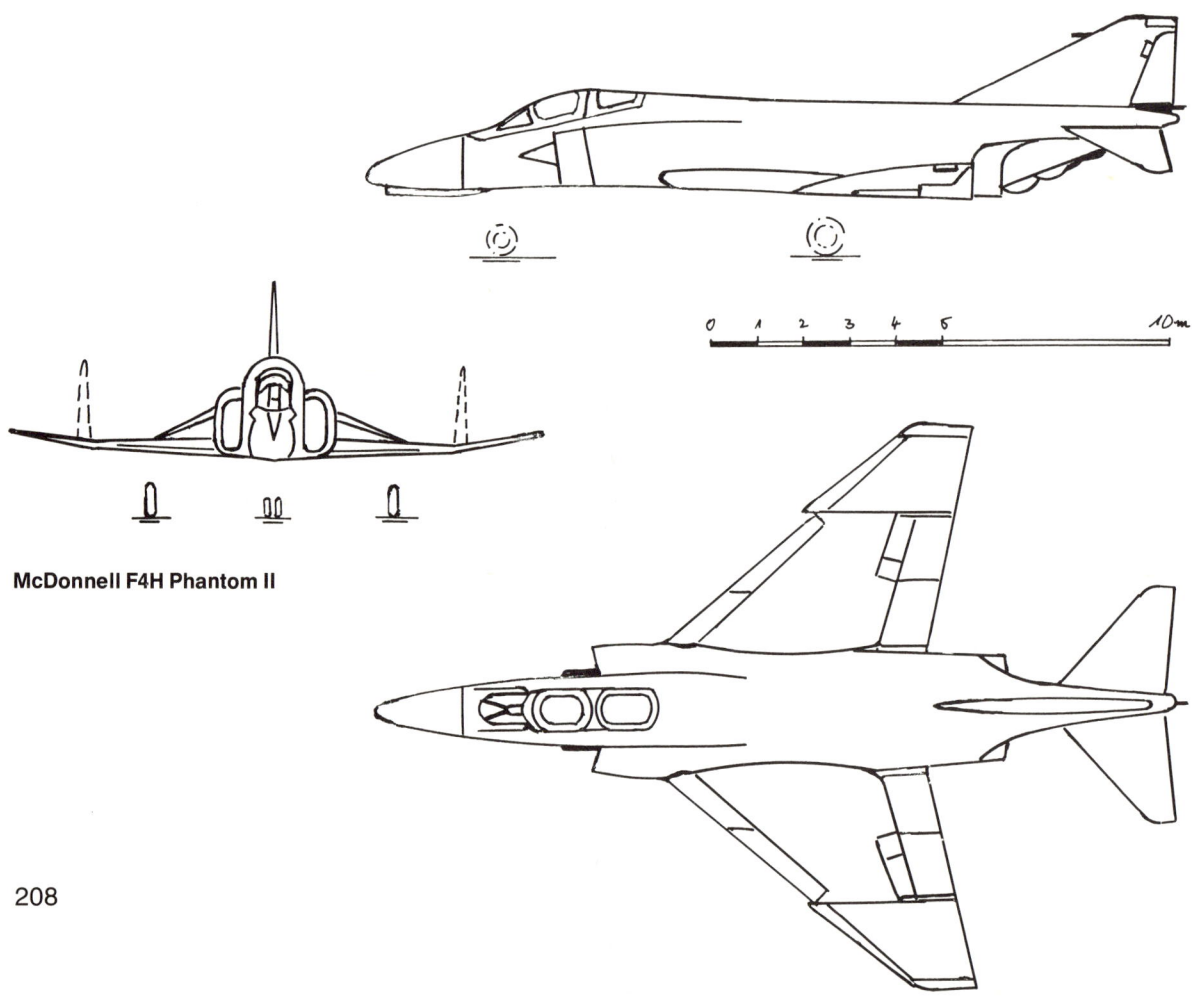

McDonnell F4H Phantom II

208

War die Jagd nach dem absoluten Geschwindigkeitsrekord in den ersten zwei Jahrzehnten nach Kriegsende ein Zweikampf USA gegen Großbritannien gewesen, bei dem die USA allerdings mit elf gegenüber fünf britischen Rekorden die Nase eindeutig vorn hatten, so scheint sich seit Ende der fünfziger Jahre ein reines amerikanisch-russisches Duell abzuzeichnen. Hier stehen in insgesamt 16 Jahren vier US-Rekorde zwei sowjetischen Bestleistungen gegenüber. Nach dem mit nur rund sechs Wochen gültigen ersten sowjetischen absoluten Geschwindigkeitsrekord der E-66 vergingen fast drei Jahre, bis die UdSSR den absoluten Geschwindigkeitsrekord mit der E-166 erneut erobern und diesmal sogar etwa für drei Jahre halten konnte.

Die E-166 dürfte im Jahre 1959 gebaut worden sein und stellt einen einsitzigen Prototyp mit knapp unter der Rumpfachse angesetztem Deltaflügel und konventionellem als ganzes beweglichem stark gepfeiltem Höhenleitwerk dar. Im Westen gab die E-166 Anlaß zu einigen Spekulationen, als die Rekordanmeldung des Aeroclubs der UdSSR in Paris einging. Sie lautete: Neuer absoluter Geschwindigkeits-Weltrekord durch Oberst Georgii Mossolow mit einer einstrahligen E-166, die am 7. Juli 1962 über Podmoskownoe 2681 km/h erreichte. Als Triebwerksbezeichnung wurde »P-166« angegeben. Dieses Triebwerk lieferte laut sowjetischen Angaben ca. 10000 kp Schub. Soweit

die recht mageren Angaben über den Rekordvogel, die die Experten zu einem Informationspuzzle anregten. Sie brachten die Maschine zunächst mit der im Juni 1961 bei der Luftfahrtschau in Tuschino erstmals beobachteten zweistrahligen »Flipper« in Verbindung, die auf den ersten Blick wie eine stark vergrößerte MiG-21 (Nato-Code Fishbed) anmutete; als wenige Monate nach Tuschino ein erster Rekord der E-166 mit 2400 km/h über einen geschlossenen 100-km-Kurs angemeldet wurde, brachte man erstmalig die E-166 und die »Flipper« in Verbindung miteinander. Die Verwirrung steigerte sich, als die E-166 schließlich im Sommer 1962 den absoluten Geschwindigkeitsweltrekord brach, aber wiederum als einmotorige Maschine gemeldet wurde. Folglich konnten die E-166 und die Flipper nicht identisch sein. Die Lösung des Rätsels ließ nicht weniger als sechs Jahre auf sich warten, bis nämlich die Sowjets anläßlich der Moskauer Luftparade des Jahres 1967 die mysteriöse E-166 in der statischen Ausstellung am Vortage der Eröffnung auf dem Gelände neben der Nord-Süd-Piste des Flugplatzes Domodjedowo vorstellten. Jetzt wurde deutlich, daß die E-166 und die über das Stadium des Prototyps nicht hinausgekommene »Flipper« zwar nicht identisch jedoch Varianten ein und desselben Ausgangsmusters waren. Im Hintergrund dieser frappierenden Erklärung stand eine Anforderung der sowjetischen Luftwaffe, die in den fünfziger Jahren nach einem modernen Abfangjäger suchte, der etwa doppelt so schwer wie die MiG-21 sein sollte. Sowohl das Konstruktionsbüro Mikojan-Gurewitsch als auch Suchoj, dessen Entwurf schließlich als Su-15 den Vorstellungen der Militärs am ehesten entsprach, entwickelten Prototypen zu diesem Projekt. Mikojan-Gurewitsch legte drei Entwürfe vor, von denen auch Prototypen gebaut wurden. Dabei wurde einmal ein Pfeilflügler mit 55° Pfeilung und zum zweiten ein Delta-Konzept zugrunde gelegt. Der Pfeilflügler, der aus unerfindlichen Gründen die Bezeichnung I-75F erhielt, war mit einem einzigen mit Nachbrenner 8400 kp Schub abgebenden Lyalka AL-7F-1 Strahltriebwerk ausgestattet und besaß einen zentralen Lufteinlauf am Rumpfbug. Daneben gab es einen ansonsten ähnlichen Deltaflügler mit zwei nebeneinander im Heck angeordneten Tumansky R-11 Strahlturbinen, zentralem Bugeinlauf und als Ganzes beweglichem gepfeiltem Höhenleitwerk. Beide Maschinen waren bis auf das Tragwerk und die Heckpartie mit einem bzw. zwei Schubrohren einander sehr ähnlich. Die zweistrahlige Version verfügte über einen Gesamtschub von ca. 12250 kp. Schließlich gab es noch eine dritte Version, deren Zelle weitgehend der des zweistrahligen Deltaflüglers entsprach, aber mit einem einzigen Lyalka AL-7F-1 Triebwerk ausgerüstet war. Beide Deltas hatten eine Spannweite von etwa 9,15 m, eine Rumpflänge von 19,80 m und dürften zur 13500 bis 14500 kg-Gewichtsklasse zu zählen gewesen sein.

Mit großer Wahrscheinlichkeit wurde die einstrahlige Ausführung mehrfach umgebaut und verfeinert, bis schließlich die berühmte E-166 aus ihr entstand. Zu den Verbesserungen und Verfeinerungen gehörten zum Beispiel die Abflachung des Cockpits, das organisch in die für die E-166 so typische voluminöse Rückenflosse überging. Diese zog sich vom Cockpit bis zum Seitenleitwerk und diente weitgehend als Tankraum, um die gewaltigen Spritmengen für Rekordversuche unterbringen zu können. Schließlich erhielt die einmotorige Deltamaschine als E-166 dennoch ein Tumansky TRD Mk. P.166-Triebwerk mit 10000 kp Trockenschub. Im Zuge dieser Umbauten stieg das Fluggewicht auf knapp 20 Tonnen.

Obwohl die Identität der E-166 mittlerweile geklärt zu sein scheint, gibt es bislang keine authentische Typenbeschreibung geschweige offizielle technische Daten. Die spärlichen technischen Daten sind Schätzungen westlicher Experten, die die E-166 in Domodjedowo besichtigen konnten. Besonderes Interesse erweckte verständlicherweise das Triebwerk der Maschine, dessen Nachbrennerschub nach der Größe der Schubdüse auf ca. 15000 kp geschätzt wurde. Auffallend ist der gewaltige verstellbare Einlaufkegel ähnlich dem der E-66. Er weist bis zum perforierten Bereich des größten Diffusordurchmessers drei verschiedene Kegelwinkel auf. Als Mehrstoßdiffusor erzeugt er so bis zu der Ebene der vertikalen Stoßwelle im Innern des Einlaufes mindestens vier Stoßwellen. Die Schubdüse am Heck des insgesamt rund 21 m langen Rumpfes der E-166 mißt 1,5 m im Durchmesser. Der Nachbrenner ist mit drei konzentrisch angeordneten Flammstabilisatoren in Form von V-Ringen ausgestattet, die durch gemeinsame Streben miteinander sowie mit dem Schubrohr verbunden sind. Ein Zündsystem für den Nachbrenner war bei der Inspektion in Domodjedowo nicht erkennbar. Beim Triebwerk der E-166 handelt es sich um ein konvergent-divergentes Düsensystem. Der inneren konvergenten mit 24 verstellbaren Segmenten ausgestatteten

Anlaß zum Rätselraten gab die E 166, die am 7. Juli 1962 den alten Rekord der Phantom II brach. Erst fünf Jahre nach ihrem aufsehenerregenden Rekordflug präsentierten die Sowjets die Rekordmaschine in der statischen Ausstellung in Domodjedowo. Dieses dort aufgenommene Foto läßt einen verstellbaren Einlaufkegel, den voluminösen Rückenkiel der als Tankraum dient aber auch einen Teil der Elektronik aufnimmt, und die flachen Flossenwülste unterhalb des Cockpits, die offenbar der Grenzschichtbeeinflussung dienen, erkennen.

Primärdüse folgt eine äußere divergente Düse, die ebenfalls 24 verstellbare Segmente erkennen läßt und den Gasstrahl in der Austrittsebene auf den vollen Durchmesser des Heckrohres erweitert. Beobachtern fiel auf, daß das Nachbrennerrohr keineswegs wie erwartet in voller Länge gerippt oder perforiert ist, sondern nur unmittelbar hinter den Flammhaltern Korrugationen und Perforationen aufweist, im übrigen jedoch vollkommen glatt ist. Dies ließ einmal auf die Verwendung besonders hochwarmfester Stahllegierungen für das Nachbrennerrohr schließen. Die westlichen Beobachter in Domodjedowo schlossen jedoch aus dem optischen Eindruck der Nachbrennerflamme anderer mit offensichtlich ähnlichen Triebwerken ausgestatteten sowjetischen Militärmaschinen eher darauf, daß das Triebwerk der E-166 mit einem Nachbrenner ausgestattet ist, der nicht bei stöchiometrischer Temperatur arbeitet, so daß die Temperaturbelastung in Grenzen gehalten wird.

Der beinahe zylindrische, massige Rumpf der E-166 ist trotz seiner wenig elegant wirkenden Linie offensichtlich recht strömungsgünstig. Besondere Aufmerksamkeit widmete man offenbar der Einstrakung des Cockpits. Auf der Oberseite des Rumpfbugs führt eine flache Aufwölbung strömungsgünstig in die Haubenkontur über. Unmittelbar vor der Vorderkante des Cockpits ist eine Luftaustrittsöffnung zu erkennen, die mit dem Einlaufkanal in Verbindung steht und offenbar der Beeinflussung der Strömung im Cockpitbereich dient. Der massige Rückenwulst beherbergt wie bereits bemerkt sattelförmig um Einlaufkanal und Triebwerk herumgreifende Tanks aber auch einen Teil der elektronischen Ausrüstung. An den Flanken des Rumpfbugs besitzt die E-166 etwa im Cockpitbereich je eine schmale aerodynamisch profilierte symmetrische Leitflosse, die offensichtlich zur Grenzschichtbeeinflussung vor dem Flügel dient. Etwa im Bereich der halben Spannweite zeigt das Tragwerk der E-166 auf der Flächenunterseite je einen in voller Tiefe verlaufenden, flachen Grenzschichtzaun. An der Unterseite des Hecks besitzt die Maschine eine langgestreckte niedrige Kielflosse. Auch an den Spitzen der Deltaflächen sind auf der Oberseite kurze von der Nase bis zu den Klappen an der Flächenhinterkante reichende flache Grenzschichtzäune erkennbar. Das einfach bereifte Hauptfahrwerk wird nach innen in die Fläche eingezogen, das Bugrad nach vorn in den Rumpf. Die E-166 stellte eine Reihe internationaler Rekorde auf, die zum Teil großes Aufsehen erregten. Den ersten Weltrekord flog der Mikojan-Testpilot A. Fedotow am 7. Oktober 1961, als er über einen 100 km-Rundkurs 2401 km/h erreichte. Am 7. Juli 1962 folgte der absolute Geschwindigkeits-Weltrekord mit Oberst Georgii Mossolow am Steuer, der über die 15/25 km-Meßstrecke über dem Flugplatz Podmoskownoe 2681 km/h erreichte. Bei einem der Meßdurchgänge soll die Maschine sogar über 3000 km/h erreicht haben. Am 11. September 1962 erreichte Piotr Ostapenko über eine Meßstrecke von 15/25 km eine konstante Flughöhe von 22670 m und stellte damit einen Höhenrekord auf. Bei diesem Flug wurde eine Fluggeschwindigkeit von 2500 km/h ermittelt.

Technische Daten*) der Mikojan-Gurewitsch E-166:

Spannweite	ca. 9 m	
Rumpflänge inkl. Einlaufkonus	ca. 21 m	
Fluggewicht	ca. 20 000 kg	
Triebwerk	Tumansky TRD-Mk-P. 166 Einkreis-Strahlturbine	
Trockenschub	ca. 10000 kp	
Nachbrennerschub	ca. 15000 kp	
Höchstgeschwindigkeit	ca. 3000 km/h (Mach 3,01)	
Rekordleistung	2681 km/h über 15/25 km	2401 km/h über 100 km
Pilot	Oberst Georgii Mossolow	A. Fedotow
Ort	Podmoskownoe	Podmoskownoe
Datum	7. Juli 1962	7. Oktober 1961

*) Technische Daten sind geschätzt.

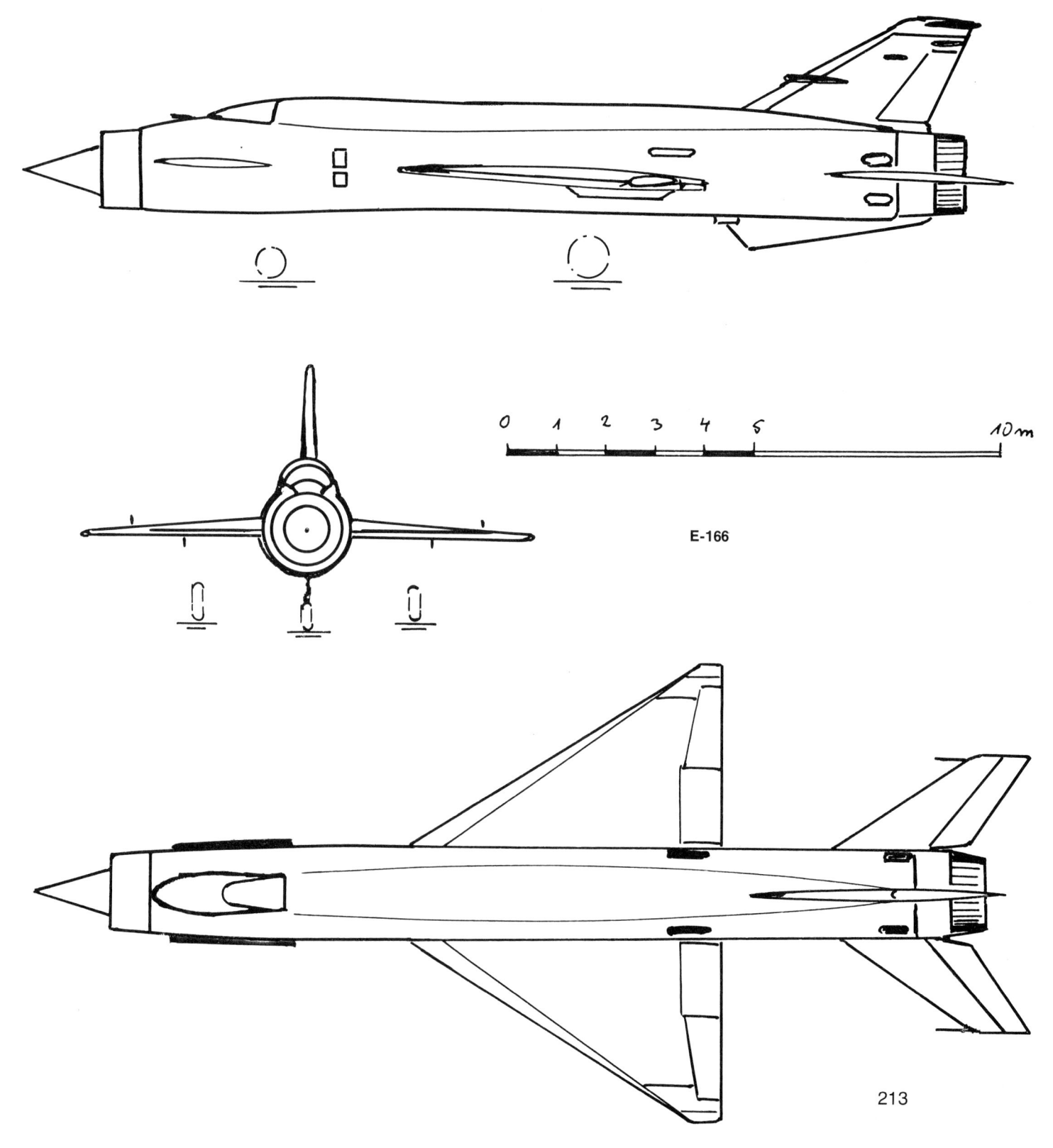

0   1   2   3   4   5   10 m

E-166

213

Die am 29. Februar 1964 im amerikanischen Wahljahr erstmals der Öffentlichkeit vorgestellte A-11 alias YF-12A und das Nachfolgemuster SR-71 sind in mehrfacher Hinsicht bemerkenswert. Da ist einmal die nahezu fünf Jahre lang perfekte Geheimhaltung und Flugerprobung der drei Prototypen, deren erster am 26. April 1962 zum erstenmal flog. Erstaunlich ist auch die Leistungsfähigkeit des als Langstrecken-Interceptor (YF-12A) beziehungsweise Langstrecken-Höhenaufklärer (SR-71) vorgestellten Typs, der am 27. Juli 1976, also rund 14 Jahre nach dem Erstflug des Grundmusters, mit sechs neuen Geschwindigkeits- und Höhenweltrekorden aufwartete und den absoluten Geschwindigkeitsrekord der YF-12A von 3331,057 km/h mit der Aufklärerversion SR-71 auf 3522 km/h schraubte. Damit finden die Vermutungen der Fachwelt, daß der Rekord der YF-12A aus dem Jahre 1965 keineswegs das letzte Wort gewesen war und daß die Amerikaner bei ihrem damaligen Weltrekord keineswegs ihre Karten voll aufgedeckt hatten, ihre Bestätigung. Die Geschichte der YF-12A und der SR-71 reicht in ihren Anfängen in das Jahr 1959 zurück, als das Strategic Air Command (SAC) die Forderung nach einem Mach 3 Aufklärer stellte. Der Entwicklungsauftrag wurde an Lockheed vergeben, wo Kelly Johnson, der bereits mit der P-80 Racey und mit der F-104 zwei Weltrekordler geschaffen hatte, mit der Konstruktion

des Wundervogels betraut war. Der neue Aufklärer sollte zum Nachfolger der berühmten U-2 werden, die ebenfalls unter Kelly Johnson bei Lockheed entstanden war.

Bau und Entwicklung der A-11 alias YF-12A erfolgten unter strengster Geheimhaltung in einem perfekt getarnten extra zu diesem Zweck in der Einöde errichteten Zweigwerk, den sogenannten »Skunk-Works«. Johnson schuf mit der A-11 ein revolutionäres Flugzeug, das sowohl aerodynamisch als auch werkstoff- und fertigungstechnisch weitgehend Neuland bedeutete. Nach Vorlage der Entwürfe gab die US-Regierung schließlich grünes Licht für den

Oben: Noch ohne ihren charakteristischen schwarzen Anstrich, der ihr den Spitznamen »Schwarzes Ungeheuer« einbringen sollte, wurde die A-11 alias YF-12A im Februar 1964 erstmals der Öffentlichkeit vorgestellt.

Mitte: Das Rekordflugzeug YF-12A mit der Seriennummer 06936 bei seiner ersten Vorstellung in Edwards. Rumpf und Flächen sind auf der Unterseite zur besseren Ortung und Zeitmessung mit breiten weißen Streifen markiert.

Unten: Die Rekordmaschine im Fluge. Die kreuzförmige Markierung der Unterseite ist deutlich sichtbar. Im Vergleich mit der statischen Aufnahme auf der Piste sind bei dieser Flugaufnahme die ausklappbaren Flossen am Rumpfheck gut zu erkennen. Sie fehlen beim Nachfolgemuster SR-71A. Auch die nach unten geneigten Einlaufkegel sind gut zu sehen.

Bau von drei Prototypen mit den Identifizierungsnummern 606934, 606935 und 606936 unter der Projektbezeichnung A-11. Die erste Maschine mit der Seriennummer 606934 wurde unter der Werksbezeichnung A-11 im Frühjahr 1964 noch ohne ihre später vertraute pechschwarze Lackierung, die dem Vogel die Bezeichnung »Black Bird« eintragen sollte, erstmals der Öffentlichkeit als Langstrecken- Abfangjäger vorgestellt und erregte allein durch ihr ungewöhnliches Äußeres großes Aufsehen. Die Gerüchteküche brachte, nachdem einmal ein Zipfel des großen Geheimnisses gelüftet war, zahlreiche Spekulationen hervor, zumal sich die US-Regierung nach der überraschenden Vorstellung der A-11 zunächst wieder sehr schweigsam gab. Am 30. September 1964 stellte die USAF schließlich in Edwards die drei Prototypen nunmehr in ihrer charakteristischen schwarzen »Kriegsbemalung« als »improved manned interceptor« d. h. verbesserten bemannten Abfangjäger unter der neuen Bezeichnung YF-12A vor. Im Zeichen des amerikanischen Wahlkampfes kam bald auch das Gerücht auf, daß neben einer Anzahl von Abfangjägern des vorgestellten Typs von der Johnson-Regierung der Bau von etwa 30 Fernbombern mit einem Fluggewicht von ca. 80 Tonnen als Weiterentwicklung der A-11 geplant würde. Allen Spekulationen zum Trotz ging weder die Interzeptor-Version YF-12A noch das Bomber-Monster in Serie. Gebaut wurde als Nachfolgemuster der YF-12A der Langstrecken-Aufklärer SR-71A, also eine Maschine, die das ursprüngliche Entwicklungsziel des SAC erfüllte. Die erste SR-71A startete am 22. Dezember 1964 zu ihrem Jungfernflug. Die ersten Serienmaschinen dieses Typs kamen ab Januar 1966 zur 9th Strategic Reconnaissance Wing in der Beale Air Force Base in Kalifornien, die außerdem auch eine Trainerversion SR-71B mit erhöhtem hinterem Cockpit erhielt.

Technisch unterscheidet sich die SR-71A von der YF-12A durch einen etwas längeren Rumpf sowie die bis zur Rumpfspitze durchgezogenen flachen Seitenkiele, die aus dem Flächen/Rumpf-Übergang hervorgehend nach vorn gezogen und mit hochempfindlichen elektronischen und optischen Sensoren bestückt sind. Außerdem tragen sie zum Auftrieb bei. Im Gegensatz zur YF-12A fehlen der SR-71A die im Fluge ausklappbaren Flossen unter dem Rumpfheck und unter den Triebwerksgondeln, die auf ihrer Außenseite bei beiden Varianten ähnlich wie der Rumpf die charakteristischen Seitenkiele aufweisen. Die Zellen beider Typen bestehen zu einem großen Teil aus Titanblech und anderen warmfesten Metallen.

Als Antrieb kommen bei der YF-12A wie bei der SR-71A je zwei Pratt & Whitney Strahlturbinen vom Typ J58 zum Einsatz, die je 14740 kp Standschub mit Nachbrenner liefern. Die Triebwerke sind mit großen verstellbaren Einlaufkegeln versehen, die den Lufteinlauf der jeweiligen Luftdichte in der Einsatzhöhe und der Geschwindigkeit anpassen. Die Triebwerkseinläufe erscheinen leicht nach unten geneigt.

Zur Steuerung der Maschinen um die Hochachse dienen zwei praktisch als Ganzes bewegliche Seitenflossen, die auf den rückwärtigen Teil der Triebwerkgondeln aufgesetzt sind. Nur ein sehr schmaler fester Steg fungiert als Dämpfungsfläche. Die Außenflügel tragen die Querruder, während die Höhenruder zwischen den Triebwerken liegen. Die SR-71A dürfte derzeit das einzige Flugzeug der Welt sein, das offensichtlich länger als $1^1/_2$ Stunden und in einer Flughöhe von mehr als

Die Gegenüberstellung der YF-12A und der SR-71A, des jüngsten Rekordhalters, macht einige Erkennungsmerkmale deutlich. Besonders auffällig ist der bei der SR-71A bis zum Bug durchgehende Seitenkiel und das flacher erscheinende Cockpit. Auch das Rumpfheck läßt Unterschiede erkennen.

20000 m eine Geschwindigkeit von Mach 3 halten kann. Nach offiziellen Angaben liegt die Höchstgeschwindigkeit der SR-71A bei Mach 3,5 in 24000 m Höhe. Mit ihrer umfangreichen Kameraausrüstung kann die Maschine in nur einer Flugstunde ein Gebiet mit einer Fläche von mehr als 150000 km² überwachen. Die Treibstoffzuladung beträgt ca. 36,3 Tonnen. Durch die Betankung in der Luft ist die Reichweite jedoch praktisch unbegrenzt. Was die SR-71A unter Einsatzbedingungen zu leisten vermag, demonstrierte eine in Beale statio-

nierte SR-71A mit der Seriennummer 71-7972 am 1. September 1974, als sie nach einem Flug über 5620 km nach nur 1 Stunde, 54 Minuten und 56,4 Sekunden aus New York kommend in Farnborough bei London aufsetzte. Damit verbesserte diese von Major Jim Sullivan als Pilot und dem als Reconnaissance Systems Officer fungierende Major Noel Widdifield geflogene Maschine den bestehenden von einer McDonnell-Douglas F-4K Phantom II der Royal Navy gehaltenen internationalen Transatlantik-Rekord von 4 Stunden 46 Minuten und 57 Sekunden um fast volle drei Stunden. Dies entsprach einem Rekordschnitt von 2908,026 km/h. Am 13. September 1974 wurde die Maschine nonstop über 9032 km nach Beale zurücküberführt, wo sie nach dreimaliger Betankung in der Luft nach 3 Stunden 47 Minuten und 35,8 Sekunden landete. (Besatzung: Captain Harold Adams (Pilot) und Major William Machorek (RSO)). Zu diesen spektakulären Bestleistungen kommen allerdings noch insgesamt 15 Weltrekorde, von denen allein neun von zwei Prototypen der YF-12A an einem einzigen Tag, dem 1. Mai 1965, erflogen wurden. Darun-

ter war der prestigeträchtige absolute Geschwindigkeitsrekord, den Col. R. Stephens der E-166 entriß und auf 3331,507 km/h schrauben konnte. Auf einem geschlossenen Rundkurs wurden 2717,997 km/h erreicht. Die gleiche Leistung brachte drei weitere Rekorde mit einer Nutzlast von 0 kg, 1000 kg und 2000 kg auf einem 1000-km-Rundkurs ein. Auf einer 500-km-Rundstrecke wurde ein Durchschnitt von 2644,212 km/h erreicht. In der Kategorie »eingehaltene Höhe im Horizontflug« konnte die Bestmarke der E-166 auf 24462,596 m gesteigert werden. Am 27. und 28. Juli 1976 ging

Technische Daten der Rekordflugzeuge YF-12A und SR-71A:

	YF-12A	SR-71A
Spannweite	ca. 16,80 m	ca. 17 m
Rumpflänge	ca. 30,80 m	32,7m
Höhe	ca. 5,50 m	ca. 5,50 m
Besatzung	2	2
Triebwerke	2 Pratt & Whitney J 58 mit Nachbrenner	2 Pratt & Whitney J 58 mit Nachbrenner
Schubleistung mit Nachbrenner	2 × 14740 kp	2 × 14740 kp
Gipfelhöhe	über 24000 m	über 26000 m
Fluggewicht	keine Angabe	77110 kg
Wichtigste Rekordleistungen:		
absoluter Geschwindigkeitsrekord auf gerader Strecke	3331,507 km/h	3529,5512 km/h
Besatzung	Colonel Stephens/Lt. Colonel Andrews	Capt. Joersz/Major Morgan
Ort	Edwards AFB	Edwards AFB
Datum	1. Mai 1965	27. Juli 1976
Absoluter Geschwindigkeitsrekord auf geschlossener Strecke	2717,997 km/h	3367,2125 km/h
Besatzung	Lt. Colonel Daniel/ Major Cooney	Major Bledsoe/ Major Fuller
Ort	Edwards AFB	Edwards AFB
Datum	1. Mai 1965	27. Juli 1976
Absoluter Höhenweltrekord im Horizontalflug	24462,596 m	25929,03 m
Besatzung	Colonel Stephens/ Lt. Colonel Andre	Capt. Helt/ Major Elliot
Ort	Edwards AFB	Edwards AFB
Datum:	1. Mai 1965	27./28. Juli 1976

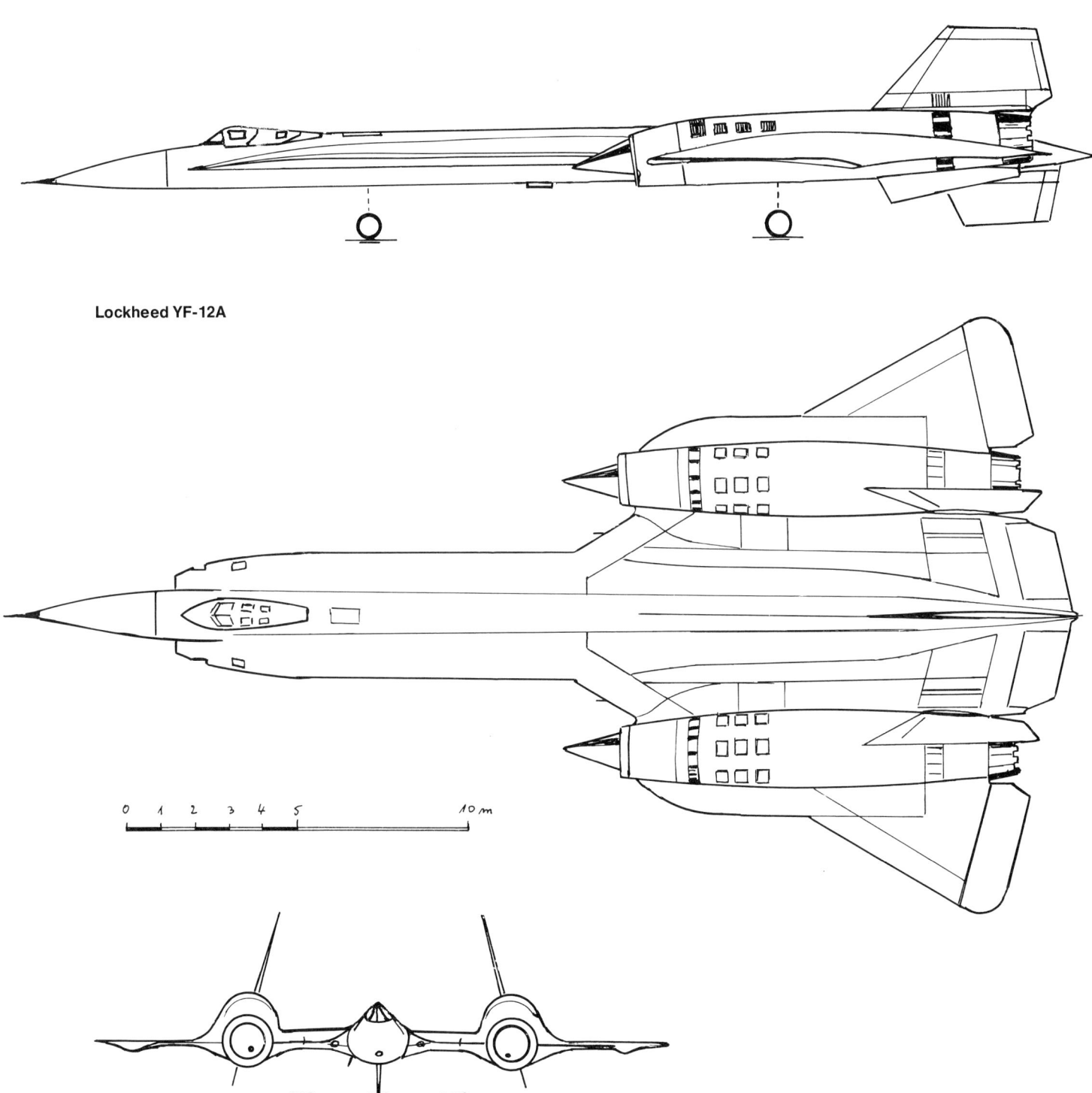

Lockheed YF-12A

0 1 2 3 4 5   10 m

219

die USAF mit zwei in Beale stationierten SR-71A erneut auf Rekordjagd. Dabei stellte die Maschine mit dem Kennzeichen 17958 nicht weniger als fünf Geschwindigkeits-Weltrekorde auf. Im einzelnen wurden folgende Leistungen erreicht und anerkannt: 1) der absolute Geschwindigkeitsrekord über eine gerade Meßstrecke mit 3529,5512 km/h, 2) mit der gleichen Leistung der Geschwindigkeits-Klassenrekord, 3) mit 3367,2125 km/h der absolute Geschwindigkeits-Weltrekord über einen geschlossenen 1000-km-Rundkurs, 4) mit der gleichen Leistung der Klassen-Geschwindigkeits-Weltrekord über eine 1000-km-Rundstrecke mit Nutzlast und schließlich mit der gleichen Leistung der 1000-km-Rundstreckenrekord ohne Nutzlast in dieser Klasse. Die Schwestermaschine mit dem Kennzeichen 17963 erreichte mit einer im Horizontalflug gehaltenen Flughöhe von 25929,03 m zwei neue Weltrekorde und zwar den absoluten Höhenweltrekord und zugleich den Klassen-Höhenrekord. Damit wurden die bisherigen Rekorde der YF-12A deutlich überboten.

Eine interessante Leistung ist auch ein 10,5-Stunden Nonstop-Flug einer USAF-Crew über eine Distanz von 24140 km mit einer Durchschnittsgeschwindigkeit von 2299 km/h.

Zwei der drei Prototypen der YF-12A dienen übrigens seit 1970 ausgedehnten Versuchen in einem gemeinsamen Forschungsprogramm der Air Force und NASA zur Erforschung militärischer wie auch ziviler Aspekte des Fluges mit hohen Überschallgeschwindigkeiten. An diesem Programm ist auch die einschlägige Industrie beteiligt. Für die Flugversuche im Rahmen des Advanced Supersonic Technology Programms, das insbesondere dem Geschwindigkeitsbereich jenseits Mach 2,8 dient, werden jährlich fünf Millionen Dollar aufgewendet. Hierbei geht es insbesondere darum, Erkenntnisse über im hohen Überschallbereich wie auch in großen Flughöhen auftretende Phänomene und die entsprechende Auslegung der Zelle, der Lufteinläufe, der Triebwerke, der Instrumentierung, Avionik und Werkstoffbelastung zu gewinnen. Große Aufmerksamkeit widmet man Untersuchungen über die Wirkung veränderlicher Triebwerks-Einlaufkegel und der zu ihrer optimalen Nutzung notwendigen Luftdurchsatz-Meßeinrichtungen. Ein weiteres wichtiges Problem ist die Einhaltung einer konstanten Flughöhe bei Reisegeschwindigkeiten über Mach 2 und in Höhen über 15500 m. Bei Testflügen mit der SR-71A traten beispielsweise Höhenschwankungen in der Größenordnung von ± 1000 m auf. Auf lange Sicht dürften diese umfangreichen Untersuchungen auch einem zivilen Überschallprogramm überaus dienlich sein. In diesem Rahmen dürften auch Fragen eines rechnergestützten Steuer- und Regelsystems stehen, das für einen wirtschaftlichen Überschallflug unerläßlich sein dürfte angesichts der Treibstoffkosten aber auch für die Militärs von Interesse sein muß.

Anhang

Die Entwicklung des Geschwindigkeitsweltrekordes für Landflugzeuge (FAI-Klasse C)

Lauf-Nr.	Baumuster	Triebwerk	Pilot	Rekord	Ort	Datum	Land
1	Santos-Dumont 14 bis	Antionette	Santos-Dumont	41,292 km/h	Bagatelle	12. 11. 1906	F
2	Voisin-Farman I	Antoinette 50 PS	Henri Farman	52,700 km/h	Issy-les-Moulineaux	26. 10. 1907	F
3	Wright	Wright 40 PS	Tissandier	54,810 km/h	Pau	20. 5. 1909	USA
4	Herring-Curtiss	Curtiss 50 PS	Curtiss	69,821 km/h	Reims	23. 8. 1909	USA
5	Blériot XI	Anzani 24 PS	Blériot	74,318 km/h	Reims	24. 8. 1909	F
6	Blériot XII	E.N.V. 60 PS	Blériot	76,995 km/h	Reims	28. 8. 1909	F
7	Antoinette	Antoinette 50 PS	Latham	77,579 km/h	Nizza	23. 4. 1910	F
8	Blériot XI mod.	Gnôme 80 PS	Morane	106,508 km/h	Reims	10. 7. 1910	F
9	Blériot XI/2 »vitesse«	Gnôme 100 PS	Leblanc	109,756 km/h	New York	29. 10. 1910	F
	Blériot XI/2 »vitesse«	Gnôme 100 PS	Leblanc	111,801 km/h	Pau	12. 4. 1911	F
10	Nieuport vitesse	Nieuport 70 PS	Nieuport	119,760 km/h	Châlons	11. 5. 1911	F
9	Blériot XI/2	Gnôme 100 PS	Leblanc	125,000 km/h	Etampes	12. 6. 1911	F
10	Nieuport vitesse	Nieuport 70 PS	Nieuport	130,057 km/h	Châlons	16. 6. 1911	F
	Nieuport vitesse	Nieuport 70 PS	Nieuport	133,136 km/h	Châlons	21. 6. 1911	F
11	Deperdussin	Gnôme 100 PS	Védrines	145,161 km/h	Pau	13. 1. 1912	F
	Deperdussin	Gnôme 140 PS	Védrines	161,290 km/h	Pau	22. 2. 1912	F
	Deperdussin	Gnôme 140 PS	Védrines	162,454 km/h	Pau	29. 2. 1912	F
	Deperdussin	Gnôme 140 PS	Védrines	166,821 km/h	Pau	1. 3. 1912	F
	Deperdussin	Gnôme 140 PS	Védrines	167,910 km/h	Pau	2. 3. 1912	F
	Deperdussin	Gnôme 140 PS	Védrines	170,777 km/h	Reims	13. 7. 1912	F
	Deperdussin	Gnôme 140 PS	Védrines	174,100 km/h	Chikago	9. 9. 1912	F
	Deperdussin	Gnôme 160 PS	Prévost	179,820 km/h	Reims	17. 6. 1913	F
	Deperdussin	Gnôme 160 PS	Prévost	191,897 km/h	Reims	27. 9. 1913	F

Die in dieser Liste aufgeführten Weltrekorde über eine gerade Meßstrecke stellen bis auf die Zeit vom 4. November 1928 bis zum Rekord der He 100V8 am 30. März 1939, in der Wasserflugzeuge den absoluten Geschwindigkeitsrekord hielten, zugleich den absoluten Geschwindigkeits-Weltrekord dar.

Neues Reglement: bisher keine Vorschrift über Länge der Meßstrecke. Ab 1920 ist eine 1 km lange Meßstrecke vorgeschrieben.

Lauf-Nr.	Baumuster	Triebwerk	Pilot	Rekord	Ort	Datum	Land
12	Nieuport 29 »vitesse«	Hispano-Suiza 300 PS	Sadi-Lecointe	275,264 km/h	Villacoublay	7. 2. 1920	F
13	Blériot-SPAD XX bis 6	Hispano-Suiza 300 PS	Casale	283,464 km/h	Villacoublay	28. 2. 1920	F
	Blériot-SPAD XX bis 6	Hispano-Suiza 300 PS	De Romanet	292,682 km/h	Buc	9. 10. 1920	F
12	Nieuport 29 »vitesse«	Hispano-Suiza 300 PS	Sadi-Lecointe	296,694 km/h	Buc	10. 10. 1920	F
	Nieuport 29 »vitesse«	Hispano-Suiza 300 PS	Sadi-Lecointe	302,529 km/h	Villacoublay	20. 10. 1920	F
13	Blériot-SPAD XX bis 6	Hispano-Suiza 300 PS	De Romanet	309,012 km/h	Buc	4. 11. 1920	F
12	Nieuport 29 »vitesse«	Hispano-Suiza 300 PS	Sadi-Lecointe	313,043 km/h	Buc	12. 12. 1920	F
14	Nieuport-Delage Sesquiplan	Hispano-Suiza 320 PS	Sadi-Lecointe	330,275 km/h	Villesauvage	26. 9. 1921	F
	Nieuport-Delage Sequiplan	Hispano-Suiza 320 PS	Sadi-Lecointe	341,023 km/h	Villesauvage	21. 9. 1922	F
15	Curtiss Navy Racer CR 2	Curtiss D-12 400 PS	Mitchell	358,836 km/h	Detroit	13. 10. 1922	USA
14	Nieuport-Delage Sesquiplan	Hispano-Suiza 320 PS	Sadi-Lecointe	375,000 km/h	Istres	15. 2. 1923	F

Neues Reglement: 100 m Höhenbegrenzung, 3-km-Meßstrecke

Lauf-Nr.	Baumuster	Triebwerk	Pilot	Rekord	Ort	Datum	Land
15	Curtiss Army Racer R 6	Curtiss D-12A, 460 PS	Maughan	380,751 km/h	Dayton	29. 3. 1923	USA
16	Curtiss Navy Racer R-2C1	Curtiss D-12A, 500 PS	Brow	417,059 km/h	Mineola	2. 11. 1923	USA
	Curtiss Navy Racer R-201	Curtiss D-12A, 500 PS	Williams	429,025 km/h	Mineola	4. 11. 1923	USA
17	Bernard Ferbois V.2	Hispano-Suiza 620 PS	Bonnet	448,171 km/h	Istres	11. 12. 1924	F
18	Granville Gee Bee Super Sportster R-1	Pratt & Whitney Wasp 800 PS	Doolittle	473,820 km/h	Cleveland	3. 9. 1932	USA
19	Wedell-Williams 44	Pratt & Whitney Wasp Sen. 800 PS	Wedell	490,080 km/h	Chikago	4. 9. 1933	USA
20	Caudron C.460	Renault 428 380 PS	Delmotte	505,848 km/h	Istres	25. 9. 1934	F
21	Hughes H-1 »Special«	Pratt & Whitney Twin-Wasp Jr. 1000 PS	Hughes	567,115 km/h	Santa Anna	13. 9. 1935	USA

222

Lauf-Nr.	Baumuster	Triebwerk	Pilot	Rekord	Ort	Datum	Land
22	Bf 109 V 13 alias Bf 113	DB 601 V12 1650 PS	Dr. Wurster	610,950 km/h	Augsburg	11. 11. 1937	D
23	Heinkel He 100V8 alias He 112 U	DB 601/V 2770 PS	Dieterle	746,604 km/h	Oranienburg	30. 3. 1939	D
24	Me 209R alias Me 109 R	DB 601/V10 2770 PS	Wendel	755,138 km/h	Augsburg	26. 4. 1939	D
25	Grumman F-8F-2 Bearcat »Greenamyer Special«	Pratt & Whitney CB-17 Wasp über 3300 PS	Greenamyer	777,377 km/h	Edwards AFB	16. 8. 1969	USA
25a	North American P-51D Mustang »Special«	Rolls-Royce Griffon 36,7 Liter über 3000 PS	Steve Hinton	803,2 km/h	Mud Lake/ Nevada	14. 8. 1979	USA
26	Gloster Meteor G. 41-Mk.IV	2xRolls-Royce Derwent je ca. 1000 kp	Wilson	975,875 km/h	Herne Bay	7. 11. 1945	GB
	Gloster Meteor G.41-Mk.IV	2xRolls-Royce Derwent je ca. 1000 kp	Donaldson	991,000 km/h	Little Houston	7. 9. 1946	GB
27	Lockheed p-80R »Racey«	General Electric Allison J-33 Mod. 400,2088 (+) kp	Boyd	1003,811 km/h	Muroc	4. 6. 1947	USA
28	Douglas D-558 Skystreak	General Electric Allison TG-180, 1816 kp	Caldwell	1031,178 km/h	Muroc	20. 8. 1947	USA
	Douglas D-558 Skystreak	General Electric Allison TG-180, 1816 kp	Carl	1047,536 km/h	Muroc	15. 9. 1947	USA
29	North American F-86A Sabre	General Electric J-47-GE-1 2270 kp o. Nb.	Johnson	1079,841 km/h	Muroc	15. 9. 1948	USA
29	Noth American F-86D Sabre	General Electric J-47-GE-17 3473 kp mit Nb.	Nash	1124,137 km/h	Salton Sea	19. 11. 1952	USA
	North American F-86D mod. Sabre	General Electric J-47-GE-17 3473 kp	Barns	1151,883 km/h	Salton Sea	16. 7. 1953	USA
30	Hawker Hunter F. Mk. 3	Rolls-Royce Avon RA.7 4313 kp mit Nb.	Duke	1171,000 km/h	Angmering-Littlehampton	7. 9. 1953	GB
31	Vickers Armstrong Swift F. Mk. 4	Rolls-Royce Avon RA.7R 4313 kp mit Nb.	Lithgow	1184,000 km/h	Castel Idris bei Tripolis	25. 9. 1953	GB
32	Douglas XF4D-1 Skyray	Westinghouse J-40-WE-8 5266 kp mit Nb.	Verdin	1211,746 km/h	Salton Sea	3. 10. 1953	USA

* im Tiefflug über 15 km-Meßstrecke

Neues Reglement: Meßstrecke jetzt 15 – 25 km, zwei Meßflüge in beliebiger Höhe in entgegengesetzter Richtung, höchstzulässige Höhenschwankung 100 m.

Lauf-Nr.	Baumuster	Triebwerk	Pilot	Rekord	Ort	Datum	Land
33	North American YF-100A Super Sabre	Pratt & Whitney XJ57-P-7 5993 kp mit Nb.	Everst	1215,298 km/h	Salton Sea*	29. 10. 1953	USA
33	North American F-100C Super Sabre	Pratt & Whitney J57-P 7711 kp mit Nb.	Hanes	1323,312 km/h	Palmdale	20. 8. 1955	USA
34	Fairey Delta F.D.2	Rolls-Royce Avon RA.28R 5675 kp mit Nb.	Twiss	1822,000 km/h	Ford-Chichester	10. 3. 1956	GB
35	McDonnell F-101A Voodoo	2 × Pratt & Whitney J-57-P-13 je 6575 kp mit Nb.	Drew	1943,500 km/h	Edwards AFB	12. 12. 1957	USA
36	Lockheed F-104A Starfighter	General Electric J-79-GE-3A 6820 kp mit Nb.	Irwin	2259,538 km/h	Edwards AFB	16. 5. 1958	USA
37	Mikojan-Gurewitsch E-66	Tumansky TRD R-37F, 5960 kp mit Nb.	Mossolow	2388,000 km/h	Jukowski-Petrowskol	31. 10. 1959	Ud-SSR
38	Conair F-106A Delta Dart	Pratt & Whitney J-75-9, 10669 kp mit Nb.	Rogers	2455,736 km/h	Edwards AFB	15. 12. 1959	USA
39	McDonnell F4H Phantom II	2 × General Electric J-79-GE-8 2 × 7500 kp mit Nb.	Robinson	2585,425 km/h	Edwards AFB	22. 11. 1961	USA
40	Mikojan-Gurewitsch E 166	Tumansky TRD-Mk-P. 166 ca. 15000 kp mit Nb.	Mossolow	2681,000 km/h	Podmoskow-noe	7. 7. 1962	Ud-SSR
41	Lockheed YF 12A	2 × Pratt & Whitney J 58 2 × 14740 kp mit Nb.	Stephens/Andrews	2717,997 km/h	Edwards AFB	1. 5. 1965	USA
41	Lockheed SR-71A	2 × Pratt & Whitney J 58 2 × 14740 kp mit Nb.	Joersz/Morgan	3529,5512 km/h	Edwards AFB	27. 7. 1976	USA